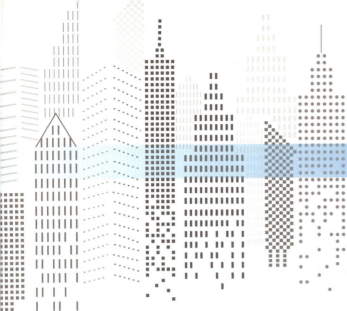

城市发展与治理创新

新时代上海
社区治理创新研究

Research on Innovation of Community Governance
in Shanghai for a New Era

金 桥／著

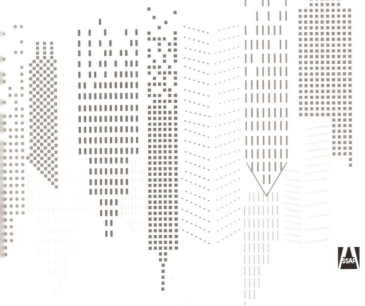

社会科学文献出版社
SOCIAL SCIENCES ACADEMIC PRESS (CHINA)

序

　　金桥是我指导的早年毕业的博士生，毕业后留在上海大学工作。他近期有新著出版，邀我作序，我也为他高兴，欣然同意。

　　他的博士学位论文，是对上海浦东一个商品房小区的社区治理研究，出版时我也曾作序支持。现在这本书，名为《新时代上海社区治理创新研究》。从这本著作中可以看到，这些年来他一直坚守在上海城市社区研究领域，而且调查范围不断扩大，研究视野持续拓展，对与社区治理相关的不同主题均有涉猎。此书是他在近年来一些社区研究成果的基础上，经过进一步提炼和体系化而完成的。虽然他自认为还不完善、理论深度不够，但在我看来，这毕竟是他在城市社区研究上的一个鲜明的足迹，希望他沿着这条研究道路，一步一个脚印地扎实走下去。以下仅就书名中的几个关键词谈谈我的看法，或对理解此书不无裨益。

　　新时代。过去我们常说"改革开放的新时代"，实际上是指经济体制的转轨和对外开放的决策所引发的中国经济社会全方位的转型。与此相伴随，大规模人口的空间与社会流动频繁，社会阶层结构不断分化，社会利益关系日趋复杂，思想文化日益多样化，再加上全球化、信息化的影响，人们的行为方式、思维方式发生深刻改变，这些都对我国建立新的社会秩序带来了未曾遇到过的挑战，也对社会治理提出了更高的创新要求。我们今天所说的中国特色社会主义进入了"新时代"，又具有新的含义和面临着新的局面：一是世界大变局加速演进，国际形势云谲波诡，我国面对的国际政治经济格局已经有很大不同；二是中国式现代化进入新阶段，面临的风险挑战和约束条件已经发生深刻变化；三是信息化时代的新技术正在重塑世界，也带来一系列社会治理问题。这些都给社会治理特别是特大城市的基层治理，提出了很多新问题。新冠疫情的发生和治理，为我们积累了应对现代社会风险的经验，也使我们认识到，在新时代更好地统筹改革、发展和稳定的关系，有效实现维护社会秩序和激发社会活力的双重目标，都迫切需要持续推进社会治理创新。

上海。上海是我国处在开放前沿的国际大都市，有其独特的发展历史，从租界时期"冒险家的乐园"到民国时期的"远东第一大城市"，从计划经济时期全国最大的工业中心到今天的"改革开放排头兵、创新发展先行者"，不同历史时期的城市烙印延续至今，形塑了上海多样性、包容性的文化品格。2022 年，上海市常住人口有近 2500 万人，是我国人口规模最大的超大城市，对长江三角洲和长江经济带发展都起到龙头作用。当前，上海正加快建设具有世界影响力的社会主义现代化国际大都市，这对上海的城市治理水平提出了更高要求，大家也期待上海能够走出一条超大城市社会有效治理的新路子，为全国城市社会治理现代化提供参考借鉴。

社区治理。城市社区首先是人们居住的社会网络区域，在我国通常与居委会辖区相联系，由于居委会是基层政权建设的载体之一，因而又与街道办事处或区、镇政府密切相关，在学界通常被界定为包含空间、人群、文化等要素的"地域生活共同体"。基层社会治理是国家治理的重要组成部分，社区治理则是社会治理、国家治理的基石，所谓"基础不牢，地动山摇"。三年疫情，人们越发意识到了社区及其治理的重要性。近年来，我国一直强调要推动社会治理重心下移，强化基层建设。上海的基层治理实践探索一直走在全国前列，早在 20 世纪 90 年代后期就产生了社区建设的"上海模式"，新时代社区治理的"上海经验"也产生了广泛影响。国家治理现代化离不开基层治理的现代化，上海这样的超大城市的社区治理创新实践，从现代化的商务圈社区到历史传统悠久的居住社区，都值得认真总结。

此书基于在上海各区不同街镇、社区的调研，从多个侧面反映了上海在推进社区治理创新方面的积极探索，对具体的创新案例展开分析，既有对经验的概括，也有对问题的反思与对策建议，可为关注社区治理的学者或实务工作者提供借鉴。需要注意的是，作者在最后特别提到了费孝通先生晚年对"心态"研究的倡导，并有志于在城市社区研究领域深入探究更为深层的"心态"问题。在走向现代化的过程中，城市社区越来越呈现某种"陌生人化"特征，"社区心态"也成为我们研究和认识社区的一个不可忽视的重要维度。

是为序。

2023 年 11 月 30 日于北京

自 序

　　本书是我的第二本社会学专著。起初有些犹豫要不要写篇自序，但想到书稿哪怕不完美，于时代、于自己亦有其价值，尤其是自觉有必要对多年来曾予以支持、帮助的一大批部门、机构、师友和调查对象表示感谢，于是写下以下文字。

　　在一定意义上，这部书稿是对上海新时代以来城市社区治理创新实践不同侧面的即时性记录。党的十八大标志着中国特色社会主义建设事业进入新时代，上海作为走在中国式现代化前沿的超大城市，一直在按照党中央要求，积极探索超大城市社会治理的新路子，相关创新很大程度上体现在基层社区这一层级与场域之中。2014年，上海市委一号课题聚焦"创新社会治理、加强基层建设"开展全面调查研究，并于年底出台"1+6"系列文件，延续并强化"上海模式"，在制度层面形塑了新时代上海社区治理的组织体系、制度框架与运作机制，通过调整街区权力关系，推动资源、力量下沉，进一步做实基层、赋能社区，为上海城市精细化治理夯实了基础。新冠疫情发生后，上海的精细化治理体系在大部分时间内经受住了考验，总体上实现了促进经济社会发展与社区疫情有效防控的双重目标，但其间也曾不同程度地遭受质疑，这对未来如何持续完善提出了新的课题。本书即汇集了笔者在不同时期、针对上海社区治理不同主题创新实践的调研与思考，一定程度上记录、反映了新时代以来上海在推进基层治理现代化方面积极而又不失曲折的探索历程。

　　同时，本书也是对自己近十年来相关研究的阶段性总结。毕业就职至今，尽管总体上一直耕耘在上海城市社区研究领域，但具体研究方向却发生过多次转变：从关注常态的社区权力秩序到探究非常态的社区矛盾冲突的演化逻辑、从聚焦居民自治参与扩展到一般性的政治参与以至网络参与、从探讨社区行动者的行为逻辑到重视社区治理变迁的组织制度因素又复归探析不同主体与社区治理有关的"心态"样貌，种种转变既有追踪社会实践的主动作为，又有碰壁后的被动调整。自2013年以来，自己更多关注上海社区治理实践，围绕前述诸种主题，承接了一些不同层面的决咨类课题，投入大量精力开展调研，总结不同地区、不同领域的基层实践经验，分析地方探索过程中面临的问题，进而提出解决问题的政策思路与建议。基于这些调研，完成了一系列报告、论文、专报，有的报告被编著收录，有的论文被公开发表，也有的专报获政府部门采纳或领导批示。从学理意义上讲，这些研究受委托方——各级政府部门——的影响较大，更聚焦于社区治理各类主体及其关系，偏重分析治理体制如何完善、制度框架如何优化、组织体系如何健全、运作机制如何有效之类的问题，总体上是党中央提出的"社会治理共同体"意义上的对策研究，但理论性、学术性仍有不足。从方法的角度看，这些研究以问卷调查、个案研究为主，但限于研究目标和时间要求，即使是社区个案研究也不够深入、细致，实际上存在费孝通先生所说的"只见社会不见人"的问题，对社区生活中的鲜活个体关注不足，遑论把握其喜怒哀乐、所思所想等"心态"样貌。以此书作结，一定程度上是自身研究将暂别组织"机制"、进入个体"心态"的宣示。

前述有关本书的两方面意义具有内在的统一性，即二者均本源于、依附于新时代上海社区治理的创新实践自身。上海社区治理实践脉络扎根于上海独特的城市历史文化，肇始于20世纪90年代以来的"上海模式"，并按照新时代以来的新形势和党中央的新要求不断探索、创新、发展。大致而言，新时代以来的上海社区治理创新实践主要体现在体制机制层面与组织制度方面，自上而下、纵横结合、立足基层的治理体系更为精密，专业管理、协商合作、市民参与、技术支撑相结合的治理方式日益精细，总体上，城市治理越来越深入地渗透到社区、小区、家庭、个体的生活之中，不仅制约着居民个体或群体的行为、关系及其变迁，而且影响到个体或群体的情感、态度与价值理念。从某种意义上说，正是实践本身对组织、制度、机制的重视使本书呈现此种面貌，也正是实践本身的发展使笔者感到有必要以本书作结，并自觉转向扎根传统、超越社区、更为隐秘又难以分割的"心态"研究。下一步，自己将继续追踪上海社区治理的实践变迁脉络，把握基于上海独特历史文化的市民"心态"特性，探寻这些特性与构建超大城市社区治理共同体之间的理论关联，为推动实现城市基层治理体系与治理能力的现代化略尽绵薄之力。

本书的完成与出版，离不开诸多部门、机构的大力支持，特此致谢。本研究受上海市哲学社会科学规划办公室资助，书稿内容是在市哲社一般课题

"新时代上海社区治理与社会参与机制创新"（立项号：2018BSH004）结项成果的基础上改写而成的。本书的出版得到上海市高水平地方高校建设项目资助，感谢学校与社会学院的有力支持。本书能由社科界久负盛名的社会科学文献出版社出版，与有荣焉，特别感谢童根兴副总编辑和群学分社谢蕊芬社长的悉心指导。本书主体部分基于调研资料写成，为各类调研提供过支持、帮助的机构包括：党建引领部分（闵行区委组织部，原宝山区人民政府地区办公室，顾村镇菊泉基本管理单元党委等）；体制改革部分（上海市人民政府发展研究中心，中国社会科学院－上海市人民政府"上海研究院"，原上海市社会工作党委，黄浦区五里桥街道、浦东新区陆家嘴街道等多个街道，浦东新区三林镇、闵行区浦江镇等多个镇及下属镇管社区）；法治保障部分（浦东新区社会工作党委，浦东新区东明路街道、高桥镇）；社会协同部分（浦东新区社会工作党委，浦东新区高桥镇党群服务中心等）；社区自治部分（上海市人民政府发展研究中心，宝山区人大常委会，普陀区万里街道司法所）；居民参与部分（闵行区虹桥镇，浦东新区东明路街道等）。笔者对以上机构和具体提供指导、协助的部门领导、工作人员表示衷心的感谢。尤其需要提出的是，笔者特别感谢接受问卷调查或访谈、座谈的街镇、社区、企事业单位及社会组织的领导、工作者和许多居民、业主、志愿者，没有他们的友好合作与坦诚相告，所有调研均无法完成，本书也就成了无源之水，无本之木。

在本书的调研、思考与写作过程中，同样离不开诸多老师、同事、同仁、朋友和学生的真诚帮助与积极助力，需要特别致以谢意。李培林老师一如既往地给予关心支持，并在百忙之中抽空作序，使本书增色不少；李友梅老师对多个调研项目进行过指导，不仅曾亲赴顾村镇座谈，而且对笔者撰写的多份专报也提出过修改建议；张文宏、黄晓春、曾军等学院和部门领导，仇立平、张海东、肖瑛、刘玉照、孙秀林、甄志宏、纪莺莺等前辈与同事老师，张翼、文军、桂勇、李骏、张永宏、田丰、狄金华、张虎祥、谭日辉等学界同行老师，都曾在正式或非正式、不同时间地点的交流研讨中给过指导意见；盛智明、庞保庆、陈蒙、杨红伟等学院同事，江西财经大学梁波、上海财经大学马磊、上海师范大学冯猛、上海社会科学院臧得顺等学界同人，我所指导的硕士生徐佳丽、金理明、黄李煜、王亚明、王丽婷、孔文红、赵君、张芷铭等同学，以及孙睿等部分本科同学都曾实质性地参与过某个调研项目；李然、杨天一、靳宇恒等同学还在文献梳理、资料收集、格式调整等方面提供了帮助。在此，对所有参与过社区调研、交流研讨和为本研究提供过各种支持、帮助的师友、同学表示诚挚感谢。同时，笔者自知才学有限，本书仍有不少改进空间，亦恳请学界师友、学友批评指正，文责自负。

最后，感谢家人的温情陪伴和默默付出。

CONTENTS 目 录

第一章 绪论

加强和创新社会治理本身是国家治理体系和治理能力现代化的重要组成部分，同时也是对社会变迁形势与时代发展要求的积极回应，是在不同时期的经济社会条件发生改变的背景下，在中国共产党的领导下，以党政体制为核心、由多元主体组成的治理体系面对不同治理问题时而做出必要的改革、调整、创新与发展的实践过程。改革开放以来，与全国其他地区一样，上海也经历了从城市社会管理到城市社会治理的发展、转变历程，但又具有自身特点，在 20 世纪 90 年代即形成了社区建设的"上海模式"，且通过持续不断的开拓创新，在区域化党建、网格化管理、居民自治、社会组织参与等领域构建起独特优势，上海的城市管理水平也在一定意义上成为国内的标杆。党的十八大标志着中国特色社会主义进入新时代。新时代以来，上海的经济社会发展态势发生了重大转变，党中央交给上海更多重大战略任务，习近平总书记对上海发展和城市社会治理提出了更高期望与要求，上海也积极回应，推出了创新社会治理、加强基层建设的"1 + 6"文件及后续相关制度变革。通过对新时代以来上海发展形势和党中央要求进行梳理，有助于深入理解时代背景下上海社区治理体制机制创新的重要意义、核心内涵和重点任务。

第一节　上海经济社会发展新形势及其对城市基层治理的挑战

新时代以来，上海人口数量、质量与结构发生了阶段性变化，经济、社会各领域取得了长足进步，同时也出现了某些新的趋势与特征。以下将主要依据 2022 年《上海统计年鉴》及历年统计数据，从人口、经济、社会三大领域对上海新时代以来的阶段性特征进行概括①。

---

① 本节图表数据来源如无特殊说明，均来源于 2022 年《上海统计年鉴》（上海统计网站）。

一 新时代以来上海人口特征

(一) 常住人口、外来人口数量趋于稳定

就上海市的人口规模而言，表 1 - 1 显示，自 21 世纪以来，上海市常住人口数量、户数总体上持续增长，从 2001 年底的 1668.33 万人、478.92 万户增长到 2021 年底的 2489.43 万人、568.27 万户。但自进入新时代以来，上海的常住人口总量趋于稳定，2012 年底为 2398.50 万人，与 2021 年相差不到 100 万人。上海常住人口的增长的主要原因是外来常住人口的快速增长，但新时代以来，外来常住人口的增长速度也急速下降，2012 年以来一直保持在 1000 万人左右，常住人口总数则稳定在少于 2500 万人。可以说，与此前的人口总量尤其是外来人口数量快速扩张不同，新时代的上海人口数量进入了一个相对稳定的阶段，这对城市公共服务资源的均衡配置和城市基层治理的精细化水平提出了更高要求。

表 1 - 1　2001 ~ 2021 年上海市常住人口数、总户数与户籍人口数

单位：万人；万户

年份	常住人口	总户数	年末户籍人口	外来常住人口
2001	1668.33	478.92	1327.14	341.19
2002	1712.97	481.77	1334.23	378.74
2003	1765.84	486.06	1341.77	424.07
2004	1834.98	490.58	1352.39	482.59
2005	1890.26	496.69	1360.26	530.00
2006	1964.11	499.54	1368.08	596.03
2007	2063.58	503.29	1378.86	684.72
2008	2140.65	506.64	1391.04	749.61
2009	2210.28	509.79	1400.70	809.58
2010	2302.66	519.27	1412.32	890.34
2011	2355.53	522.01	1419.36	936.17
2012	2398.50	524.31	1426.93	971.57
2013	2448.43	527.52	1432.34	1016.09
2014	2467.06	532.55	1438.69	1028.37
2015	2457.59	536.76	1442.97	1014.62
2016	2467.37	541.62	1450.00	1017.37

续表

年份	常住人口	总户数	年末户籍人口	外来常住人口
2017	2466.28	546.13	1455.13	1011.15
2018	2475.39	551.95	1462.38	1013.01
2019	2481.34	556.23	1469.30	1012.04
2020	2488.36	560.96	1475.63	1012.73
2021	2489.43	568.27	1492.92	996.51

注：外来常住人口数为常住人口数减去年末户籍人口数。

（二）人口结构的"少子老龄化"持续深化

表1-2显示，自新中国成立以来，上海家庭平均人口数持续下降，从第一次全国人口普查时的4.7人下降到第七次全国人口普查时的2.3人。新时代以来的这一下降趋势依然持续，从第六次全国普查时的2.5人降到了2.3人。家庭人口数的变化意味着家庭结构也发生了巨大转变：三口之家的比例不断下降，不生孩子的"丁克家庭"数量则有所上升。

表1-2 上海市历次人口普查部分数据

单位：人；%

指标	一普 （1953）	二普 （1964）	三普 （1982）	四普 （1990）	五普 （2000）	六普 （2010）	七普 （2020）
平均每户人数	4.7	4.5	3.6	3.1	2.8	2.5	2.3
0~14岁	33.0	42.3	18.2	18.2	12.2	8.6	9.8
15~64岁	65.0	54.1	74.4	72.4	76.3	81.3	73.9
65岁及以上	2.0	3.6	7.4	9.4	11.5	10.1	16.3

新时代上海人口结构更为典型的特征是"少子老龄化"趋势持续深化。根据表2可知，一方面，改革开放以来，65岁及以上人口在上海总人口中的占比总体上不断走高，从1982年的7.4%，增加到2010年的10.1%，再到2020年的16.3%，老龄化水平持续提高；另一方面，上海0~14岁人口占总人口的比例自1990年以来不断下降，六普、七普数据的这一比例均低于10%。需要指出的是，外来人口的增加事实上缓解了上海的"少子老龄化"问题，上海户籍人口的老龄化程度更为严重，截至2022年底，上海60岁及以上户籍老年人为553.66万人，占户籍总人口的比例已高达36.8%（陈静，2023）。图1-1显示，2002年以来，上海户籍人口的自然

增长率大多为负数，尤其自 2016 年以来，户籍人口负增长趋势日益严重。

图 1-1 2002~2021 年上海市户籍人口自然增长率

（三）以教育水平为标志的人口素质快速提升

上海市居民的文化程度和人口素质总体较高且在不断提高。由表 3 可知，改革开放以来，上海受教育人口在总人口中的占比持续攀升，尤其是受过大专及以上高等教育的比例从 1982 年的 3.8%，增长至 2010 年的 22.8%，新时代以来又大幅增长至 2020 年的 35.4%，超过总数的三分之一。与之相应的是接受小学或初中教育的比例在进入新时代后迅速减少，总计下降了 10.6 个百分点。图 1-2 显示，新时代以来，上海市获得博士、硕士学位人数大幅度增长，其数量分别从 2013 年的 5077 人、30311 人增加到 2021 年的 6623 人、49453 人，增幅分别达到了 30.5% 和 63.2%，这显示出较高的人口素质与人才密度。因此，如何顺应高素质人口和人才的多元化需求、满足市民对高品质社区生活的期待，是上海基层社区治理和服务的重点。

表 1-3 上海市历次人口普查受教育程度数据

单位：%

受教育程度	二普 (1964)	三普 (1982)	四普 (1990)	五普 (2000)	六普 (2010)	七普 (2020)
大专及以上	2.2	3.8	7.1	11.4	22.8	35.4
高中	5.2	22.0	21.1	23.9	21.8	19.8
初中	13.0	30.4	34.2	38.2	38.1	30.2
小学及以下	79.6	43.8	37.6	26.5	17.3	14.6

图 1 - 2 2003～2021 年上海市部分年份获得研究生学位人数

（四）居委会数量大幅增长，城镇化深度调整

上海较早完成了城市化进程，进入新时代以来，上海市的城镇化率基本保持在 89% 以上，且 2015 年以来缓慢攀升，2022 年为 89.3%（表 1 - 4）。相应地，不同基层行政区的数量变化同样反映出该趋势。根据表 1 - 5，在上海市"乡"的数量保持稳定的前提下，"镇"的数量略有下降，而街道办事处的数量则相应增加，从 2013 年的 98 个增加至 2021 年的 107 个；更为典型地，在村民委员会数量不断下降的同时（从 2013 年的 1610 个降至 2021 年的 1556 个），居民委员会的数量却明显增加，自 2013 年的 4024 个增加至 2021 年的 4576 个，增长幅度超八分之一。

表 1 - 4 2013～2022 年上海市城镇化水平

单位：%

年份	城镇化率
2013	89.6
2014	89.3
2015	88.5
2016	89.0
2017	89.1
2018	89.1
2019	89.2
2020	89.3
2021	89.3
2022	89.3

表 1 - 5 2013 ~ 2021 年上海市街镇、社区 (居村委) 数量

单位：个

年份	镇	乡	街道办事处	居民委员会	村民委员会
2013	108	2	98	4024	1610
2014	107	2	100	4122	1605
2015	107	2	104	4154	1593
2016	107	2	105	4253	1590
2017	107	2	105	4253	1590
2018	107	2	105	4416	1572
2019	106	2	107	4507	1570
2020	106	2	107	4563	1562
2021	106	2	107	4576	1556

资料来源：2014 ~ 2022 年《上海统计年鉴》。

日益向城镇集聚的人口分布对上海市的基层治理提出了新要求：一方面，这需要不断提高城市精细化治理水平、划小做实基层治理单元，在党建引领下将人、财、物等多方力量、多元主体下沉至街道甚至社区一线，优化社区网格运行机制，加强基层治理队伍建设，确保城市网格化管理实现市、区、街镇、居村四级全覆盖[1]；另一方面，城市居民对于更高水平的美好生活需求也亟待更好地满足，体现在社区层面，需要通过居村委优化设置、推动参与式社区规划与基层全过程人民民主实践、完善党建引领自治共治机制等满足居民的多样化需求。

二 新时代以来上海经济发展特征

（一）城市发展成就斐然，人均 GDP 达到约 2.4 万美元

进入新时代以来，上海城市综合实力跃上新台阶。表 1 - 6 显示，在宏观经济层面，上海全市生产总值从 2010 年的 17915.41 亿元增长到 2021 年的 43214.85 亿元，增加了约 1.4 倍；一般公共预算收入从 2010 年的 2873.58 亿元增长到 2021 年的 7771.80 亿元，增加了约 1.7 倍。尤其值得强调的是，上海人均生产总值从 2010 年的 7.94 万元（按当时汇率计算，

---

[1] 《龚正市长在上海市第十六届人民代表大会第一次会议的政府工作报告（2023 年）》，《解放日报》2023 年 1 月 17 日。

约为 1.2 万美元）提升到 2021 年的 17.36 万元（按当时汇率计算，约 2.5 万美元），大约增长了 1.1 倍（以美元计算）。

同时，在经济快速发展的同时，上海城市建设水平也不断提高。表 6 显示，上海用电量从 2010 年的 1295.87 亿千瓦时增长到 2021 年的 1749.62 亿千瓦时，道路长度相应增加了 2240 公里，森林覆盖率也相应从 12.60% 提高至 19.40%。

表 1-6　1990~2021 年上海市宏观经济主要指标

指标	1990 年	2000 年	2010 年	2020 年	2021 年
生产总值（亿元）	781.66	4812.15	17915.41	38963.30	43214.85
人均生产总值（万元）	0.59	3.00	7.94	15.68	17.36
一般公共预算收入（亿元）	166.99	497.96	2873.58	7046.30	7771.80
用电量（亿千瓦时）	264.74	559.51	1295.87	1575.96	1749.62
道路长度（公里）	1631.00	6641.00	16687.00	18453.00	18927.00
森林覆盖率（%）	5.50	9.20	12.60	18.50	19.40

注：人均生产总值以常住人口为基数计算。

（二）后工业化特征凸显，第三产业从业人员增长迅速

新时代以来，上海的产业结构与职业结构同样经历着深刻的调整与转型。就产业结构而言，结合表 1-7、表 1-8 可知，上海第一、二产业在全市生产总值中的占比总体上持续下降，且第一、二产业的从业人员数量也相应走低。以 2019 年数据为例，第一产业从业人员数为 40.80 万人，第二产业从业人员数为 335.67 万人，仅分别约等于当年第三产业从业人员数的 4.10% 与 33.58%。反观第三产业，早在 2013 年，其生产总值就远超第一、二产业的总和；而截至 2021 年，第三产业对全市生产总值的贡献率已突破 73%，且仍在稳步增长中。

表 1-7　2013~2021 年上海市生产总值构成

单位：%

年份	第一产业	第二产业	第三产业
2013	0.6	35.7	63.7
2014	0.5	34.2	65.3

续表

年份	第一产业	第二产业	第三产业
2015	0.4	31.3	68.3
2016	0.4	28.7	70.9
2017	0.4	28.9	70.7
2018	0.3	28.8	70.9
2019	0.3	26.8	72.9
2020	0.3	26.3	73.4
2021	0.2	26.5	73.3

表 1-8　2013~2019 年上海三大产业从业人员数量

单位：万人

年份	第一产业	第二产业	第三产业	总计
2013	50.65	479.22	839.04	1368.91
2014	44.81	476.87	843.95	1365.63
2015	46.01	459.74	855.76	1361.51
2016	45.45	448.50	871.29	1365.24
2017	42.44	430.51	899.70	1372.65
2018	40.83	422.82	912.01	1375.66
2019	40.80	335.67	999.73	1376.20

就具体的职业结构而言，由表 1-9 可知，制造业、建筑业等传统第二产业的从业人数虽在各行业中长期占据高位，但自 2013 年以来持续减少，最终分别被批发和零售业、租赁和商务服务业等第三产业的人数所赶超。同时，信息传输、软件和信息技术，科学研究和技术等新兴科技服务业，以及教育，卫生和社会工作等专业服务业的从业人员也正在持续快速增长。这也从侧面具体反映了上海三大产业的结构转型。

表 1-9　2013~2019 年上海市各行业从业人员数量

单位：万人

行业	2013 年	2016 年	2019 年
农、林、牧、渔业	53.82	48.30	44.75
采矿业	0.04	0.04	0.12
制造业	367.03	341.82	234.38

续表

行业	2013 年	2016 年	2019 年
电力、热力、燃力及水的生产和供应业	4.65	4.83	3.61
建筑业	111.07	106.36	101.90
批发和零售业	231.00	239.06	245.68
交通运输、仓储和零售业	88.21	89.73	93.76
住宿和餐饮业	51.08	52.22	66.79
信息传输、软件和信息技术服务业	44.62	48.60	74.96
金融业	32.89	36.42	43.72
房地产业	48.38	50.01	54.42
租赁和商务服务业	126.39	133.18	157.37
科学研究和技术服务业	43.57	45.75	61.19
水利、环境和公共设施管理业	22.35	20.82	21.91
居民服务、修理和其他服务业	35.66	36.06	43.17
教育	36.38	37.41	46.44
卫生和社会工作	27.83	28.70	36.56
文化、体育和娱乐业	10.53	11.42	13.55
公共管理、社会保障和社会组织	33.41	34.51	31.92

注：第一产业主要是农、林、牧、渔业；第二产业主要是制造业、建筑业，以及电力、热力、燃力及水的生产与供应业。

（三）经济数字化特征明显

进入新时代，上海数字化经济发展迅速，以电子商务交易额为例。图 1-3 显示，2012 年以来，尽管偶有下降，上海电子商务交易额总体上保持快速增长，从 2012 年的 7815.00 亿元增长至 2021 年的 32403.60 亿元，增长了 3 倍多。经济社会生活的数字化发展，给上海城市社区治理带来了风险与机遇，需要顺应数字化趋势，更多运用大数据、云计算、物联网、人工智能等新技术，对基层社区运行进行实时感知、智能管理，以提高城市基层治理的信息化水平。

三 新时代以来上海社会事业发展特征

（一）人均收入、消费水平持续提升

图 1-4 显示，新时代以来，上海市人均可支配收入和人均消费支出

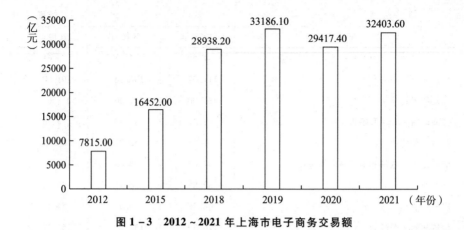

图 1-3 2012~2021 年上海市电子商务交易额

总体上保持不断上升的状态。对于人均可支配收入来说，2015 年为
49867 元，2021 年达到了 78027 元，增长了大约 0.56 倍。对于人均消费
支出来说，2015 年为 34784 元，2019 年上升到 45605 元，2020 年受新
冠疫情影响略有下降，2021 年达到 48879 元，与 2015 年相比增长了大
约 0.41 倍。市民生活水平的稳步提高，既意味着以人民为中心的发展成
果不断惠及人民群众，也意味着人民对美好生活有了更高的需求，对资
源公正分配、合法权利维护、利益诉求表达等社会治理的核心领域提出
了更高的要求。

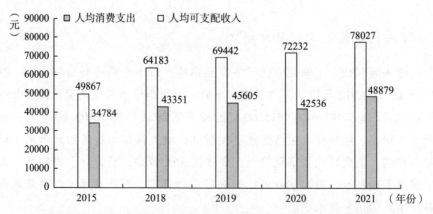

图 1-4 2015~2021 年上海市部分年份人均可支配收入与消费支出

（二）就业水平较高，失业率保持在低位

根据表 1-10 可知，近年来，上海市新增就业岗位数基本保持增长态
势，2019 年为 58.91 万个，2020 年受疫情影响有所下降，2021 年又快速

增长到 63.51 万个。帮助成功创业人数逐年增加，从 2019 年的 1.13 万人增加到 2021 年的 1.28 万人。2019～2021 年，城镇登记失业人数和城镇登记失业率总体上不断下降，2021 年的城镇登记失业人数为 14.4 万人，城镇登记失业率为 2.73%。就此而论，尽管受疫情的影响，但上海市的就业情况整体较好，失业率保持在低位。但需要注意的是，随着经济下行压力的增大，各种灵活就业、半就业或隐形失业人群的数量或将不断增多，这对城市治理和社区服务提出了新的要求。

表 1 – 10   2019～2021 年上海市就业、失业情况

数据项	2019 年	2020 年	2021 年
新增就业岗位数（万个）	58.91	57.04	63.51
帮助成功创业人数（万人）	1.13	1.25	1.28
城镇登记失业人数（万人）	19.34	13.54	14.4
城镇登记失业率（%）	3.60	3.67	2.73

（三）医疗卫生、养老服务与社会保障水平不断提高

2010～2021 年上海市的医疗卫生与社会保障事业的基本情况，如表 11 所示。在医疗卫生领域，自 2010 年以来，上海市医疗卫生技术人员、医院床位数均呈现上升趋势，每万人口医生数从 2010 年的 22 人增加到 2021 年的 35 人，同期每万人口医院床位数从 37 张增加到 61 张。同时，养老服务事业稳步发展，养老机构数量从 2010 年的 625 家增加到 2021 年的 730 家，养老机构床位数从 2010 年的 9.78 万张增加到 2021 年的 15.86 万张，增长幅度达 62.2%。2021 年的家庭病床总数为 63728 张，社区老年人日间服务机构数为 831 家，独立老年护理院床位数为 24228 张，与 2010 年相比，分别增长了 0.45 倍、1.74 倍和 6.38 倍。

在社会保障领域，表 11 显示，自 2010 年以来，上海市各类社会保险标准持续增加，上海市民的社会保障水平不断提高。2021 年，上海市城镇职工基本养老保险为 1081.58 元，城镇职工基本医疗保险为 1084.74 元，城镇职工失业保险为 1021.26 元，城镇职工工伤保险为 1097.33 元。尤其是职工工资最低标准和城镇居民生活保障最低标准提升幅度最大，分别从 2010 年的 1120 元、450 元增加到 2021 年的 2590 元、1330 元，各增长了 1.31 倍、1.96 倍。

表 1-11 2010~2021 年上海市医疗卫生与社会保障情况

类别	2010 年	2020 年	2021 年
每万人口医生数（人）	22	33	35
每万人口医院床位数（张）	37	58	61
养老机构数（家）	625	729	730
养老机构床位数（万张）	9.78	15.70	15.86
家庭病床总数（张）	43880	55204	63728
社区老年人日间服务机构数（家）	303	758	831
独立老年护理院床位数（张）	3285	19597	24228
城镇职工基本养老保险（元）	522.44	1051.96	1081.58
城镇基本养老保险（个体工商户和自由职业人员）（元）	20.43	42.94	44.43
城镇基本养老保险（领取养老金的离退休人员）（元）	352.02	521.77	528.35
城镇职工基本医疗保险（元）	608.41	1064.86	1084.74
城镇职工基本医疗保险（享受医保的离退休人员）（元）	391.33	523.39	529.64
城乡居民基本医疗保险（元）	259.17	355.99	365.05
城镇职工失业保险（元）	556.20	987.64	1021.26
城镇职工工伤保险（元）	555.36	1082.23	1097.33
少儿住院基金（元）	197.19	231.23	234.95
职工工资最低标准（元）	1120	2480	2590
城镇居民生活保障最低标准（元）	450	1240	1330

（四）社会组织、社工机构快速发展

表 1-12 显示，上海市的社会组织数量自 2010 年以来保持了快速增长的势头。2021 年，上海市共有社会团体 4304 个、民办非企业 12490 个、基金会 574 个，分别为 2010 年的 1.18 倍、1.97 倍、4.91 倍。2021 年，上海市提供住宿的社会工作机构共 713 个，比 2020 年增加了 17 个；提供住宿的社会工作机构职工数 32992 人，比 2021 年增加了 2151 人。社会组织是社会治理的重要主体之一，激发社会组织活力是推动社会治理现代化的重要内容。上海市社会组织、社工机构的快速发展不仅有助于政府转变职能、带动社会就业，而且有助于更好地满足市民服务需求，进而完善城市社会治理体系。

表 1−12 2010～2021 年上海市社会组织、社工机构状况

单位：个；人

类别	2010 年	2020 年	2021 年
社会团体	3634	4242	4304
民办非企业	6353	12273	12490
基金会	117	533	574
提供住宿的社会工作机构	—	696	713
提供住宿的社会工作机构职工数	—	30841	32992

四　上海经济社会发展新形势对社会治理的新要求

总体而言，新时代以来的上海经济社会发展对社会治理、基层治理提出了多方面的新要求，同时也为治理创新提供了更好的基础条件。概述如下。

在人口领域，主要有以下四个方面。第一，人口数量的相对稳定，对上海的基层社区治理、社区服务等都提出了更高的精细化要求。第二，上海人口的年龄结构总体呈现老龄化、少子化的趋势，意味着社会资源竞争更趋激烈，人们对有限资源如何合理分配将更为关注。第三，上海市居民的文化程度和人口素质总体较高且在不断提高，意味着上海居民对于社会公共事务的参与意愿与能力逐步提升。第四，人口愈发集中于城市社区居委会，意味着街道与郊区大镇对于社区的服务、管理压力持续加大。

在经济领域，可概括为三个方面。第一，新时代以来上海的城市发展取得了更高成就，人均 GDP 达到约 2.4 万美元，上海总体上进入了中等发达国家或地区水平，上海居民对于城市生活品质的要求也将随之上升。第二，上海的产业结构与职业结构同样经历着深刻的调整与转型，就产业结构而言，上海第一、二产业在全市生产总值中的占比总体上持续下降，第一、二产业从业人员数量也相应走低，第三产业的人数快速增加，意味着上海的"后工业化"特征持续加深，"白领"人群占比更高，从业人员的组织化水平下降，自由流动空间更大，依靠原有体制内组织化进行城市治理的难度日益增大。第三，上海数字化经济的发展水平也在稳步提高，这集中体现为全市电子商务交易额的变化，意味着"网络社会""数字经济"对现实经济社会发展的影响持续深化，网络社会治理的难度也不断增加。

在社会领域，主要涉及以下四个方面。第一，新时代以来上海市人民

生活水平持续提升，人均可支配收入和消费支出均不断攀升，这在一定程度上反映了居民资产、财富总量也在相应提高，居民维护自身资产、财富的意识不断加强，围绕经济利益或产权的争议、纠纷可能有所增加，这对社会治理法治化发展提出了更高要求。第二，就业情况整体稳定，统计数据显示的城镇失业率保持在低位，但自2020年以来，受疫情影响，经济发展速度有所下降，年轻人的就业难度增加，且目前就业统计的标准比较低，需要特别关注并加大力度解决上海年轻人尤其是高校毕业生就业问题，这一问题直接影响到社会和谐稳定，影响到城市社会治理的根本。第三，医疗卫生事业繁荣发展，养老服务不断改善，社会保障水平也持续提高，这为社会治理提供了更好的基础和保障。第四，社会组织发展迅速，且广泛参与到社会建设、公共服务与城市治理之中，本身是社会治理的重要生力军，有助于激发社会活力，带动公众参与，助力上海人民城市建设。

第二节　新时代党中央的新要求与上海社会治理制度变革

党的十八大以来，习近平总书记对上海提出当好全国改革开放排头兵、创新发展先行者的总体要求，党中央交给上海更多重大战略任务，包括率先建设自由贸易试验区、促进长三角一体化发展、建设科创中心、建设社会主义现代化引领区等，客观上要求上海不断提升超大城市社会治理现代化水平。习近平总书记高度重视推进城市治理体系与治理能力现代化，针对上海城市社会治理做出一系列指示，提出了精细化治理、人民城市建设、发展全过程人民民主等重大理念。上海积极对照中央要求，在创新社会治理、加强基层建设方面不断推进相关制度变革，上海基层治理制度体系持续完善，上海居民的安全感、获得感持续提高。

一　习近平总书记关于上海城市治理创新的系列指示

党的十八大标志着中国特色社会主义进入新时代。进入新时代以来，面对国际国内形势的发展变化，党中央持续推进与社会治理相关的理念创新，在历次中央全会上提出了诸多社会治理的新思想、新要求。习近平总书记针对上海城市治理创新所提出的系列指示，也需要在这一背景下加以理解，其既是对中央全会精神的贯彻、阐释与进一步发展，也结合了上海作为超大城市的自身特点与规律。根据七普数据，我国目前共有7座常住人口 1000 万人以上的超大城市，14 座 500 万人以上人口的特大城市。同时，随着我国城镇化水平的不断提升，超大城市、特大城市的数量还将逐渐增多，习近平总书记有关上海超大城市社会治理创新的系列指示精神对于其他城市同样具有重要的指导意义。

党的十八届三中全会首次提出"创新社会治理体制"，实现了国家话语从"社会管理"到"社会治理"的转变。2014 年 3 月 5 日，习近平总书记在参加十二届全国人大二次会议上海代表团审议时指出，希望上海"走出一条符合特大城市特点和规律的社会治理新路子"。① 加强和创新社会治理，关键在体制创新，核心是人，只有人与人和谐相处，社会才会安定有序。社会治理的重心必须落到城乡社区，社区服务和管理能力强了，社会治理的基础就实了。要深入调研治理体制问题，深化拓展网格化管理，尽可能把资源、服务、管理放到基层，使基层有职有权有物，更好为群众提供精准有效的服务和管理。要加强城市常态化管理，聚焦群众反映强烈的突出问题，狠抓城市管理顽症治理。要加强人口服务管理，更多运用市场化、法制化手段，促进人口有序流动，控制人口总量，优化人口结构。习近平强调，治理和管理一字之差，体现的是系统治理、依法治理、源头治理、综合施策。社会治理是一门科学，要着力提高干部素质，把培养一批专家型的城市管理干部作为重要任务，用科学态度、先进理念、专业知识去建设和管理城市。

党的十八届四中全会就全面推进依法治国做出重要决定，强调提高社会治理法治化水平。2015 年 3 月 5 日，习近平总书记在参加十二届全国人大三次会议上海代表团审议时提出，创新社会治理，要以最广大人民根本利益为根本坐标，从人民群众最关心、最直接、最现实的利益问题入手，把加强基层党的建设、巩固党的执政基础作为贯穿社会治理和基层党建的一条红线，深入拓展区域化党建，建立一支素质优良的专业化社区工作者队伍，推动管理重心下移，推动服务和管理力量向基层倾斜，实现从管理向治理转变，激发基层活力，提升社区能力，形成群众安居乐业、社会安定有序的良好局面。②

党的十九大提出，我国社会主要矛盾从人民日益增长的物质文化需要

---

① 《两会授权发布：习近平参加上海代表团审议》，http://www.xinhuanet.com/politics/2014-03/05/c_119627165.htm，最后访问日期：2024 年 1 月 20 日。

② 《习近平参加上海代表团审议》，http://china.cnr.cn/gdgg/20150305/t20150305_517898776.shtml，最后访问日期：2024 年 1 月 20 日。

同落后的社会生产之间的矛盾转变为人民日益增长的美好生活需要和不平衡不充分的发展之间的矛盾，这对于加强和创新社会治理提出了更高要求。2017 年 3 月，在党的十九大召开之前，习近平总书记在参加十二届全国人大五次会议上海代表团审议时进一步提出要求，走出一条符合超大城市特点和规律的社会治理新路子，是关系上海发展的大问题。上海要持续用力、不断深化，提升社会治理能力，增强社会发展活力；要强化依法治理，善于运用法治思维和法治方式解决城市治理顽症难题，努力形成城市综合管理法治化新格局；要强化智能化管理，提高城市管理标准，更多运用互联网、大数据等信息技术手段，提高城市科学化、精细化、智能化管理水平；要加快补齐短板，聚焦影响城市安全、制约发展、群众反映强烈的突出问题，加强综合整治，形成常态长效管理机制，努力让城市更有序、更安全、更干净；要发挥社会各方面作用，激发全社会活力，群众的事同群众多商量，大家的事人人参与。①

2018 年 11 月 6 ~ 7 日，习近平总书记出席首届中国国际进口博览会开幕式和相关活动后考察上海，在此期间提出了"城市精细化治理"的理念。2018 年 11 月 6 日，习近平在虹口区市民驿站嘉兴路街道第一分站考察时指出，城市治理的"最后一公里"就在社区。社区是党委和政府联系群众、服务群众的神经末梢，要及时感知社区居民的操心事、烦心事、揪心事，一件一件加以解决。老百姓心里有杆秤。我们把老百姓放在心中，老百姓才会把我们放在心中。加强社区治理，既要发挥基层党组织的领导作用，也要发挥居民自治功能，把社区居民积极性、主动性调动起来，做到人人参与、人人负责、人人奉献、人人共享。同日，习近平总书记考察浦东新区城市运行综合管理中心时提出，城市治理是国家治理体系和治理能力现代化的重要内容。一流城市要有一流治理，要注重在科学化、精细化、智能化上下功夫。既要善于运用现代科技手段实现智能化，又要通过绣花般的细心、耐心、巧心提高精细化水平，绣出城市的品质品牌。上海要继续探索，走出一条中国特色超大城市管理新路子，不断提高城市管理水平。2018 年 11 月 7 日，习近平总书记在听取上海市委市政府工作汇报后指出，深化社会治理创新，要提高社会治理社会化、法治化、智能化、

① 《习近平在参加上海代表团审议时强调　践行新发展理念深化改革开放　加快建设现代化国际大都市》，http://news.cctv.com/2017/03/05/ARTIilottZ8L4hamQwdsXLm9170305.shtml，最后访问日期：2024 年 1 月 20 日。

专业化水平，更加注重在细微处下功夫、见成效。要坚持以人民为中心的发展思想，坚持共建共治共享，坚持重心下移、力量下沉，着力解决好人民群众关心的就业、教育、医疗、养老等突出问题，不断提高基本公共服务水平和质量，让群众有更多获得感、幸福感、安全感。[1]

党的十九届四中全会通过《中共中央关于坚持和完善中国特色社会主义制度 推进国家治理体系和治理能力现代化若干重大问题的决定》，提出"必须加强和创新社会治理，完善党委领导、政府负责、民主协商、社会协同、公众参与、法治保障、科技支撑的社会治理体系，建设人人有责、人人尽责、人人享有的社会治理共同体，确保人民安居乐业、社会安定有序，建设更高水平的平安中国"。2019 年 11 月 2 ~ 3 日，习近平总书记在上海市考察工作，提出了"人民城市""全过程人民民主"的重要理念。习近平总书记在参观考察杨浦滨江时提出，城市是人民的城市，人民城市为人民。无论是城市规划还是城市建设，无论是新城区建设还是老城区改造，都要坚持以人民为中心，聚焦人民群众的需求，合理安排生产、生活、生态空间，走内涵式、集约型、绿色化的高质量发展路子，努力创造宜业、宜居、宜乐、宜游的良好环境，让人民有更多获得感，为人民创造更加幸福的美好生活。习近平总书记在参观长宁区虹桥街道古北市民中心时指出，人民代表大会制度是我国的根本政治制度，要坚持好、巩固好、发展好，畅通民意反映渠道，丰富民主形式。衣食住行、教育就业、医疗养老、文化体育、生活环境、社会秩序等方面都体现着城市管理水平和服务质量。要牢记党的根本宗旨，坚持民有所呼、我有所应，把群众大大小小的事情办好。要推动城市治理的重心和配套资源向街道社区下沉，聚焦基层党建、城市管理、社区治理和公共服务等主责主业，整合审批、服务、执法等方面力量，面向区域内群众开展服务。2019 年 11 月 3 日，习近平总书记在听取上海市委市政府工作汇报后提出，要深入学习贯彻党的十九届四中全会精神，提高城市治理现代化水平。要统筹规划、建设、管理和生产、生活、生态等各方面，发挥好政府、社会、市民等各方力量。要抓一些"牛鼻子"工作，抓好"政务服务一网通办""城市运行一网统管"，坚持从群众需求和城市治理突出问题出发，把分散式信息系统整合起来，做到实战中管用、基层干部爱用、群众感到受用。要抓住人民

---

[1] 《习近平在上海考察》，http://news.cctv.com/2018/11/07/ARTIRybNubuicOJDZWlH9abtl811
07.shtml，最后访问日期：2024 年 1 月 20 日。

最关心最直接最现实的利益问题，扭住突出民生难题，一件事情接着一件事情办，一年接着一年干，争取早见成效，让人民群众有更多获得感、幸福感、安全感。要履行好党和政府的责任，鼓励和支持企业、群团组织、社会组织积极参与，发挥群众主体作用，调动群众积极性、主动性、创造性，探索建立可持续的运作机制。把基层党组织建设成为宣传党的主张、贯彻党的决定、领导基层治理、团结动员群众、推动改革发展的坚强战斗堡垒。①

党的十九届五中全会提出了"十四五"时期经济社会发展主要目标，其中之一即"社会治理特别是基层治理水平明显提高"。2020 年 11 月 12 日，习近平总书记出席浦东开发开放 30 周年庆祝大会时进一步强调了城市治理现代化与人民城市建设的思想，要求提高城市治理现代化水平，开创人民城市建设新局面。人民城市人民建、人民城市为人民。城市是人集中生活的地方，城市建设必须把让人民宜居安居放在首位，把最好的资源留给人民。要坚持广大人民群众在城市建设和发展中的主体地位，探索具有中国特色、体现时代特征、彰显我国社会主义制度优势的超大城市发展之路。要提高城市治理水平，推动治理手段、治理模式、治理理念创新，加快建设智慧城市，率先构建经济治理、社会治理、城市治理统筹推进和有机衔接的治理体系。推进城市治理，根本目的是提升人民群众获得感、幸福感、安全感。要着力解决人民群众最关心最直接最现实的利益问题，不断提高公共服务均衡化、优质化水平。要构建和谐优美生态环境，把城市建设成为人与人、人与自然和谐共生的美丽家园。要把全生命周期管理理念贯穿城市规划、建设、管理全过程各环节，把健全公共卫生应急管理体系作为提升治理能力的重要一环，着力完善重大疫情防控体制机制，毫不放松抓好常态化疫情防控，全方位全周期保障人民健康。②

2021 年 7 月，中共中央、国务院印发《关于加强基层治理体系和治理能力现代化建设的意见》，既是对十九届四中全会"加强国家治理体系和治理能力现代化"精神的进一步贯彻，也是对习近平总书记有关基层治理创新相关指示的进一步落实。意见提出，加强基层治理体系和治理能力现

---

① 《习近平在上海考察时强调　深入学习贯彻党的十九届四中全会精神　提高社会主义现代化国际大都市治理能力和水平》，http://www.ce.cn/xwzx/gnsz/szyw/201911/03/t20191103_33507748.shtml，最后访问日期：2024 年 1 月 20 日。

② 《习近平：在浦东开发开放 30 周年庆祝大会上的讲话》，https://www.gov.cn/xinwen/2020-11/12/content_5560928.htm，最后访问日期：2024 年 1 月 20 日。

代化建设，要以习近平新时代中国特色社会主义思想为指导，坚持和加强党的全面领导，坚持以人民为中心，以增进人民福祉为出发点和落脚点，以加强基层党组织建设、增强基层党组织政治功能和组织力为关键，以加强基层政权建设和健全基层群众自治制度为重点，以改革创新和制度建设、能力建设为抓手，建立健全基层治理体制机制，推动政府治理同社会调节、居民自治良性互动，提高基层治理社会化、法治化、智能化、专业化水平。

总体而言，从 2012 年党的十八大到 2022 年党的二十大召开前夕，党中央尤其是习近平总书记对于上海走出一条超大城市社会治理的新路子寄予厚望，对于上海创新社会治理、加强基层建设给出了许多具体指导，为上海推动基层治理制度变革、探索基层治理实践创新指明了方向。

二　上海创新社会治理与加强基层建设的制度变革

上海城市社区治理具有自身的特点与发展传统，新时代以来上海创新社会治理、加强基层建设的系列制度变革总体上既有延续和强化自身传统的一面，又有根据形势变化、中央要求做出创新、调整的一面。上海社区治理传统主要是指自 20 世纪 90 年代以来所形成的社区建设"上海模式"。自 1995 年以来，上海市积极探索依托原有的街居制推进城市管理体制改革，主要是为了解决国企改革所带来的"单位制"趋于解体的问题。1996年 3 月，上海市召开城区工作会议，市委、市政府下发《关于加强街道、居委会建设和社区管理的政策意见》，提出建立"两级政府、三级管理"的城区管理新体制。次年发布新的《上海市街道办事处条例》。上海市构建起"两级政府、三级管理、四级网络"的社区管理基本架构，逐渐形成了社区建设的"上海模式"。"上海模式"的主要特征包括：（1）以街道辖区为"社区"，在更大范围内整合资源、发挥合力；（2）强化街道权力与职能，由"两级管理"到"三级管理"，城市社会管理体制格局由原来的"单位制为主、街居制为辅"逐步变为"街居制为主、单位制为辅"；（3）条块结合、以块为主，街道在社区服务、管理中发挥主体作用，对各条线部门进行双重管理，属地化管理责任增强；（4）资源力量下沉，增加街道编制，充实"4050"人员进社区，提高街道、居委会工作者能力。①

---

①　一般是指 20 世纪 90 年代国企下岗职工中，女性 40 岁以上、男性 50 岁以上的劳动年龄人口。

　　总体而言，"上海模式"更为强调政府的作用，更加突出对基层社会进行有效的组织管理，在党和政府主导下提供社区服务、推进社区自治、创新社区管理。这一模式有其优势，有助于增强街道层面的综合协调、资源整合、社会动员能力，在社区党建、民生服务、设施建设、综合治理等方面成效显著，同时拥有更强的社会整合能力，可以更好地掌控社会发育过程。2000 年，民政部发布《关于在全国推进城市社区建设的意见》，明确规定了社区建设的指导思想、基本原则和主要目标，上海也按照国家要求适时调整，推动"上海模式"不断发展创新。上海市委于 2002 年出台《关于进一步推进本市民间组织参与社区建设和管理的意见》；2004 年，出台《关于加强社区党建和社区建设工作的意见》，正式提出"社区党建全覆盖、社区建设实体化、社区管理网格化"的总体目标和主要思路；2007年，发布《上海市人民政府关于完善社区服务促进社区建设实施意见》，同年颁布《上海市城市网格化管理实施暂行办法》；2009 年，发布《关于鼓励本市公益性社会组织参与社区民生服务的指导意见》。2011 年，上海市社区工作会议召开，对《关于加强新形势下社区建设的若干意见（讨论稿）》做说明。在党的十八大召开之前，上海的社区治理实践发生了很大变化，已经不能将"上海模式"简单等同于"行政化"，而是体现出"党建引领、政府主导"，"社会协同、自治共治"，"问题导向、务实创新"的新特点（李骏、张友庭等，2019：15～16）。

　　进入新时代以来，按照习近平总书记对上海"走出一条符合特大城市特点和规律的社会治理新路子"的要求，上海市委、市政府于 2014 年启动了专题调研，并于 2014 年底发布了《中共上海市委上海市人民政府关于进一步创新社会治理加强基层建设的意见》，以及《关于深化街道体制改革的实施意见》《关于深化拓展网格化管理提升城市综合管理效能的实施意见》《关于完善居民区治理体系加强基层建设的实施意见》《关于完善村级治理体系加强基层建设的实施意见》《关于组织引导社会力量参与社区治理的实施意见》《上海市社区工作者管理办法（试行）》6 个配套文件（以下简称"1+6"文件），该文件立足上海作为超大城市的特点与规律，对新形势下创新社会治理、加强基层建设做出了全面部署。随后上海陆续出台了新修订的《上海市街道办事处条例》（2016 年）、《上海市居民委员会工作条例》（2017 年）、《上海市住宅物业管理规定》（2020 年）、《上海市促进多元化解矛盾纠纷条例》（2021 年）等地方法规，上海市民政局则配套发布了《关于建设专业化社区工作者队伍的实施意见》（2015 年）、《关于加强社区工作者专业化队伍培训的指导意见（试行）》（2015年）、《关于推进本市居（村）民自治章程规范化建设的指导意见》（2015年）、《关于推进居民区联席会议制度规范化建设的指导意见》（2016年）、《关于进一步规范社区志愿服务团队建设的意见（试行）》（2020年）、《关于推进本市社会组织参与社区治理的指导意见》（2020年）等文件，上海社区治理制度体系日益完善，社会治理法治化水平不断提高。

"1+6"文件内容丰富，涉及党建引领、体制改革、网格化管理、基层自治、协同共治、队伍建设等重要领域。上海对党建引领社会治理的认识经历了社区党建到区域化党建的转变。在区域化党建方面，文件在之前十多年的发展实践基础上做出了新的界定，主要包括：（1）原社区（街道）党工委更名为街道党工委，作为区委派出机关，在地区社会治理中发挥领导核心作用；（2）区域化党建组织网络从区县、街镇层面向居（村）层面拓展，要求在区县、街镇、居村层面进一步健全区域化党建组织网络；（3）社区党建体制从"1+3"改为"1+2"，即撤销原来的综合党委和居民区党委，新建社区党委，负责区域化党建和"两新"组织党建、居民区党建工作；（4）在推动驻区单位参与社区共治方面建立一系列制度机制，包括公益服务清单制度和驻区单位、在职党员的"双报到、双报告"制度等，同时以党建联席会议、社区代表会议、社区委员会为平台，建立了议题形成、需求对接、项目认领、责任约束、考核评价、反馈激励、利益共享与合作共赢等一系列机制；（5）强调在党建引领下完善街道协商共治平台（社区代表会议、社区委员会），包括优化代表结构、拓展共治内容、强化共治功能、完善运行机制等。

"上海模式"的核心特征是做强街道办事处，强化"三级管理"。在街道管理体制改革方面，"1+6"文件提出：（1）全面取消街道招商引资职能，推动街道工作重心切实转移到公共服务、公共管理和公共安全等社会治理工作上来；（2）进一步赋权街道，同时对党工委、办事处的权限有所划分，赋予街道党工委对区职能部门派出机构负责人的人事考核权和征得同意权，赋予街道规划参与权和综合管理权，赋予街道对区域内事关群众利益的重大决策和重大项目的建议权，同时取消职能部门对街道的直接考核，建立自下而上、自上而下相结合的考核评价制度；（3）按照"6+2"模式设置街道党政内设机构，即统一设置党政办公室、社区党建办公室、社区管理办公室、社区服务办公室、社区平安办公室、社区自治办公室，同时可根据需要增设2个工作机构；（4）建立完善城市网格化综合管理中心、社区综治中心，社区党员服务中心更名为社区党建服务中心，继续推进社区建设与治理的实体化，原有的行政事务受理服务中心、社区文化活动中心、社区卫生中心对应于公共服务职能，城市网格化综合管理中心和社区综治中心则分别对应公共管理、公共安全职能。此外，"1+6"文件还提出：推进网格化与联动联勤融合，依托城市网格化综合管理平台推动重心下移、力量下沉、权力下放，促进条块联动、条条协作；建立健全以居民区党组织为领导核心，以居委会为主导，以居民为主体，业委会、物业公司、驻区单位、群众团体、社会组织、群众活动团队等共同参与的居民区治理架构；积极落实政策支持，重点扶持发展社区生活服务类、社区公益慈善类、社区文体活动类和社区专业调处类社会组织，并进一步激发社会组织活力，加强社会组织党建工作，加大政府购买服务力度，支持社会组织积极、有序地参与基层治理。市级文件发布后，各区纷纷出台区级系列文件，很大程度上塑造了新时代以来上海社区治理的实践形态。

除了常规化制度体系建设，上海还积极按照中央要求、结合自身实际，开展与社区治理有关的专项行动，借此完善基层治理体系与资源配置、提升基层治理现代化水平。例如，生活垃圾分类行动。自习近平总书记提出垃圾分类也是"新时尚"之后，上海在原有基础上积极推动生活垃圾分类，2019年1月31日，上海市十五届人大二次会议表决通过《上海市生活垃圾管理条例》，并于当年7月1日正式开始施行。同年上海市民政局、上海市绿化和市容管理局联合发布作为配套文件的《关于发挥本市社区治理和社会组织作用助推生活垃圾分类工作的指导意见》，以生活垃圾分类为抓手，积极推动群众参与、民主协商和邻里互助，在基层形成共治共享的合力，垃圾分类成为上海以"绣花功夫"推进基层治理的缩影。2019年"人民城市"理念被提出以后，上海市委于2020年6月23日召开十一届九次全会，审议通过《中共上海市委关于深入贯彻落实"人民城市人民建，人民城市为人民"重要理念，谱写新时代人民城市新篇章的意见》，提出了"人人都有人生出彩机会、人人都能有序参与治理、人人都能享有品质生活、人人都能切实感受温度、人人都能拥有归属认同"的建设目标。在城市管理方面，提出要如履薄冰地守牢安全底线，以系统性思维强化整体协同，以全周期管理提升能力水平，推进政务服务"一网通办"、城市运行"一网统管"，更大力度推动部门职能整合、业务流程重塑、体制机制优化，以绣花般功夫推进城市精细化管理。在社会治理方面，提出要激发人民群众的主人翁意识，强化人民群众参与的制度化保障，让人民群众成为城市发展的积极参与者、最大受益者、最终评判者，具体包括畅通渠道平台、完善协商民主、加强基层治理、推动全面从严治党向基层延伸等举措。新冠疫情发生后，上海市委、市政府迅即出台《关于完善重大疫情防控体制机制健全公共卫生应急管理体系的若干意见》，并在之后的十一届九次全会上特别强调了要进一步完善城市安全预防体系，提高突发事件特别是公共卫生安全事件的应急应变能力。上海市民政局 2020 年出台的《关于进一步规范社区志愿服务团队建设的意见（试行）》《关于推进本市社会组织参与社区治理的指导意见》等文件都有支持疫情防控工作的相关内容，之后还相继印发《上海市加强居（村）民委员会公共卫生委员会建设实施方案》《进一步提升本市社区卫生服务能力的实施方案》。2021 年，中共中央、国务院印发《关于加强基层治理体系和治理能力现代化建设的意见》，上海市民政局发出通知，要求做好加强基层治理体系和治理能力现代化建设相关工作。

三 党的二十大对上海社会治理创新的新要求

2022 年 10 月 16 日，中国共产党第二十次全国代表大会召开，对新时代十年来的伟大成就进行了概括，提出了习近平新时代中国特色社会主义思想的世界观和方法论，强调新时代新征程中国共产党的中心任务就是团结带领全国各族人民全面建成社会主义现代化强国、实现第二个百年奋斗目标，以中国式现代化全面推进中华民族伟大复兴。在社会治理方面，党的二十大强调要完善社会治理体系，健全共建共治共享的社会治理制度，提升社会治理效能。在社会基层坚持和发展新时代"枫桥经验"，完善正确处理新形势下人民内部矛盾机制，加强和改进人民信访工作，畅通和规范群众诉求表达、利益协调、权益保障通道，完善网格化管理、精细化服务、信息化支撑的基层治理平台，健全城乡社区治理体系，及时把矛盾纠纷化解在基层、化解在萌芽状态。加快推进市域社会治理现代化，提高市域社会治理能力。强化社会治安整体防控，推进扫黑除恶常态化，依法严惩群众反映强烈的各类违法犯罪活动。发展壮大群防群治力量，营造见义勇为社会氛围，建设人人有责、人人尽责、人人享有的社会治理共同体。同时要求坚持大抓基层的鲜明导向，抓党建促乡村振兴，加强城市社区党建工作，推进以党建引领基层治理，持续整顿软弱涣散基层党支部，把基层党组织建设成为有效实现党的领导的坚强战斗堡垒。

党的二十大报告除了提出健全"共建共治共享的社会治理制度"、建设"社会治理共同体"的总体要求外，更为关注社会秩序维持，重点强调了矛盾纠纷化解、市域社会治理现代化、社会治安整体防控等领域的具体举措。就基层治理而言，党的二十大报告提及完善基层治理平台、健全城乡社区治理体系、推进以党建引领基层治理等内容。总体上，新时代以来，上海积极贯彻习近平总书记的指示与要求，在推进市域社会治理现代化、完善基层治理平台、健全社区治理体系、党建引领基层治理等方面一直走在全国前列，基于社会治安整体防控的城市安全水平也相对较高，但仍有进一步提升的空间。未来上海需要严格贯彻落实党的二十大报告精神，学习领会习近平总书记对于上海基层治理的新指示（如 2023 年 5 月 21 日给虹口区嘉兴路街道垃圾分类志愿者的回信），在推进中国式现代化的时代背景下，有效应对城市经济社会发展的新形势、新挑战、新问题，按照人民城市建设与发展全过程人民民主的要求，持续推进社区治理体制机制创新，以基层治理体系和治理能力现代化建设为实现"加快建设具有世界影响力的社会主义现代化国际大都市"的战略目标提供有力支撑。

第三节　研究问题、目标与意义

本研究聚焦新时代以来上海推动社区治理体制机制创新这一主题，具体的研究问题包括如下几个方面。

在新时代上海经济社会发展形势变化、中央对上海提出更高要求的情况下，上海如何推进城市社会治理制度创新？在党建引领、体制改革、法治保障、社会协同、社区自治、居民参与等领域，具体有哪些有助于社区治理的机制创新？这些机制或在全市推广，或只体现在具体实践案例中，其有效发挥作用需要怎样的支持条件？具体机制在实践运作过程中是否面临某些困境、问题？在上海率先推动中国式现代化的背景下，着眼于共建共治共享的社会治理制度建设和打造人人有责、人人尽责、人人共享的社会治理共同体，如何进一步完善既有制度、体制与机制，持续提升上海基层治理现代化水平？

本研究的主要目标是：基于问卷调查、个案调研方法，辅以制度文本分析、多案例比较，在对既有国内外研究文献和新时代以来上海社会治理相关制度文件进行梳理的基础上，参考中国特色社会治理格局，重点从党建引领、体制改革、法治保障、社会协同、社区自治、居民参与六个领域进行专题分析，最终提出研究结论和推动上海社区治理创新的总体思路与政策建议。

　　本研究的学术价值主要在于有意识地采取一种更为宏大、整体、系统的视角，对新时代上海社区治理体制机制创新问题展开分析，关注时代背景、中央要求及其与治理创新的关系，关注社区治理不同部分之间的逻辑关联，这在一定程度上有助于突破不同学科、不同领域的研究壁垒，有助于加深对研究问题的思考和理解，推进超大城市社区治理相关领域的学术研究。

　　本研究的应用价值主要在于通过梳理相关制度文件、把握新时代以来上海基层治理实践的总体特征和不同领域的具体机制创新、提出进一步推动上海社区治理创新的总体思路与政策建议，有助于完善"党委领导、政府负责、民主协商、社会协同、公众参与、法治保障、科技支撑"的社会治理格局，有助于健全共建共治共享的社会治理制度和打造社会治理共同体，有助于按照党的二十大报告精神、在建设人民城市和发展全过程人民民主的要求下，继续探索、完善"符合超大城市特点和规律的社会治理新路子"，并为国内其他特大城市、超大城市的社会治理现代化发展提供参考借鉴。

第二章 文献综述与研究设计

本章界定了社区治理、社会参与等核心研究概念，详细梳理了新时代以来围绕社区治理创新的主要研究文献，进而提出本研究的分析思路、内容框架，并对各部分的具体研究方法做了介绍。

第一节 核心概念

就本研究而言，"新时代"限定了研究时段，即 2012 年党的十八大以来；"上海"限定了作为超大城市的上海这一研究地域。本研究的主要关键词是"社区治理"和"创新"，同时鉴于"社会参与机制"对于治理创新的重要性，本研究也对"社会参与""机制"概念进行了界定。

一 社区治理

"社区"（community）概念通常可以追溯到德国社会学家滕尼斯，意指基于本质意志的具有亲密关系的生活共同体。这一概念经美国芝加哥学派传入中国，更多强调其地域边界与地缘关系，演化为如今通常意义上的"地域生活共同体"。"治理"（governance）作为一个学术概念同样起源于西方，在 20 世纪 90 年代被引入国内，学界多强调其多元主体参与、平等协商共治等含义（俞可平，2000：4）。党的十八届三中全会将"社会管理"改为"社会治理"，体现了治国理政理念的转变。习近平总书记强调，治理和管理一字之差，体现的是系统治理、依法治理、源头治理、综合施策。

学界对"社区治理"早有讨论（李友梅，2007：159），但在不同时期的看法有所差别（陈鹏，2016：127）。本研究根据中央对于社会治理、基层治理的相关论述，参考学界研究，从较为宽泛的意义上将社区治理界定为：社区内外各类主体围绕社区公共事务进行协商、合作，以解决社区问题、促进社区发展的过程。所谓"各类主体"既包括正式的组织主体，也包括组织化程度不同的群体或居民个体。所谓"社区内外"是指各类治理主体以社区内为主，但又不限于社区范围内，社区之外的党组织、政府部门、企事业单位、社会组织等都可能参与到社区公共事务的协商解决过程中，甚至在某些情况下社区外组织可能发挥更大的作用。围绕社区治理概念，本研究秉持以下基本原则：（1）社区治理主体多元化，且不同主体的职责定位不同，存在地位上的差异，如社区党组织即社区治理体系中的领导者；（2）社区治理路径多样化，既包括作为基础的社区自治，也包括不同主体间的合作共治，还包括必要的政府管理；（3）社区治理方式综合化，主要指中央所强调的自治、法治、德治相结合，以自治为基础，以法治为保障，以德治（自律）为根本，亦是"情""理""法"的结合；（4）社区治理目标二重化，既追求社区秩序和谐稳定，也追求社区活力积极主动，按照共建共治共享的要求，打造人人有序参与的社区治理共同体；（5）社区治理领域系统化，不仅仅体现为矛盾纠纷预防化解、社会治安综合治理等秩序维持的一面，更是要通过促进互助合作、畅通诉求表达、解决民生难题、推动文化交流、提高文明素质等铸牢社区治理之本。

二　创新

美国经济学家约瑟夫·熊彼特是现代创新理论的提出者，他认为创新就是一种新的生产函数，把一种从来没有的关于生产条件和生产要素的新组合引入生产体系，从而产生新的生产能力（熊彼特，1999：47）。他将创新分为五种情况：一是新产品或产品新特性的引入；二是新技术即新的生产方法的采用；三是新市场的开辟；四是新能源或新资源的供给；五是产业的重新组织，后来的学者将之归纳为产品创新、技术创新、市场创新、资源配置创新和组织创新，而"组织创新"可以被看作初期狭义的制度创新。熊彼特提出，创新是经济发展的本质规定，放在政府治理领域，制度创新也是社会治理发展的本质要求。国内学者将熊彼特的"新组合"概念引入社会治理领域，提出制度创新不是强调从无到有创造新的制度，而是可以对已有的制度条件进行新的组合，是对已有制度的变革，实质是一个社会旧的低效制度安排被新的更高效的制度安排所取代，包括政治制度、意识形态等各种主要的正式或非正式规则的变革（黄新华，2004：32）。就此而言，制度创新是公共权力机关为了提高行政效率和增进公共利益而进行的创造性改革（俞可平，2005：138），是政府通过探索新的方法和模式来应对环境变化和现实的挑战（刘伟、毛寿龙，2014：40）。

本研究基本认同国内学者的看法，将创新视为通过制度调整、资源整合、力量配置等各种创造性活动以应对相应风险、挑战的过程。但与多数学者将社会治理创新的主体等同于政府不同，本研究认为各类治理主体都可能成为创新主体。同时，除了对上海街镇管理体制创新有所关注外，本研究更多关注各类治理机制层面的创新实践。

三 社会参与

社会参与的概念与政治参与、公民参与、群众参与、公众参与有不同程度的交叉（杨敏，2005：78；胡荣，2008：142），亦与社区参与不同（黄荣贵、桂勇，2011：68）。本研究将社会参与界定为公众对公共事务的关注与参与过程，涉及个体或集体意见诉求的公开表达与争取。参照这一定义，社区参与即指社区居民对社区公共事务的关注与参与过程。社会参与和政治参与都具有一定的社会性特征，但参与领域有所不同，前者为社会领域，后者为政治领域，后者聚焦于公民与公权力机构的关系，特指公民对政府权力结构和权力运行过程的影响和参与。公民参与、群众参与、公众参与三个概念的关键区别在于对参与主体的界定。"公民"概念强调个体与私人性相对的公共性，典型公民需具有与私德不同的公德；"群众"往往与"人民"合称，此时主要是中国传统话语体系中"百姓"或"民众"的代称，"群众"有时又与"党员"并称，此时主要是作为不同于先进分子的、有待动员又可依靠的一类对象；"公众参与"概念出现在中国特色的社会治理格局中，"公众"近乎公民与群众的混合体，或是介于公民与群众之间的群体，既具有一定的公共性，又非公民社会语境下的公民。社会参与的主体可能是公民、群众或公众，与公民参与等概念的相同之处是都关注公共事务，但后者的参与范畴或大于社会参与。

按照研究目的，本研究侧重分析社区层面的社会参与，并参照经典研究的思路（Warren，1978；奥尔森，1995；亨廷顿，1996），特别关注社区社会参与的五个维度：一是参与范围，可区分为社区内、社区外参与；二是参与方式，可区分为制度内、制度外参与；三是参与动力，可区分为利益性、非利益性参与；四是组织化程度，可区分为无组织、有组织参与；五是主体性程度，可区分为自愿式、动员式参与。

四 机制

机制（mechanism）原本是自然科学的一个概念，后被引入社会科学，用于探究不同变量、因素或事物之间的逻辑关联。社会学界对中观层面机制分析的倡导源于美国社会学家默顿，后来成为量化研究的重要分析方式，并影响到质性研究领域。机制是指两个事物之间的可能存在的因果关系。这种关系是"经常发生的、易于识别的因果关系"（Elster，1998：47）。但两个事物间的关系并非必然存在，其发生效用需要有一定的诱发因素或支持条件。蒂利（2008：27～29）认为，机制分析即通过部分因果类比对某些显著特性进行选择性解释，通过寻找循环出现的机制形成对复杂过程的解释。他基于实证研究区分出三种基本机制，环境机制意味着对社会生活条件的外部影响，认知机制意味着个人与集体理解的变化过程，关系机制则改变了个人、团体和人际网络之间的联系。

尽管学界对于影响机制、因果机制的探讨与现实生活中人们对于"机制"的日常使用有一定关联，但彼此还存在比较大的差异。国内往往将"机制"与"体制"并称，更多强调所谓运作机制、实践机制。一般而言，"体制"往往是某种组织架构、制度框架，"机制"则是此种组织或制度运作的具体方式。本研究主要是在实践运作机制的意义上使用这一概念，比如探讨党建引领基层治理的具体机制，或促进居民参与的相关机制。同时，本研究在评判某种机制是否有效方面也会借鉴学界关于因果机制及其支撑条件的看法，即只有当某种机制能够相对稳定地产生某种积极结果时，才可以被认定为有效，而此种机制之所以有效的各种条件（社区特征、组织环境、资源权力等）更加值得探究。

第二节　新时代以来有关社区治理创新的文献综述

治理理论自20世纪90年代引入中国以来，一度兴盛于政治学、管理学、社会学等多个学科的多个研究领域。在城市社区研究领域，主要体现在诸如社区制（何海兵，2003：28）、社区治理（李友梅，2007：159）的讨论中。党的十八届三中全会以来，随着中央政治话语从"管理"到"治理"的转换，学界有关社会治理、社区治理、基层治理的研究急速升温，各类研究大量涌现。根据研究需要，以下主要从党建引领基层治理、街道体制改革、社区协商共治、社区自治与社区参与四个领域对党的十八大以来的相关研究文献进行梳理。

一　关于党建引领基层治理的相关研究

坚持党的领导是中国特色社会主义的最本质特征，坚持党的集中统一领导是我国国家制度和国家治理体系的显著优势之一。改革开放前，在计划经济体制下，国家通过单位制和人民公社制度实现对城市和农村基层社会的管理，但是却因为过低的经济效率无法适应时代要求，必须要加以彻底改造（彭勃，2006：74）。经济体制改革推动社会转型，经济社会发展中的各种复杂矛盾日益凸显，基层呈现"去组织化"的碎片状态，基层党组织功能一度"弱化"，对党的执政能力和国家治理能力提出了新的要求（孙柏瑛、蔡磊，2014：57）。如何在执政党的领导下完成基层社会治理的转型，成为党在新时代条件下面临的新挑战。

社区党组织在基层治理体系中居于领导核心位置，社区党建是增强党组织自身凝聚力、巩固党的执政基础的重要一环。有学者指出，社区党建需把握"一个核心、两化关系、三层联动"三个关键议题，即发挥党的核心领导作用，处理好社区治理政治化与社会化关系，建构好宏观层面价值整合、中层法律制度与机构平台整合、基层达成积极的微观行动机制（吴晓林，2020：12）。以社会整合为着力点，构建党建引领基层治理的实践路径，要以推动利益协调和红色网格建设强化党组织权威、以形塑家庭关系和公益网络培育横向合作关系、以培育文化共同体和议题设置能力提升传播有效性（王立峰、潘博，2020：26）。通过党建引领、重心下沉，形成志愿服务的全嵌入治理模式，成为社区志愿服务创新的路径选择（郭彩琴、张瑾，2019：15）。创新党组织动员社区的内容和方式，在运营社会资本的基础上激发集体能动性，制定和执行各项有利于社区发展的制度和措施，推进社区治理体系和治理能力的现代化（刘厚金，2020：32）。

"党建引领"是上海城市社区治理的基本经验。有研究提出，党建引领社区治理主要涉及三个维度：在政党层面形成网格化、区域化、枢纽化的党建体系，在政府层面形成网格、平台的治理体系，在居委会层面形成以社区协商为中心的自治共治体系（李威利，2017：34）。党作为一个行动主体，是以超越"科层化"运作机制实现党组织的"有效在场"（黄六招、顾丽梅，2019：62）。基层需要根据社区居民的需求和参与程度"因势利导"，不同社区类型的党建引领作用发挥程度也不相同，要从政党的治理理念、治理能力、关系重塑和治理资源四个要素来分析如何优化党建引领类型，使党建引领社区治理高效运转（陈毅、阚淑锦，2019：110）。

但在实践中，上海党建引领基层治理也面临某些困境，例如街镇基层党组织层级较低、授权有限的特征决定其通过各类意识形态工程开展政治引领及直接提供有效激励的能力相对不足（黄晓春，2021：131）。

近期有关"社区治理共同体"建设的研究中，与社会治理共同体"一轴多元"的结构特性（李友梅、相凤，2020：58）相类似，一些研究同样关注到了"党建引领"机制在城市社区治理共同体构建过程中的重要作用（江小莉等，2021：105；陈进华、余栋，2022：109；孟燕、方雷，2022：85）。党建引领蕴含了跨组织协调、为流动社会搭建治理网络、推动治理共同体成长三个维度的制度要素，其运作机制主要是政治引领、激励驱动与网络整合（黄晓春，2021：116）。基层党组织通过对各类治理主体的信息整合、意义整合和利益整合，实现了政府、市场和社会各类治理主体间的相互嵌入（雷茜、向德平，2022：73）。"治理共同体"相关研究所关注的多种主体既有纵向体现国家意志的正式组织，也有横向以协商共治为导向的组织或群体，而其中的核心是基层党组织，党建引领亦体现了党组织对上贯彻中央精神、对下主动引领社区的特征。

就上海实践而言，上海既是"社区党建""区域化党建"等制度的重要发源地，也是"楼宇党建"等新型社会空间党建模式的首发地，基层形成了许多行之有效的做法。上海浦东沪东街道通过"微心愿"搭建起了基层党建引领社区治理的大平台，将社区居民需求与基层党组织、党员和社会组织作用发挥有效衔接了起来，实现了社区治理资源的高度整合；上海黄浦区瑞金二路街道以互联网为依托开展智慧型党建，运用信息技术手段建立社区数据库，充分收集社情民意，实现管理精细化、服务精准化、治理智能化（杨妍、王江伟，2019：78）。"红色物业"则是政党基层组织在社区治理网络中的拓展和融入，它维护并激活了导向公共价值的"治理网络"，最终创造了社区公共价值（容志、孙蒙，2020：160）。

以区域化党建为例，现有研究大多认为，区域化党建是执政党为适应经济社会转型发展新形势而在组织方式、工作方式方面做出的主动调整（唐文玉，2014：47；卢爱国、陈洪江，2015：38），体现了一种"政党适应社会"的思路。与此相应，多数研究遵循"政党整合社会"的逻辑，强调区域化党建的功能主要在于社会整合。区域化党建对社会的整合，是一种"有机整合"模式，它要求党的基层组织必须在广泛的社会参与中重塑其"公共性"的品格（唐文玉，2012：58）。此"公共性"至少体现为三方面：聚焦公共利益、推进公共治理、搭建公共平台。中国共产党要在加强组织内部整合基础上，一端嵌入社会实现社区社会整合，另一端嵌入国家实现基层行政整合，还有一端嵌入网络实现异度空间整合（卢爱国、陈洪江，2015：34）。此外，优化结构、统筹资源、服务群众也是区域化党建的具体功能（谢方意，2011：53）。上海区域化党建的功能不仅体现在对传统体制内单位的动员参与、力量整合，而且体现为对于新兴经济社会领域的党建工作拓展，同时还体现为街镇党组织加强对职能部门派出机构的领导能力，以此改善条块关系，并在全社区范围内动员各类社会力量参与社区共治（金桥、金理明，2017：34），具有社会治理创新的重要意义。

二　关于街道体制改革的相关研究

1996 年上海市"两级政府、三级管理"体制的建立将街道办事处置于连接上级政府与基层社区、整合行政力量与社会力量的中心位置，做强街道成为"上海模式"的基本特征之一。在学界讨论中，与街道体制相近的概念包括城市管理体制、街居制、社区制等。有研究对街道体制采取一种宽泛的界定，认为街道体制是以街道办事处为中心、以权力运作为核心、街道与其他组织之间相对制度化的纵向和横向关系模式，至少涉及四种关系：街道与上级政府的关系（包括街道层面的条块关系）、街道内部组织结构关系（党政之间、街道内设机构）、街道与居委会的关系、街道与其他经济社会组织的关系（驻区企事业单位、社会组织等）（李骏、张友庭等，2019：21）。其中，以条块关系为核心对街道不同行政机构之间的权力关系进行调整是上海多轮街道体制改革的关键所在。

伴随 20 世纪 90 年代中后期以来上海城市社区建设进程，国内外研究对街道体制改革给予了较多关注，总体上认为这是从单位制向街居制乃至社区制转型的表征。不少研究在"国家与社会"分析框架下讨论上海强化街道权责的实践，认为这是在单位制解体与城乡流动等背景下，城市政府应对社会服务管理新挑战的重要举措，体现了国家权力下沉基层并重构治理秩序的努力（朱健刚，1997：51），行政权力借助街居制向基层社区渗透，在社区自治领域形成了行政权力的再生产（耿敬、姚华，2011：170），影响了居民自治预期目标的实现。但在行政权力通过逐步理顺条块关系得以强化的同时，街道层面也在构建新的共治平台，从早期的城区管理委员会，到 2004 年之后在区域化党建引领下的社区委员会，都以整合资源力量、促进社会参与为核心，为街道体制从管理到治理的转型提供了可能。

2014 年"1 + 6"文件发布以来，上海各区按照文件要求积极推进落实新一轮的街道体制改革，主要体现在街道职能调整、"条块结合、以块为主"的权力强化、街道内设机构改革以及各类服务管理中心的完善等方面，形成了新时期上海创新社会治理加强基层建设的鲜明特色。既有研究大都将新时期上海街道改革创新实践置于长期的历史演化脉络之中进行理解，强调其增量改革、边际变迁的性质，注重路径依赖与风险应对的双重变迁动力（李友梅，2016：8；刘春荣，2018：52）。总体而言，此轮改革既是对上海"两级政府、三级管理"体制的进一步强化，尤其是明确赋予街道五项权力、推动资源力量下沉，又体现了面向基层、服务基层的改革取向，如强化三公职能、6＋2 机构设置等。

就改革成效而言，此轮实践不仅强化了街道党组织对行政力量和社会力量、行政体系中"块"对"条"的统合权力，而且强化了居民区党组织在共治体系中的核心地位，同时在资源、力量下沉的过程中，在一定程度上推动了治理重心下移，并以鼓励居民自治和社会组织发育为抓手，体现了对街居关系、政社关系的调整和自上而下与自下而上不同逻辑相结合的新社会治理格局的完善。但新的街道体制也面临某些新问题，如招商引资职能取消带来街道灵活性与弹性不足、治理能力有所下降的问题；新赋予街道的权力落实困难、条块关系整合有时仍需要依靠非正式制度；街道内设机构调整之后，带来不同部门与上下级职责匹配的问题等（黄晓春，2017：20）。

针对当前街道服务管理体制现状与困境，有研究提出特大城市社会治理的总体创新思路，认为社会治理转型需要始终观照社会生活自主性和公共性养成、国家－市场－社会的多元合作等深层机制，需要不断探索政府治理与社会自我调节之间的良性互动机制，需要将公共服务作为政府的核心职能，并继续发挥党建引领在组织、制度保障方面的积极作用（李友梅等，2018：64）。街道体制改革往往既表现为组织形式的优化，又表现为行动方式的创设，需要在既有的组织、制度资源的基础上，通过灵活的边际改造来稳步推进制度变迁，实现对提升治理效率、维持社会秩序、激发社会活力等多重目标的兼顾。

三 关于社区协商共治的相关研究

党的十八大以来，我国社会治理模式从传统的以政府为核心转向多元主体共同治理（侯俊军、张莉，2020：49）。党的十九大报告提出构建"共建共治共享的社会治理格局"，党的十九届四中全会进而提出要坚持和完善共建共治共享的社会治理制度，党的二十大延续了这一说法，共建共治共享已经成为中国特色社会治理的基本原则。共建共治共享原则的提出体现了上层决策者与职能部门对多元主体协同治理模式的认可，也表现出对日益凸显的社会矛盾与人民内部矛盾的回应。有学者通过分析174个城市社区治理创新案例发现，城市社区治理创新呈现三种发展趋势：合作共治的程度进一步加深、购买公共服务的力度进一步增强、智慧社区的范围进一步扩大（王轲，2019：67），合作共治成为城市社区治理创新的主要特征之一。

社区协商共治的思路与前述"党建引领"紧密相关，"共建共治共享"的前提是"党的领导"，这一思考路径承袭自中央有关"社会治理共同体"建设的系列论述，在"党委领导、政府负责、民主协商、社会协同、公众参与、法治保障、科技支撑"的社会治理体系框架内，重点关注不同治理主体之间的结构关系、功能匹配，尤其是侧重分析治理主体间的有效合作何以达成的问题。在近期有关我国城市社区治理共同体的研究中，有学者认为，我国城市社区是一种集"政治、行政、社会"三种功能于一体的"复合体"（吴晓林，2019：54），城市社区治理共同体则以政府、社区、社会组织和居民为主体，以社会再组织化为手段，以实现社区多元主体共同治理为根本目标，是国家与社会、政府与社会、国家与社会自治组织实现合作的具体实践（杨君等，2014：176）。在组织化的社区治理结构体系框架下，无论是"三社联动"（田舒，2016：145）、"五社"联动（原珂、赵建玲，2022：42）还是"双向嵌入"（陈晓运、黄丽婷，2021：78），抑或政府让治转向、社区结构化信任和治理主体资源整合的有机结合（司学敏、葛道顺，2022：128），诸多学者强调多元治理主体之间的有效互动与协同共治（陈秀红，2020：83），认为这是社区治理共同体构建的关键所在。城市社区治理共同体具有"低投入–高效能–可持续"的治理效能结构，实践路径包括以党建嵌入形塑"一核多元"的治理网络、以国家与社会的"联动网络"促进多元主体有机发育、以公共理性推动多元主体的民主协商（陈进华、余栋，2022：109）。

社区协商共治涉及诸多治理主体，不同主体彼此之间的互动关系是相关研究的关注重点。有研究提出，面对空间治理滞后等现实困境，基层党建需要从封闭转向协商共治，形成多中心复合共治结构，提升基层协商民主参与的程序化，回应网络空间的民主治理诉求，以形成多元有序治理（韩福国、蔡樱华，2018：47）。在社会组织参与社区治理过程中，面临

"政府－社会组织"以及"社会组织－社区"的双向嵌入关系的现实问题（王名、张雪，2019：49）。"三社联动"模式强调以社区为平台、以社会组织为载体、以专业社会工作为支撑（高红、杨秀勇，2018：77），"五社"联动机制则认为社区、社会组织、社会工作者、社区志愿者、社会慈善资源协同，是打造共建共治共享的基层社会治理共同体的重要途径（原珂、赵建玲，2022：75）。在由政府、市场、社会组织与居民这四大主体所构成的城市社区治理结构中，存在某种"一核多元"的差序性结构（李永娜、袁校卫，2020：18）。

在上海基层社区的具体实践中，较早且普遍形成了"1＋3＋X"的多元共治格局，"1"即社区党组织，"3"即居委会、业委会、物业公司"三驾马车"，"X"则包括社区民警、政府相关行政部门、与社区共建的企事业单位、社会组织、社区群众性团队等，具体数量、组织类型因社区而异。类似平台强调不同主体间平等对话与协商（陈荣卓、李梦兰，2017：54），以社区协商方式取代社区绝对和相对民主，以及"合作主义"下的社区治理主体分立的"共同治理"模式，能够在治理过程中有效规避治理资源和能力的短缺和浪费问题（何威，2018：151）。但在共治实践中，多元治理主体之间存在运作逻辑不同的问题，会对协商共治效果产生不利影响。例如基层组织处于低治理权的结构位置，被动应对自上而下的多重任务，倾向于采取综合治理的方式调动资源拼凑应对，而社会组织则遵循专业化治理的运作逻辑，在参与社区共治时双方易产生矛盾（陈家建、赵阳，2019：132）。也有研究指出，社会组织在与基层政府、社区居委会、社区居民的三层互动关系之中，会运用行动者的组合性策略，通过改变权力关系、重构关系网络，使社会组织协商在城市社区治理中成为可能（宋雄伟，2019：155）。

四 关于社区自治与社区参与的相关研究

自治是社区的本质属性之一。在理论意义上，作为共同体的社区具有整体性、独立性、互助性的特征，构成了社区自治的基础（滕尼斯，1999：53）。我国城市社区自治首先是指制度化程度最高的居民自治，以民选的居民委员会为典型自治组织，按照宪法、法律规定，履行自我管理、自我教育、自我服务、自我监督的职能。除了居民自治，业主自治、社区自组织、志愿服务等社区自治实践同样值得关注。一般而言，社区自治即社区居民自发组织起来，挖掘自身资源，依靠自身力量，满足自身需求，解决自身问题，核心是一种自下而上、自力更生、自我组织动员的逻辑。参与和自治密不可分，缺少参与的自治只能是虚假自治，活跃的组织参与是地方民主有效运转的基础条件（帕特南，2001：32）。社区参与是指居民对社区公共事务的关注与参与过程，涉及个体或集体意见诉求的公开表达与争取。在参与主题上可以区分出政治参与［如居（村）委选举］、公益参与（如志愿服务）、维权参与（如业主维权）、活动参与（如健身、娱乐活动）等，在参与方式上可以区分为个体参与或集体参与、线下参与或网络参与等。

就居民自治而言，有学者认为，影响居民自治组织生成的因素包括居民公共意识、社区能人引领、公共议题、社会资本和基层政府支持五大要素。为发挥居民自治组织协同作用，需要从内部结构和外部环境两方面加强治理和规划（李晓婷、王冬冬，2022：97）。社区社会组织培育要重视治理结构的内生性、自治性和联结性的特征，发挥社区社会组织精准服务、社区整合、价值倡导和沟通政社的优势（曹飞廉等，2019：121）。要发挥基层社区自治组织的引领、服务和纽带功能，不仅需要政府部门的放权赋能，而且需要支持性、平台型组织赋予基层社区居委会现代的社会自治能力（崔月琴、张译文，2022：175）。

目前我国城市居民委员会普遍存在自治能力不足的问题。社区通过与环境互动形成自身的利益结构，并在动态博弈过程中形成了"强他治"与"弱自治"的特点，需要在强调组织化和秩序化的同时，较好地平衡"他治"与"自治"力量，建立"社会协同"和"民主协商"参与渠道（张翼，2020：1）。一方面，居委会受自身的资源约束，对政府存在较高的依赖性，形成了某种依附性的结构关系（金桥，2016：15），无法真正扮演相关政策文件中要求的社区公共服务供给者、社区居民权利的代言人和政府社区事务的助手的角色（陈天祥、杨婷，2011：129）。另一方面，城市社区自治主体可区分为"以居委会为中心"和"以自我为中心"的内外两大群体，两类群体在社区生活、自治理念及未来行动方案上均表现出二元区隔的状态，这种结构性的分割是阻碍居民参与社区事务的重要因素（闵学勤，2009：162）。

围绕以居（村）选举为代表的社区自治参与，诸多研究考察选举的代表性及其效果（徐勇、吴毅，2001：57；贺雪峰、范瑜，2002：38；Wong & Poon，2005：3；卢汉龙、李骏，2007：188），分析选举背后的不同逻辑（周雪光，2017：3），提出影响选举参与的各种因素，诸如宗族（肖唐镖，

2002：32）、亲属网络（Peng，2004：1045）、社会资本（涂晓芳、汪双凤，2008：17）、村干部角色（孙秀林，2009：66）等。同时在政治参与研究领域，社会资本（胡荣，2008：142；黄荣贵、桂勇，2011：227）、住房产权（李骏，2009：57）、文化资本（金桥，2012：84）等因素也被发现会影响居（村）选举（代表制度化参与）的参与水平。此外，有研究提出，居民在参与行动中会形成基于认同的三种持久参与逻辑，分别为由集体记忆产生群体认同、在获取社会报酬中实现角色认同、于自我价值重建中重拾个人认同（颜玉凡、叶南客，2019：147）。

但总体而言，居民参与不足是当前社区治理面临的重要现实问题。有研究认为，居民参与呈现"弱组织化参与"特征（方亚琴、申会霞，2019：77），社区治理遭遇居民"理性无知"，即缺乏行动意愿和动力，理性地选择旁观（陈伟东，2018：103）。也有研究认为社区的空间安排无法为居民创造人格化社会交往的机会，高度私密性的封闭式社区不利于私人信息的交换，邻里关系逐渐消失（熊易寒，2019：71）。中国居民参与社区治理有一个从被动式参与、配合式参与到自主式参与的发展过程，而发展缓慢的背后动因主要是受制于基层治理与社区自治的逻辑悖论（何雪松、侯秋宇，2019：33）。参与不足与社区成员的利益预期、居委会的参与制度安排、政府的政策设计、社会转型中单位制惯性等因素有关（顾东辉，2021：89）。也有学者认为居民参与不足的实质是现代社会共同体的居民主体性的缺失，因此在多元主体的复合性互动过程中，优化资源配置、开发专业技术、完善组织网络及实化自治权利很有必要（袁方成，2019：59）。

在原因分析的基础上，诸多研究提出了促进居民社区参与的对策建议。有学者认为将公共性作为连接政府改革和主体动员的机制，可以将居民带回社区参与中来（杨莉，2018：195），而社区公共性缺失的根本原因是居民在公共领域的诉求得不到满足，"诉求激发公共性"是居民参与社区治理的内在逻辑（周亚越、吴凌芳，2019：88）。社区安全事件内在的全周期演变逻辑能够为社区参与提供多维度的能力建设和多样化的途径选择（朱志萍，2023：80）。在居民视角下，社区治理共同体等同于生活共同体和利益共同体之和，二者的良性互动能够激发居民参与热情（黄建宏，2020：36）。聚焦到青年群体，其社区参与水平相对较低，这一问题与青年生命历程特征、青年与社区的关联、青年社会流动与结构分化及其网络应用能力密切相关（金桥，2019：54），而建立并维护社区治理主体间的资源互赖关系是实现青年群体长效社区参与的关键（杨慧、黄钰婷，2023：14）。有研究认为，推动社区治理从行政意志主导向民众诉求驱动的转型，经由社区的"中间层"实现国家与社会间的有效响应、互动合作与协同治理是必要且可行的（燕继荣、张志原，2022：54）。亦有学者从微观空间视角出发，通过上海社区花园的实践，探索高密度市区空间更新与社会治理有机结合的可持续发展路径（刘悦来等，2019：69）。

就业主自治而言，部分研究探讨了业主参与的困境问题。业主自治困境的根本原因是集体行动能力的结构性缺陷，自治规模过大、主体众多和社会高流动性是其社会基础（王德福，2019：88）。城市商品房小区自治面临组织困境，其根源在于商品房小区公共事务的性质，即刚需较弱、利益稀薄、利益分化以及成本高昂（夏巾帼、郭忠华，2019：165）。业主参与实践存在"业主-物业管理方"、客体致因、内部制约、外部阻碍四种管理困境（郭斌等，2018：70）。业主委员会呈现个体房权维护的工具性特征，只是在短期内可能与社群主义的组织形式发生耦合，在长期的共同体发育过程中既难以建构以房权为中心的社群，也不利于构建房权意识外溢到城市治理的正向链接（吴晓林、谢伊云，2018：132）。

就维权参与而言，围绕影响国内城乡社区维权参与的机制或因素，研究者提炼出阶层认同（李培林，2005：7）、气和气场（应星，2007：106；2009：105）、认知能力（董海军，2010：96；孙小逸、黄荣贵，2016：140）、组织特征（冯仕政，2006：98；周雪光，2015：182）、组织化程度（张磊，2005：1；庄文嘉，2011：88；盛智明，2016：110）、精英动员（孟伟，2005：67）、关系网络（石发勇，2005：76；Shi & Cai，2006：314）、互联网（黄冬娅，2013：131；陈华珊，2015：101）、空间布局（Tomba，2005：184）、道德资源（陈映芳，2010：50）等诸多要素，大致可概括为组织、网络、空间、认知这几类。社区间的矛盾冲突有其自身的演化过程，是组织、网络、空间、认知等因素综合作用的结果（金桥、孙冰，2020：153）。社区纠纷的在地消化能力不足，使得一些社区纠纷的解决过程呈现"闹大"逻辑，社会治理的法治化是破解基层纠纷"闹大"逻辑的有效出路（汪仲启、陈奇星，2019：53）。

就社区志愿服务而言，有研究认为，构建社区志愿服务持续化运作机制需要将意愿、激励、组织、资源、文化、技术六大内部要素和政府、社区居民委员会、社会组织三大外部要素进行有效组合（陈伟东、吴岚波，2018：42）。社会工作可充分发挥自身的专业特性，为推动志愿服务在社区治理中发挥更积极、有效的作用提供专业支持（谢宇，2018：76）。疫情防控为社区志愿服务的发展带来了显著影响。一方面，形态多样的社区均必须在短时间内筑起因地制宜的抗疫模式；另一方面，应急状态下的社区组织衍生出许多令人瞩目的新功能和新特色（薛泽林、宋雪，2022：13）。尽管以基层街居为基础建立起来的社区网格化治理凭借其基础性和覆盖性等优势，在疫情防控中发挥了关键作用，但这一在非常状态下建立起来的带有应急性的社区抗击疫情体系也存在特定的局限性（田毅鹏，2020：19）。

五 对既有研究的评论

前述研究为理解新时代上海社区治理体制机制创新问题提供了开阔的研究视野、丰富的理论视角，基于国内各地基层治理实践经验的诸多研究也可以为上海提供参考借鉴。然而，以上研究在学理分析和实践发展两个方面仍有进一步拓展的空间。

首先，在理论探讨、学理分析方面，现有研究涉及不同学科、不同领域，具有很强的专业性，机制层面的讨论非常深入，但却有将当前社区治理问题"碎片化"之嫌，不同学科、领域之间对话不足，不同主题的研究积累不足，并未形成相对具体、明确的研究脉络，忽略了社区治理不同组成部分之间的内在关联，难以获得系统性、整体性、综合性的认识。以社区参与为例。一般而言，无论是政治参与还是社会参与，均有制度内、制度外参与之分，二者存在密切关联，在一定条件下也可能相互转化（亨廷顿，1996：227）。当前的研究已经揭示出居（村）选举存在各种乱象（何艳玲、蔡禾，2005：104；周雪光，2017：3），而社区冲突的发生也与自治组织运转失灵有关，但对于两类参与之间的关系仍有待深入探讨。此外，无论是选举研究还是维权研究，学者们大都在"国家与社会"理论框架下展开分析，或重视国家力量下沉，或强调基层社会发育（李友梅，2006：32），或寻找政治机会结构，或探讨组织动员机制（赵鼎新，2006：22），却对国家治理与社区参与之间的互动关系仍缺乏生动细致的认识，忽略了社区内参与和社区外参与之间的联系。沃伦区分了社区系统联结的水平、垂直模式（Warren，1978：426），我国的社区也具有政府治理单元（杨敏，2007：137）和基层民主自治的双重属性，当前城乡社区治理的某些问题既不内生于社区，也不能由社区自身解决，而是与国家的资源分配和权力运行密切相关，这是理解居民参与可以轻易突破社区边界的关键，对此需要深入分析。

其次，在现实经验、实践发展方面，现有研究虽然对上海近年来的基层治理实践有所关注，部分研究提出了有价值的论断与思考，但总体上仍有不足，尤其是对上海在基层治理方面不同于其他地区的特性、"1+6"文件发布以来的制度效果等问题的分析、思考仍有待深化。以街道体制改革为例。此项改革具有多重目标，包括整合行政权力、提高服务管理效能、转变施政方向等，涉及上级政府与街道办事处、街道党组织与办事处、街道办与条线职能部门、街道内设部门之间的各类关系，核心是权力架构的优化设置，在理论意义上需要面对科层制的固有弊端、部门利益的分化与差异、权力运行的自我强化与嵌入性等问题。但一方面上海不同街道、不同区域社区之间存在较多差异，另一方面对文件内容的贯彻落实时间较短，学界的关注有限且多聚焦于实践操作，因而相关研究和基于调研的政策分析仍有待深化。

第三节　思路框架与研究方法

依照上述认识，本研究侧重分析新时代背景下上海社区治理体制机制方面的创新实践，在内容上重点关注党建引领、体制改革、法治保障、社会协同、社区自治与居民参与六个方面，根据情况综合运用定量、定性研究方法，基于问卷调查数据、个案调研资料等展开分析。

一　研究思路

本研究围绕新时代上海社区治理创新问题展开，主要研究思路如图2-1、图2-2所示。具体阐释如下。

图2-1显示了本研究的基本分析思路。新时代上海社区治理创新实践是本研究的核心关注点与分析对象，对这一问题的研究需要放在新时代上海经济社会发展新形势的背景下、按照党中央尤其是习近平总书记对上海社会治理创新的新要求、对上海基层治理创新制度变革总体把握的基础上展开，实际上，中央对上海的新要求在很大程度上也是针对新时代上海发展新形势而提出的，中央的要求又进一步催生了上海治理制度更新。对于新时代上海社区治理与社会参与机制创新实践的研究一方面需要对既有的学界研究进行梳理和评析，充分借鉴相关研究结果；另一方面需要扎根基层、进入实地，通过问卷调查或个案访谈的方法收集第一手资料，在此基

础上进行分析。新时代上海社区治理体制机制创新实践至少包括如下这些部分，即学理思考、发展现状、实践经验、困境问题、原因分析和对策建议等。

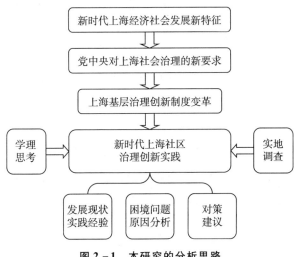

图 2 - 1　本研究的分析思路

图 2 - 2 显示了新时代上海社区治理创新实践中的六个主要领域及其关系。尽管本研究区分出党建引领、体制改革、法治保障、社会协同、社区自治与居民参与六方面的主要领域，但依然要强调各部分之间存在系统性的逻辑关联，即任何两个领域之间都存在密切联系，相互影响、相互支持，由此构成了一个整体性的"蛛网"结构。对六部分内容的选择，总体上参考了中国特色社会治理格局的框架，即"党委领导、政府负责、民主协商、社会协同、公众参与、法治保障、科技支撑"，同时结合研究团队的前期基础有所选择，并未一一对照、面面俱到。大致上，党建引领体现了"党委领导"，体制改革与"政府负责"相关，其余"法治保障""民主协商""社会协同""公众参与"均在不同程度上有所对应，但"科技支撑"未有专文讨论。图 2 - 2 的六部分领域还有层次上的区分。党建引领居于上层，即基层党组织处于社区治理体系的领导核心地位；体制改革、法治保障、社会协同居于中层，这些主体、力量基本上都在社区以外，但对于社区治理又至关重要；社区自治、居民参与居于下层，但并非不重要，相反，二者正是社区治理的最可依赖的基础，同时也是"社区治理共同体"构建的核心主体。

图 2 - 2　上海社区治理的主要领域及其关联

二　内容框架

按照以上研究思路，除了摘要、参考文献、附录等部分，本研究共设计了 9 章内容。第一章和第二章为研究前期必要交代的内容，第三章至第八章为本研究的主体内容，第九章为结论与讨论。分述如下。

第一章为绪论，包括新时代以来上海经济社会发展的新特征、中央对于上海社会治理创新的新要求、上海根据形势发展和中央要求所做的制度改革以及研究的问题、目标与意义。

第二章为文献综述与研究设计，包括对社区治理等核心概念的界定、对国内外相关研究文献的梳理与评论、研究思路、内容框架和研究方法等。

第三章为党建引领部分，包括对上海区域化党建发展历程及其社会治理创新意义的分析、对闵行区区域化党建引领基层治理实践的讨论以及对宝山区顾村镇菊泉基本管理单元党建引领自治共治实践经验的介绍和分析等。

第四章为体制改革部分，包括对上海自 2014 年以来街道体制改革实践及其成效的探讨、具有上海特色的镇管社区体制改革实践分析以及相关讨论等。

第五章为法治保障部分，包括对社会治理法治化的相关理论思考、浦东新区推进社会治理法治化的相关实践、问题及对策建议等。

第六章为社会协同部分，包括上海市社会组织参与社区治理现状与案例、浦东新区以项目化推动社会治理社会化的实践、问题与建议等。

第七章为社区自治部分，包括上海基层居（村）社区自治规范化建设状况、宝山区社区工作者队伍建设现状、普陀区万里街道业主自治建设发展等。

第八章为居民参与部分，包括闵行区虹桥镇楼组自治实践、浦东新区东明路街道社区花园营造实践以及疫情防控期间社区志愿参与相关分析等。

第九章为结论与讨论，主要是对第三章至第八章的研究结论进行概括总结，并进行延伸思考、提炼提升，重新对照新时代以来经济社会发展形势和中央要求，在推进中国式现代化、建设人民城市和发展全过程人民民主的语境下对上海下一步社区治理创新提出建设性的思路与建议。

三　研究方法

本研究综合采取多种方法，主要包括问卷调查、个案访谈、多案例比较、制度文本分析、文献法等，在第三章至第九章主体部分的具体研究方法有所不同。

在第三章"党建引领"部分，主要运用文献法、案例资料收集分析和社区实地研究的方法。一方面收集了有关上海区域化党建的相关制度文件和研究文献，另一方面以闵行区为例对其区域化党建的典型案例资料进行收集分析，资料收集时间为 2017 年。对宝山区顾村镇菊泉基本管理单元的调研以社区实地跟踪调研为主。菊泉基本管理单元是上海大学社会学院的田野调研基地，本研究团队自 2014 年以来长期在顾村镇馨佳园大型居住社区（后来扩展为菊泉基本管理单元）开展调研访谈，调研主题涉及镇管社区体制改革、党建引领社区自治共治等。菊泉案例即基于跟踪调研资料撰写。

在第四章"体制改革"部分，主要运用走访座谈、案例资料收集分析、问卷调查、地区比较等方法。对上海自 2014 年以来街道体制改革实践成效的评估，主要是基于 2019 年对部分区、街道的走访调研完成的，包括浦东新区塘桥街道、静安区临汾路街道、青浦区夏阳街道、虹口区江湾镇街道、黄浦区五里桥街道、浦东新区陆家嘴街道等，针对党政部门负责人、部分工作人员开展座谈、访谈。对镇管社区体制改革实践的分析则主要是基于 2015 年 11 月研究团队在上海宝山、嘉定、浦东、闵行、松江、青浦、金山 7 个区，浦东新区三林镇、周浦镇、闵行区浦江镇、嘉定区马陆镇、宝山区顾村镇、松江区新桥镇、青浦区华新镇、金山区朱泾镇 8 个镇的问卷调查和走访调研完成的，共收集了 1500 份问卷。此外，研究团队在顾村镇菊泉基本管理单元的跟踪调查资料和 2019 年对部分镇的走访调研资料，亦作为补充。

在第五章"法治保障"部分，主要运用文献法、个案研究、走访调研方法。研究团队一方面在相关研究文献的基础上增进有关社会治理法治化的理论思考，另一方面以浦东新区为重点，运用 2018 年在东明路街道、高桥镇的实地调研资料及浦东其他案例材料开展对于如何推进社会治理法治化的实践分析。

在第六章"社会协同"部分，主要运用文献法、走访座谈、案例分析等方法。一方面，收集上海市社会组织参与社区治理的典型案例；另一方面，运用 2018 年 9 月至 12 月在浦东新区高桥镇的系列走访调研资料［调研对象包括基层居（村）、各类驻区单位以及镇有关部门］展开分析思考。

在第七章"社区自治"部分，主要运用问卷调查、访谈座谈、个案研究等方法。围绕基层自治规范化和社区工作者队伍建设问题，研究团队于 2017 年在宝山区 42 个居（村）分别针对党组织书记、居（村）委会工作者和居民开展问卷调查，共收集书记问卷 42 份、村居委会工作者问卷 319 份、居民问卷 1056 份，同步开展走访座谈。围绕业主自治建设发展，研究团队于 2020 年在普陀区万里街道针对业委会委员开展问卷调查，共收集问卷 162 份，同时针对不同类型小区的业委会个案进行走访调研，并进行比较分析。

在第八章"居民参与"部分，主要运用典型调查、问卷调查、社区实地研究、参与式观察等方法。研究团队于 2019 年在闵行区虹桥镇专题考察楼组自治问题，在虹桥镇六大区域各选择 1 个居委，在每个居委选择不同类型小区的 2 个楼组，共对 6 个居委的 12 个楼组开展典型调查，同时在虹桥镇范围内开展抽样调查，以判断抽样法选择调查对象，共收集有效问卷 661 份。围绕社区花园营造实践，研究团队于 2021 年在浦东新区东明路街道开展专题调研，与街道有关部门、多个居民区进行访谈座谈，并跟踪观察社区花园营造过程。围绕疫情防控期间社区志愿参与，研究团队在 2020 年至 2022 年间注意收集相关资料，并结合自身观察、体会及与其他专家的交流，展开讨论分析。

需要说明的是，本书在上海各区、街镇、居（村）的调研案例、资料均未匿名，主要是考虑要如实、完整地反映上海不同地区特定时间节点的实践经验，以对基层优秀创新经验的概括、提炼为主，同时提出调研发现的某些有待完善的问题，进而给出对策建议。总体上，所有调研案例在创新探索方面的有益经验和工作成绩是主要的，问题则是次要的。就所反映的案例问题而言，一方面，相关问题都是工作中客观存在的问题，不涉及具体部门或人员的责任，而且只是在当时（调研时点）存在，实际上绝大多数问题在后续发展中已经得到改善或解决；另一方面，在一定意义上，对问题的发现、分析和提出解决对策，对于改进工作、推广经验更有价值，相关政府部门和基层工作者也往往对此寄予更大期待。有鉴于此，除将本书中一对一访谈对象的身份用英文符号替代之外，笔者并未对调研案例、资料所涉地方名称做匿名化处理，各类问题均有保留，尚祈相关基层部门、方家、读者理解。

第三章 党建引领：区域化党建与基层治理创新研究

自 20 世纪 90 年代后期以来，上海一直高度重视社区党建工作，在社区建设与治理实践中注重发挥党组织的作用也一直是"上海模式"的基本特征之一。进入 21 世纪以来，上海从社区党建到区域化党建的拓展、转化具有社会治理创新的重要意义。本章将结合闵行区区域化党建工作实践和宝山区顾村镇菊泉基本管理单元的探索实践，围绕如何以区域化党建推动基层治理创新问题展开讨论。需要指出的是，党建引领范围广泛，既包括党员作为先进分子对居民群众的个体引领，也包括社区党组织对于广大居民的引领动员以及对于更大范围内各类单位、组织的引领与整合。本章前两节侧重分析区域化党建与治理创新的关系，主要聚焦于基层党组织对于其他组织主体的引领作用，而菊泉基本管理单元党建引领社区自治共治的内容更为丰富，基本涵盖了个体引领、居民引领和组织引领。

第一节 上海区域化党建发展历程及其治理创新的意涵①

改革开放以来，在市场化、城市化、全球化、信息化的影响下，上海经济社会快速转型发展，人口数量尤其是外来人口急剧增加，社会流动加快，利益结构分化，社会风险的复杂性、不确定性提高。面对一个快速流动、二元分割、高度分化、自主性萌发的社会，既有的城市管理体制面临前所未有的压力，特大城市社会治理迫切需要改革创新。上海从 2004 年开始推进区域化党建工作，不仅体现了新形势下城市基层党建的积极探索，更为加强和创新城市基层治理提供了新的思路。2014 年，中共上海市委、

---

① 本节主要内容以《社会治理创新背景下的上海区域化党建》为题发表于《上海党史与党建》2017 年 2 月号。

上海市人民政府出台的《关于进一步创新社会治理加强基层建设的意见》（沪委发〔2014〕14 号）围绕区域化党建提出了一系列新要求。本节内容旨在结合文件要求和上海实践，从创新城市社会治理的角度对区域化党建的经验、特征和问题进行分析，进而提出有关思考与建议。

一　上海推进区域化党建的实践探索历程

2004 年，中共上海市委印发《关于加强社区党建和社区建设工作的意见》，提出了"社区党建全覆盖"的工作目标，并在全市推行"1 + 3"社区党建组织体制。2011 年《关于进一步推进本市区域化党建工作的若干意见》提出要"建立健全基层党组织领导的充满活力的社区共治机制"。2014 年《关于进一步创新社会治理加强基层建设的意见》提出"建立多层次的区域化党建平台，在区县、街镇、居（村）层面进一步健全区域化党建组织网络"，尤其是重视通过区域化党建提高社区共治水平，体现了基层社会治理创新的核心思路。

在实践层面，上海不少区县、街镇都在推进区域化党建方面做出了积极探索。静安区在"同心家园"理念引领下，把原本主要在街道层面的区域化党建比较早地延伸到居民区层面，同时有效搭建各种工作载体，尤其是理顺社区、居民区相关体制机制（朱翊，2010：48）。徐汇区枫林社区（街道）党工委积极探索"1 + 5 + X"模式，形成以多元主体参与为特色的党建工作联合体，为加强党对社区的全面领导提供了体制保障（上海市领导科学学会课题组，2012）。此外，闵行区着力推动党建联建项目化运作、宝山区积极探索党建引领下的大型居住社区自治共治，以及松江区方松街道、虹口区曲阳街道等地都在推进区域化党建、创新基层社会治理方面积累了有益经验。

从目前来看，上海在创新体制机制、推进区域化党建上的主要经验做法可概括为如下四个方面。

一是构建多层次的、以各级党建联席会议为载体的区域化党建平台。区级层面，建立区委领导下的党建工作领导小组和党建联席会议。街道层面，建立由党工委书记直接负责的街道党建领导小组和联席会议。居民区层面，除专职社区党务干部外，还吸收社区民警、业委会、物业公司中的党员负责人进入党组织领导班子。

二是在街道层面调整区域化党建组织架构，由"1 + 3"调整为"1 + 2"。街道党工委原本下设行政组织党组、居民区党委和综合党委，2015 年之后改为下设行政组织党组和社区党委。行政组织党组主要发挥对职能部门派出机构的综合协调作用,社区党委则要在街道党工委领导下,切实发挥党建引领、推进社区共建共治作用。

三是在推动驻区单位参与社区共治方面建立了一系列制度机制。主要包括公益服务清单制度和驻区单位、在职党员的"双报到、双报告"制度。围绕制度实施,以党建联席会议、社区代表会议、社区委员会为平台,建立了议题形成、需求对接、项目认领、责任约束、考核评价、反馈激励、利益共享与合作共赢等一系列机制。

四是在党建引领下完善街道协商共治平台(社区代表会议、社区委员会)。具体包括:优化代表结构,广泛吸纳社会各方代表进入社区代表会议;拓展共治内容,将各类社区公共事务均纳入共治内容;强化共治功能,包括动员各方力量参与、监督和支持社区工作、评议监督有关部门等;完善运行机制,健全议题形成、调查研究、协商议事、项目执行、评估评议、跟踪监督等机制。

二　上海区域化党建发展的经验特征

在上海持续推进区域化党建工作的实践中,体现出如下一些经验特征。

第一,两种含义的区域化党建并存。狭义的区域化党建重在打破单位党建与社区党建的界限,其主要载体是党建联席会议,主要对象是建有党组织的各类组织,首要工作是推动驻区企事业单位和在职党员参与社区服务与治理。广义的区域化党建则是指特定区域范围内针对所有各类组织的党的建设,内容既包括加强传统组织的党建工作,又包括新兴领域党建工作的拓展,如街道的"1 + 2"格局就涉及职能部门派出机构、驻区单位、居民区和两新组织等。在现有实践中,两种含义的区域化党建同时存在、齐头并进,共同发挥作用。

第二,区域化党建动员、整合的对象不断扩大。与两种含义并存的特点相对应,区域化党建动员参与、整合资源的对象也有宽、窄之别。狭义的区域化党建主要针对驻区单位和在职党员,广义的区域化党建则面向各类组织和社会力量。目前看来,由于体制内企事业单位的党组织建制最为健全,其资源也更为丰富,因而区域化党建首要的动员对象仍是驻区单位、在职党员。在此基础上,区域化党建的覆盖范围不断扩大,体现了以党建推进社区共治的工作效果。

第三，区域化党建的重心在基层，重点在街道。在上海的实践中，一方面建立了区、街镇、居（村）三个层面的区域化党建组织网络，并明确了区委、街道党工委、社区党组织的责任分工；另一方面始终突出区域化党建的重心是在基层，重点则是街道的体制机制创新。区域化党建的工作思路首先出现于街道层面，之后逐渐在横向上扩展到镇域、纵向上深入到居民区，形成了如今多层级、全覆盖的工作格局，也体现了社会治理的重心在城乡社区的创新方向。

第四，区域化党建的社会动员和整合功能持续加强。上海区域化党建的功能不仅体现在对传统体制内单位的动员参与、整合力量方面，而且体现为对于新兴社会领域的党建工作拓展，还体现为街镇党组织加强对职能部门派出机构的领导能力进而改善条块关系，以及在全社区的范围内动员各类社会力量参与社区共治。就此而言，区域化党建工作不仅是基层党建本身的创新，而且是城市基层管理机制和社会治理方式的创新，从而为加强党的领导提供了有力保障。

三 区域化党建在推动基层治理创新方面的重要意涵

从理论的角度来看，区域化党建不仅是执政党在改革开放新时期为适应社会变迁、整合流动社会做出的积极调整，而且是社会主义协商民主与"党委领导、政府负责、民主协商、社会协同、公众参与、法治保障、科技支撑"的社会治理体系不断创新完善的体现。从实践的角度来看，区域化党建对于打破单位党建的界限、盘活区域内各种资源、促进各主体联动发展、促进党组织自身转型都具有积极作用，最终有助于实现党联系和服务群众、促进区域发展、巩固执政基础的目标。新形势下执政党整合社会的功能有多种体现方式，就区域化党建而言，无论是以"公共性"为核心的有机整合，还是建立有效的综合协调机制，这一新型社会整合均暗含了社会治理创新的意义。本研究认为，区域化党建在社会治理创新方面的意涵主要体现在如下三个方面。

一是有利于增强特定区域内各类群体、组织参与社会建设的"主体意识"。无论是在区县、街镇还是居（村）层面，区域化党建工作都旨在动员特定区域范围内各类经济组织、政府组织、社会组织乃至公民个人参与到区域发展、社区建设过程中，促使利益相对分化、逻辑各不相同的群体组织更加关注区域公共事务，进而增强"共建共治共享"的公共意识与主体意识，这是构建协商共治格局重要的观念基础。

二是有利于提高特定区域内群体、组织及个体的社会参与水平。在基层自治、人大、政协、信访等原有的制度化参与渠道之外，区域化党建工作所构建的不同层级的党建联席会议制度为驻区单位、党员群众参与公共生活提供了新的渠道。更为重要的是，与基层自治等以居民个体参与的方式不同，党建联席会议制度为各类驻区单位提供了组织化参与的渠道，并为大量新兴组织的组织化参与提供了可能的空间。

三是有利于发展特定区域内以公共事务为核心的协商民主。治理的要义之一是不同主体之间的协商以及基于协商的有效合作。党建联席会议的意义不仅在于提供了新的制度化参与方式，而且作为一种新型协商机制，有助于促进一定区域范围内不同群体组织围绕公共产品的有效供给等公共事务进行民主协商，在达成共识的基础上开展合作，以具体的实事项目推进区域发展或社区建设。

概括而言，从城市基层党建的角度来看，区域化党建是执政党在改革开放新时期为适应社会变迁、整合流动社会做出的积极调整，对于打破单位党建的界限、盘活区域内各种资源、促进各主体联动发展、促进党组织自身转型都具有积极作用，最终有助于实现党联系和服务群众、促进区域发展、巩固执政基础的目标。从城市基层社会治理的角度来看，区域化党建以党的组织体系为纽带，在推动区域资源共享的基础上推动社区共治，不仅有助于社会主义协商民主的发展，也有助于激发社会活力，对于完善"党委领导、政府负责、民主协商、社会协同、公众参与、法治保障、科技支撑"的社会治理体系具有重要意义。

第二节　闵行区以区域化党建推进基层治理创新的实践探索

近年来，中共上海市闵行区委着眼于提升党的建设科学化水平，推进社会治理创新，通过推进符合地区实际的区域化党建工作，着力打破基层党建领域中的"条块分割"壁垒，解决各种资源配备不平衡、分布不均衡的问题，使"条"的资源和"块"的资源在一定的平台或载体的基础上，通过互联互动，实现纵横流动、优势互补，从而形成区域内党建工作的最大合力。本节主要以闵行区街镇、居（村）两个层面的区域化党建实践为例，了解其主要做法与成效，概括其有益经验与所遇到的瓶颈问题，在理论分析的基础上提出进一步加强和完善区域化党建的思路建议。

一 闵行区以区域化党建推进基层治理创新的实践

闵行区在区、街镇两级较早开始区域化党建工作的积极探索，积累了一定的经验，成效显著。2015 年，闵行区以深入贯彻落实市委"一号课题"文件精神为契机，根据创新社会治理、加强基层建设的总体要求，结合闵行实际，制定《闵行区关于推进区域化党建加强社区共治工作的实施意见（试行）》《闵行区关于做好驻区单位党组织和党员"双报到、双报告"工作的通知》，规范街镇、居（村）两个层面的区域化党建模式，努力激发多元社会主体参与社区共治，进一步推进体制内外党建资源共享、优势互补，以求达到"共建、共创、共享、共赢"的目标。围绕区域化党建与基层治理创新的关系，下文将从组织架构、制度机制、功能成效三个维度对闵行区域化党建工作进行梳理，重点聚焦于街镇、居（村）两个层面。

（一）以区域化党建推动共治的组织架构普遍搭建

总体上，闵行区已构建起以区、街镇、居（村）区域化党建联席会议为载体的三级平台，形成了纵向贯通、横向整合的组织架构体系。街镇区域化党建联席会议主席由各街镇党（工）委书记担任，副主席由分管党群副书记和驻区单位党员负责人担任，街镇党建办（党群办）或社区党建服务中心承担区域化党建的组织、协调、联络、服务等职能。党建联席会议成员单位以驻区单位党组织为主，根据各街镇实际，数量从十几家至数十家不等。江川区域党建联席会议目前有 18 家驻区单位党委参与，吴泾区域党建联席会议则包括 33 家成员单位。

在街道层面，社区代表会议等既有的社区共治平台被纳入新的区域化党建格局，意味着不同共治制度之间的功能分工与整合已经启动。《闵行区关于推进区域化党建加强社区共治工作的实施意见（试行）》（以下简称《实施意见》）提出，社区代表会议是在街道党工委领导下，在社区党委指导下，由社区内各界人士代表参加，对社区各类公共事务进行民主协商的会议制度。社区委员会则是社区代表会议闭会期间的常设机构。社区委员会委员由街道党政领导、社区党委委员、区域化党建联席会议成员单位负责人、"两代表一委员"、"两新"组织负责人、居民区代表等组成。各镇及莘庄工业区也可参照街道模式，在镇管社区组织架构下探索建立社区代表会议和社区委员会制度。

在居（村）层面，建立居（村）共治联席会议制度，形成了相对固定的区域化党建工作模式，即搭建以居（村）党组织为核心，居（村）委会、业委会、物业公司为主体，房管、城管、派出所、企业、商户、社会组织等共同参与的居村议事协商共治平台，共议共解村、居民区治理中的难点问题。居（村）党组织可设兼职委员，将社区民警、业委会党员负责人、物业公司党员负责人推选进党组织班子。同时开展村居、企居、校居、社居、园居、居居等共建，根据工作和共建项目需要，加强区域化党建工作的有效性。颛桥镇银都苑第一居民区由居民区党总支牵头，建立"1＋3＋X＋N"小区协同治理联席会议机制，"1"即党总支，"3"即居委会、业委会、物业公司，"X"即政府各职能部门，"N"即党员、楼组长、志愿者团队等；莘庄镇积极推进由居民代表、周边商户、共建单位等成员组成的"商居联盟"共治模式。

在部分街镇，通过区域划分、资源整合、互联共建，区域化党建与社会综合治理工作紧密结合，以进一步提高社区共治水平。虹桥镇按"地缘"将全镇划分为六大区域，将区域内事业单位、居民区、村、公司和"两新"组织划分为16大责任区块、43个责任点，并相应成立16个服务团队，配备450多名社区干部。吴泾镇以党建联建为核心，形成"1＋5＋若干个点"的区域网格综合治理工作格局，"1"是指吴泾镇整体大网格；"5"是指紫竹园区、化工区、校区、农村、社区5个板块，形成5个责任网格；每个板块设工作站，全镇共设36个工作站。在有效整合区域内资源的基础上，及时收集居民反映的热点、难点问题，依托各类力量对问题进行协调、上报、处置，共同参与社会治理。

（二）保障区域化党建有效运行的制度机制不断完善

为保障各级区域化党建联席会议制度的有效运行，闵行区要求建立区域化党建"七项制度"，即"双报到、双报告"制度、需求对接制度、项目化运作制度、沟通联系制度、定期会商制度、评价激励制度和区域化党群工作联动制度。根据功能，可大致分为如下三类。

第一类是旨在建立、密切区域内各类单位之间关系的制度，主要包括"双报到"制度、沟通联系制度和定期会商制度。"双报到"即驻区单位党组织到社区党组织报到、党的组织关系不在现居住地的党员到现居住地党组织报到，通过强制性科层化的方式推动建立驻区单位与社区之间的联系。沟通联系制度侧重于不同单位之间形式多样的常态化交流，定期会商制度则侧重于单位间规范化的正式交流。江川路街道98家驻区单位党组织到社区报到，2012年到社区报到的3641名在职党员积极认领社区十大公益岗位；2013年，有362名在职党员参与楼组党建，加入楼组党员服务组，开展各类为民服务活动。

第二类是旨在提高区域单位之间合作有效性的制度，包括项目化运作制度、区域化党群工作联动制度以及需求对接制度。项目化运作制度的意义在于将区域化党建工作有效落实，以具体可见的方式切实发挥积极作用。区域化党群工作联动制度有助于发挥党的传统组织优势，在更大程度上拓展区域化党建的参与主体范围。在需求对接制度中，"驻区单位资源和社区服务需求相对接的认领机制"对于有效整合资源、解决实际问题具有积极意义。

第三类是为各类区域单位进行合作提供保障的基础性制度，包括"双报告"制度、需求对接制度、评价激励制度及项目化运作制度。"双报告"制度是一种针对驻区单位、在职党员的程度较弱的监督机制，在一定意义上显示了社区党组织在区域化党建中的领导作用。需求对接制度旨在形成某种内在激励、构建共赢格局，推动驻区单位发自内心地自愿参与到社区共治中。评价激励制度以正面引导和激励为主，同时将相关情况作为文明单位创建、评优创先等的重要依据，主要作为一种奖惩机制发挥作用。值得注意的是，在居（村）层面，驻区单位的意见和建议也可以作为对居（村）党组织进行评价的重要依据。项目化运作制度也有助于对驻区单位的表现进行更具可操作性的考核评价。如虹桥镇党委制定了"区域党建联建项目推进目标责任制"，通过日常监督、定期检查、反馈督促，加强各成员单位对联建工作的重视程度，确保联建项目有效落实，取得成效。

除了以上七项制度外，某些长期坚持的制度也在区域化党建工作中发挥了积极作用，如结对帮扶制度。在江川路街道，街道党工委一方面利用"大走访"机制，对"两新"组织进行全覆盖走访，与"两新"组织开展结对，及时沟通信息，帮助其解决实际问题；另一方面组织社区"两新"组织与辖区基层党组织、困难党员开展结对、回馈社区、服务群众活动，如上海敏众管理有限公司党支部在与居民区党组织结对基础上，还与社区老党员、老劳模、三八红旗手结对，帮困人数累计达400人；诚康大药房、爱尔眼科医院等"两新"组织党支部积极开展党员志愿者公益行动，全年滚动式服务群众。

（三）区域化党建推动社会治理方面的成效初步显现

闵行区在各个层级均以需求为导向、用项目化方式推进区域化党建工作，根据项目活动的内容分析其功能领域和具体成效。《实施意见》提出街镇层面要围绕区域化党建开展"六联"工作，即区域党建联建、社会治理联抓、文明城区联创、公益服务联做、文化活动联办、干部人才联育，划定了党建、治理、服务等几个方面的功能领域。具体到各个街镇、居（村），区域化党建的项目内容则各不相同。

江川路街道的区域化党建项目开展较早且有一定成效。近年来，江川社区卫生服务中心汽轮服务站、"鲤鱼跳龙门"群众文化节目、"致远游泳馆"、公园绿化、"15分钟服务圈"和"五小"惠民工程认领等一批区域项目相继落地，通过区域党建项目合作，有力推动了社区发展，更好地服务社区群众。街道与航天设备制造总厂合作的"鲤鱼跳龙门"群众文化节目，成功申报了市级非物质文化遗产保护项目；与上海交通大学合作的"致远游泳馆"项目，为市民增加了一处体育活动的场所；通过微公益项目的实施，成员单位共认领社区关爱、社区活动、便民服务和社区共建4大类79个项目，这些项目均已全部完成。从2010年开始，江川区域党建联席会议每年举办"党旗下"系列主题活动。2015年，其围绕社区治理，举办"党旗下，我们携手共治"主题活动，街道与成员单位签订了社区治理目标责任书，进一步推动成员单位参与社区公共管理、公共服务和公共安全措施的落实。

虹桥镇共划分为六大区域，要求每个区域开展以十大工作联动项目为主要内容的经常性活动，包括"党的工作联建"、"精神文明联创"、"社区发展联动"、"群众工作联做"、"公益事业联办"、"公共服务联手"、"治安维稳联合"、"困难对象联帮"、"文体活动联谊"和"理论学习联组"。在此基础上，各区域开展个性化的自主活动，如"党建进楼宇""两新进社区""企居共建""广场文化""中外文化交流"等。在社区服务方面，推行"组团式"志愿服务工作模式，为居民提供固定型、菜单型、分散型公益志愿项目，建立闵行区首个"社区睦邻之家"，推进"一居一品"创建，如红松区域的"爱心小屋"、上虹区域的"银发乐活"等。在社会治理方面，六大区域进一步被分为16个责任区块、43个责任点，通过多方协调，万源新城小区第三期群租现象得到了整治；对古北区域内中国移动信号接收器的位置进行了合理调整；公交车上朱线增设了站点；虹梅区域老外街商铺噪声扰民问题得到了解决。

吴泾镇划分为五个区域，依托"1＋5＋若干个点"的区域网格综合治理工作架构推进协同共治。目前吴泾镇的区域党建共建项目有 20 多个，区域 30 多家单位参与。一方面，区域单位在项目参与过程中发挥社区前端治理的功能，如"DIY MY CITY 极创 48 小时"项目，按照"1 个区域单位＋1 个区域高校＋1 个社区"进行配对，推动区域青年担任"创客"，形成课题小组开展社区调研，针对发现的问题形成解决方案，并进行集中展示和实践检验。在万科阳光苑社区，针对社区老年人实际，形成的"老年漂"社交应用软件、智能订餐系统等，为完善基层治理提供了新的启示。另一方面，区域单位积极认领和参与社区公益服务项目，进入居（村）开展服务工作。如通过区域化党建平台孵化形成的"1 号里·欣家园"公共服务项目，以基层党组织引领为核心，将区域各类资源向居（村）下沉，推进家园建设，靠近居民提供为老、代理代办、社会参与等 170 多项服务。

就功能领域而言，目前闵行区街镇层面的区域化党建项目仍以社区服务项目为主，驻区单位主要以资源整合的方式参与到具体的服务活动中，效果明显且形式内容不断创新。同时，区域化党建与社会治理工作的结合也已经开始探索，尤其是在居（村）层面，依托"大联动"网格化管理平台开展的共建项目大多围绕社会治理。

二　闵行区域化党建工作值得思考的问题

闵行区街镇、居（村）层面的区域化党建工作在组织架构、制度机制、功能发挥三个维度都做出了一定的积极探索，积累了丰富的经验。但将区域化党建的意义放在"创新社会治理加强基层建设"的背景下考虑是上海市委"一号课题"文件提出的新要求，区域化党建与社区治理的关系在理论上有待澄清，通过区域化党建推进社区共治的实践探索也刚刚起步，一些重要问题值得进一步思考并不断探索创新。以下笔者将结合闵行经验，主要从组织架构、制度机制、功能发挥三个维度提出相关问题并展开分析。

（一）组织架构方面的问题

1. 党建联席会议及成员单位的功能权责有待明确

如果说区域化党建的总体功能是整合区域内各类党组织资源和党员力量参与社区治理，那么作为最基础的工作平台，党建联席会议首先就要体现这种整合、动员、推动治理参与的功能。但目前的文件中并没有针对党建联席会议及成员单位权责功能更为细致的界定。2011 年，上海市委办公厅印发《关于进一步推进本市区域化党建工作的若干意见》简单涉及党建联席会议的功能：一是议事协商；二是监督，即社区（街道）党工委年末向党建联席会议（或党员代表会议）报告工作并接受评议。2014 年的"一号课题"文件和闵行区的《实施意见》对一些重要问题都没有明确说法。比如议事协商功能，具体可以议哪些事？除党建项目外，有关社区治理的所有事务是否都可以讨论？不同意见如何协商并达成共识？在议事协商的基础上是否可以提出建议？建议提出后有无反馈机制？又比如监督功能，街道党工委的工作报告包括哪些内容？与会者能否提出质疑和不同意见？对于报告中的问题能否在后续工作中改进？此类问题都需要进一步明确。

2. 党建联席会议与其他治理平台的关系亟须理顺

在某种意义上，党建联席会议只是社区治理平台之一，街镇层面还存在其他共治平台，如社区代表会议、社区委员会、镇人民代表大会、网格化管理中心等。以社区代表会议、社区委员会为例，《实施意见》提出要建立和完善街镇层面区域化党建工作"三会制度"，意味着闵行区致力于将社区代表会议与社区委员会纳入区域化党建格局，已经注意到了不同治理平台之间涉及权责分工、合作的关系问题。但对于这一问题，与党建联席会议自身职能定位不清的问题相似，同样没有明确的界定。"一号课题"文件提到了一般性的社区共治内涵，包括拓展共治内容，动员各类主体参与社区建设和公益事业，监督和支持社区工作，评议监督街道干部、驻区行政单位绩效、驻区企事业单位社会责任履行情况。如果这是社区代表会议及社区委员会的主要功能，那么必然与党建联席会议等其他共治平台存在交叉。参与对象方面的差别也不足以疏解功能交叉的困局：如果党建联席会议可以很好地整合社区力量，那么社区代表会议存在的必要性就会减弱；反之，党建联席会议的共治意义就将大打折扣。另外，这些平台的地位是否相同也是一个问题。将社区代表会议纳入区域化党建格局是否意味着党建联席会议要发挥领导其他平台的作用？抑或这些制度都是在街道党工委领导下的平行平台而没有高下？类似的问题在党建联席会议与其他共治平台的关系方面同样存在。

3. 党建联席会议成员单位的代表性有所不足

目前闵行区各街镇的区域化党建联席会议的成员单位数量从十几家到

几十家不等，几乎都是大型驻区单位。以吴泾镇为例，镇域有大学园区，有紫竹国家高新区（数码港、2 个网络视听基地、4 个国家级研究单位以及 505 家企业），有化工区，还有 16 个居民区、8 个村，共 100 多个党组织。吴泾区域党建联席会议有 33 家成员单位，除吴泾镇党委外，还包括园区 1 家（紫竹高新区），教育科研机构 5 家（上海交通大学、华东师范大学等），医院 1 家（闵行区吴泾医院），政府职能部门 1 家（闵行海事局），大型企业 23 家（上海长航闵南船厂、华谊能源化工有限公司等），主要分布于化工、物流、能源、制造等行业。大型单位往往党组织健全、资源充足，可能在社区治理方面发挥更大的作用。但从议事协商功能发挥的角度来看，大型单位与中小型单位的利益、特征与所面临的问题都有不同，如何充分听取中小型单位以及非组织化的普通民众的意见，提高党建联席会议的代表性，值得进一步考虑。

（二）制度机制方面的问题

1. 社会治理逻辑的体现不够明确

作为某种运作逻辑，社会治理要体现治理各方具有主体意识、社会参与是否充分有效、不同主体能否通过民主协商达成合作等原则。但在目前主要的工作制度中，某些治理逻辑的体现并不充分。例如需求对接制度，要求驻区单位资源和社区服务需求相对接，但在社区服务需求的提出过程中，是否自下而上充分体现了民意？这些需求是不是居民最为迫切的需求？驻区单位是否也应参与到需求提取的过程中？又如项目化运作制度，可以通过党建联席会议确定每年实施的共建项目，但项目确定过程是否经过充分的民主协商？协商各方是否包括项目服务对象？驻区单位和服务对象在项目确定过程中发挥了怎样的主体作用？类似问题如能有效解决，区域化党建的运作机制就能够更好地体现出社会治理的逻辑。

2. 参与主体的内在动力存在不足

驻区单位、党员是区域化党建工作首要的参与主体。在目前的制度机制中，"双报到、双报告"制度、需求对接制度、评价激励制度及项目化运作制度都涉及对驻区单位、党员参与动力的激励问题。但这种激励主要是一种外在的、强制性的约束，要求它们报到、报告，对参与过程进行监督，对项目结果进行考核等。党建联席会议制度赋予了驻区单位党组织一定的议事权、监督权，但如前所述，这些权责范畴并不明确，赋权作为一种内在激励的吸引力不足。需求对接制度一方面对接社区需求，另一方面也要求对接驻区单位的需求，后者旨在激发驻区单位的内在需求动力，是一种内在激励。但目前的情况是，要求驻区单位为社区做的较多，而社区为驻区单位做的较少，那种基于双方需求的合作共赢局面仍不稳固。

3. 项目化运作的长效作用欠缺保障

项目化运作机制有其优点，主要是方便实际操作，效果具体可见也易于考核。但这一机制也存在某些隐忧。比如，每个项目都有具体时限，在项目实施过程中为居民提供服务或参与治理，项目完成后即结束服务、退出治理，但后续工作如何开展？长效作用如何保障？像"DIY MY CITY 极创48小时"项目，时效有限，仍是一种运动式的工作方式。又如，项目几乎都是年度内的短期工作，对于大量的需要常年长期坚持的服务、治理工作，是否就不适合设立项目，或者说不能以项目化运作的方式开展？像江川路街道的"党旗下"系列活动，几乎每年的主题都是需要常年开展的，不能因为今年的主题是"携手共治"就加强治理，明年的主题一变就弱化治理而加强其他工作。再如，每个街镇、居（村）都有创新的要求，在创新压力下有可能导致忽略基础工作、求奇求异、急功近利的问题。

（三）功能发挥方面的问题

1. 区域化党建在街镇社会治理中的作用不足

作为一项工作内容，狭义的社会治理基本等同于政法系统主导的社会综合治理。如前所述，闵行区以区域化党建推动社会治理方面的成效已初步显现，尤其是虹桥镇、吴泾镇在所划分的几个区域内开展网格综合治理工作，卓有成效。但仅就狭义的社会治理工作而言，上述成效的取得在多大程度上与区域化党建有关？或者说，以驻区单位参与为主的区域化党建在综合治理中发挥了怎样的作用？综合治理工作的主体力量是具有执法权的条线职能部门，在街镇层面上强调"条块结合、以块为主"，行政组织党组对于职能部门派出机构的综合协调是条块关系的基本协调方式，网格化管理、大联动大联勤等是主要的工作方式。党建联席会议也可以成为整合条线部门的方式之一，但目前来看，区域化党建在街镇层面发挥的主导作用还是提供社区服务，在社会治理领域发挥的作用则相对不足。

2. 基层党建、服务、治理等工作领域关系不清

与前一问题相关但涉及范围更广的问题是，街镇、居（村）层面的基层党建、社区服务、社区治理等主要的工作领域多有交叉，难以明确区分。在区域化党建工作中，存在组团式服务、项目化的服务或治理；社区服务是治理的基础，民生问题的解决有助于从源头上预防和化解社会矛盾；在社区治理中，无论是自治还是共治，都要坚持党的领导，并围绕社区服务或社会治安综合治理展开。这种交叉有其必然性，这也是"一号课题"文件提出调整街道组织架构的原因。但是，领域交叉、职责混合的情况也造成了前述党建联席会议、社区代表会议、网格化管理中心等各类平台功能交叉等问题。从更深层次上来讲，这涉及街镇以上层级的政府体制改革以及各级政府部门职能对应的问题，已超出了本报告的讨论范围。

三　下一步推进闵行区域化党建工作的思路与对策

针对上述问题，为进一步推进闵行区域化党建工作，特提出以下思路、对策。

（一）完善制度架构、理顺平台关系

1. 明确党建联席会议及成员单位的功能权责

以正式文件的形式明确区域化党建联席会议的性质、功能定位、权力责任，明确成员单位的权利、义务。党建联席会议是区域化党建基础性的工作平台，街镇层面的党建联席会议接受街镇党（工）委及街道社区党委的领导，居（村）层面的党建联席会议接受居（村）党组织的领导。党建联席会议发挥推动区域化党建工作并以党建促进区域发展的重要作用，党建活动结合区域发展组织开展，区域发展是党建工作的目标。

党建联席会议具有协商议事权，议事范围包括开展党建项目、促进社区服务、创新社会治理、推动区域发展等；具有建议权，每个成员单位均可提出口头或书面建议，经会议协商讨论后提交街镇、居（村）党组织，并规定反馈时限；具有监督权，街道党工委、居（村）党组织须向党建联席会议报告工作，接受成员单位审议。成员单位相应拥有平等的协商议事权、建议权、监督权，同时须履行以下义务：围绕区域发展具体事项开展调研，在深入了解的基础上发表意见、提出建议；认真听取街镇党（工）委、居（村）党组织工作报告，提出有理有据的审议意见。

2. 理顺党建联席会议与其他治理平台的关系

党建联席会议与党员代表会议：前者以党组织为参与主体，后者以党员为参与主体。但由于参与党建联席会议的仍是代表党组织的党员，而后者的党员代表实际上也代表不同单位、群体，因而二者存在功能交叉，在条件成熟的情况下可以考虑整合。需要考虑的条件包括：党建联席会议的

参与范围能否扩大至居住在区域内的全体党员代表；党员代表能否切实代表不同单位、群体的利益；党员代表的产生是否符合党内民主原则等。

党建联席会议与社区代表会议：前者是党内会议，后者是党内外全体会议。党建联席会议如切实发挥协商共治功能，必然会与社区代表会议存在一定的功能交叉。在功能设定上，二者可以作为充分听取党内、党外意见的平台，经党建联席会议充分讨论通过的工作方案，可以在社区代表会议上听取更多群众意见后再执行。更进一步说，如果党建联席会议同时发挥党代会的作用，且参会党员代表能够很好地代表群众意见，二者也可以考虑进行整合。

至于其他共治平台，社区委员会是社区代表会议的执行机构，如果党建联席会议与社区代表会议适当整合功能，社区委员会也需要进行相应调整，即与党建联席会议的常设执行机构进行整合。镇人民代表大会类似于社区代表会议。网格化管理中心或综合治理中心只涉及部分职能部门，但其工作事项也可以在党建联席会议上进行讨论。

3. 提高党建联席会议成员单位的代表性

扩大成员单位范围，吸纳更多中小单位的代表进入党建联席会议，发挥人民团体、社会组织的枢纽作用，吸收区域内不同行业、职业、性别、年龄群体的党员代表进入党建联席会议；明确设定党员代表参加每届党建联席会议的年限。

（二）激发内在动力、优化运行机制

1. 激发参与主体的内在动力

明确党建联席会议成员单位及党员代表的权利、义务，切实保障其协商议事权、建议权、监督权的有效行使；按照党内民主原则由各单位、组织、社区选举产生参加党建联席会议的党员代表，党员代表既要对单位、组织、社区负责，也要充分考虑区域公共利益；结合各单位、组织、社区专职党务工作者制度，试行党员代表的职业化，将党员代表履职情况纳入对党务工作者的考核。

2. 进一步优化区域化党建运行机制

一是优化"双报到、双报告"制度。明确在职党员既要参加工作单位的党建活动，也有参加所在街镇、居（村）党建活动、关注居住区域建设发展的义务。在职党员有权利竞争成为所在单位党组织的代表参加党建联席会议。

二是优化需求对接制度。一方面，充分听取民意，重视社区服务、治理需求自下而上的产生，重视驻区单位的自身需求。另一方面，支持资源、服务的供给方充分参与到需求提取过程中，确保资源、服务精准、到位。

三是优化项目化运作制度。推动项目化运作与需求对接制度紧密结合，使服务提供方与服务对象都充分参与到项目的制定、设计、运作、评估过程中；针对常态化的服务、治理工作，设计开展合适的长期项目，以相对固定的人员、资源投入与工作模式保障其长效作用。

四是优化沟通联系制度。充分利用新技术手段进行交流沟通，尤其是积极促进驻区单位与社区居民之间的联系。

五是优化定期会商制度。在拓展党建联席会议共治功能、扩大参与主体范围的基础上，可以减少由全体党员代表参加的党建联席会议次数（如一年一次），同时根据需要，增加由党建联席会议执行机构组织的定期、不定期的非全体会议的次数。

六是优化评价激励制度。调整考核评价内容，对驻区单位党组织及其代表的考核以其能否切实履行代表义务为准，重在关注其权责能否有效实施。

七是优化区域化党群工作联动制度。充分发挥人民团体、社会组织的枢纽作用，以人民团体、社会组织为纽带整合不同群体利益诉求，吸收不同特征人群的党员代表进入党建联席会议，形成在党的领导下不同单位、不同阶层协同共治的新局面。

第三节　宝山菊泉基本管理单元党建引领社区治理的实践经验

《关于进一步创新社会治理加强基层建设的意见》（沪委发〔2014〕14号）指出，要在社会治理中充分发挥各级党组织的领导核心作用，要进一步完善基层社会治理体系，使"党的领导坚强有力，政府主导作用全面发挥，社会各方有序参与，基层群众自治成效明显，政府治理与社会自我调节、居民自治良性互动局面基本形成，社会治理多元合力显著增强"。该文件提出了如何在新形势下有效推动党组织领导下的基层自治共治的问题，其关键在于如何协调党的领导与基层自治、共治之间的关系。当前，这一问题面临一定的理论和现实困境，而上海部分地区的实践探索则为突破现有困境提供了值得探讨的思路。

宝山区顾村镇为上海近郊六大保障房基地之一，位于顾村镇的馨佳园大型居住社区于 2009 年迎来居民入住，随即开始积极探索"镇管社区"服务管理新模式，在镇政府与居民区之间设立中间层，形成了以"党建引领自治共治"为鲜明特色的一系列创新成果。2015 年，覆盖 13 个居民区的馨佳园大型居住社区扩容为管辖 32 个居委会的菊泉基本管理单元。2021 年，随着大居拓展区的建成，菊泉基本管理单元下辖的居委会增加到 47 个，常住人口总数近 13 万人。菊泉基本管理单元依托"两委一中心"管理架构，围绕"党建引领自治共治"持续推进体制机制创新，积极构建以党组织为核心的社会治理共同体，激发自治活力、推动志愿参与、整合多方力量、开展协商共治，有效满足了居民的生活服务需求、促进了社区的和谐发展，为推动大型居住社区治理提供了实践范本。

一 基层党组织有效领导自治共治的意义与面临的困境

自 2014 年以来，习近平总书记在参加全国两会上海代表团审议时多次指出，要把加强基层党的建设、巩固党的执政基础作为贯穿社会治理和基层建设的一条红线，强调了党的领导在基层治理中的重要意义。具体来说，党组织有效领导基层自治共治至少具有三方面的意义。

首先，这是加强和创新特大城市社会治理的根本基础。作为快速发展转型的特大城市，上海近些年面临着日益复杂的经济社会形势，城市基层发生了巨大变化。基层是一切工作的落脚点。通过切实加强基层党的建设，推动党组织对基层自治共治的有效领导，是加强和创新特大城市社会治理的根本基础，也是最终实现社会治理目标的根本保障。

其次，这是发扬党的群众路线、激发城市社会活力的必然要求。加强和创新社会治理迫切需要社会力量的积极参与，群众路线是党的传统工作方法，基层党组织在推动社会参与、激发社会活力方面具有不可替代的优势。社会治理需要在党组织领导下，组织群众通过自治、共治的方式依法管理基层社会事务，实现党领导社会治理、依靠群众加强社会治理的双重目标。

最后，这是提高党的执政能力、巩固党的执政基础的重要条件。改革开放以来的经济社会变迁，带来各类资源要素的快速流动，催生出大量新生的经济社会空间，给以单位党建为主的传统党的建设工作带来了新的挑战，迫切要求加强和提高党的执政能力、巩固党的执政基础。推动党组织有效领导基层自治共治，不仅有利于提高基层党组织统筹协调、资源动员等各方面的领导能力，更好地发挥其战斗堡垒作用，而且有利于促进党对基层社会的整合，从而巩固党的执政基础。

然而近些年来，无论是从理论意义上，还是从上海实践来看，街镇、居民区两级党组织在推动基层自治共治方面都各自面临一定的困境。

对于街镇党（工）委而言，这种困境分别表现在自治、共治两个方面。一是受制于党政分工和行政等级体系，街镇党（工）委与自治的居民区存在距离，现有的制度体系不支持其直接领导居民自治。在街居体制中，居民自治归属于行政工作，之前由民政部门、现在由自治办公室负责指导，街道党务部门并不直接与居民自治工作接触。同时，街镇党（工）委书记与居委会主任之间有类似行政等级上的差别，在工作沟通中则可能隔了街道主任或副主任、自治办主任、居民区党组织书记等层级。二是受制于条块矛盾和单位壁垒，不仅不同行政部门的共治合力可能较弱，而且驻区单位参与共治的内在动力也存在不足。2014 年底出台的市委"一号课题"文件在调整条块关系、推动区域化党建方面提出了一系列举措，力图改善共治合力和参与动力不足的状况，但相关举措主要限于运作机制的优化，其效果仍有待观察。

对于居民区党组织而言，这种困境主要体现在党组织与自治组织、共治组织之间的关系上。一是居民区党组织与居委会的关系，需要澄清党组织如何领导自治组织、二者如何分工、如何处理可能的矛盾等相关问题。党组织需要加强对居委会的领导，但二者往往在职责方面难以分开，而对居委会工作的过多干预很可能会影响其自治效果。二是居民区党组织与物业公司、业委会等组织之间的关系，同样存在如何领导、如何分工、如何化解矛盾达成共识的问题。"一号课题"文件提出要建立健全以居民区党组织为领导核心、以居委会为主导、以居民为主体、业委会等各类组织共同参与的居民区治理架构，但由于党组织与其他组织的性质不同、行动逻辑不同，如何在区域化党建的框架下实现居民区的协同共治，仍然需要进一步的理论分析和实践探索。

二　从馨佳园大型居住社区到菊泉基本管理单元

自 2003 年以来，上海市规划了包括宝山区顾村镇在内的 16 个市属配套商品房基地。2009 年，上海市委、市政府提出，"研究在郊区建设交通方便、配套良好、价格较低、面向中等收入阶层的大型住宅小区的可能性",有关部门随后于下半年先后出台《上海市大型居住社区规划设计导则（试行）》《关于推进本市大型居住社区市政公建配套设施建设和管理的若干意见》等政策文件,初步确定 15 个大型居住社区规划选址方案,包括以保障性住房为主的近郊 6 大基地和以中低价普通商品房为主的 9 个大型居住社区。2010 年 2 月,上海市政府印发《上海市大型居住社区第二批选址规划》,推出第二批 23 个大型居住社区的规划建设项目;12 月,上海市印发《上海市保障性住房建设导则》。

馨佳园大型居住社区是上海市首批保障房基地之一,规划面积 1.52 平方公里,规划总人口约 4.5 万人,除少部分顾村本镇动迁户外,主要是来自杨浦、闸北、虹口、普陀等 7 个中心城区的导入人口。2009 年,馨佳园大居迎来首批居民入住,后逐渐扩充为 13 个居委会,涉及市区动迁、本地动迁、商品房、经济适用房、廉租房等多种住房类型。2014 年,上海市委、市政府发布《关于进一步创新社会治理加强基层建设的意见》系列文件（"1+6"文件）,提出"加强镇管社区""做实基本管理单元"等新要求。2015 年,宝山区顾村镇菊泉基本管理单元成立,包括馨佳园大居和附近其他 19 个居委会,辖区总面积扩充到 5.52 平方公里,常住人口数近 11万人,其中本市人口 6 万多人,外来人口 4 万多人。2021 年,随着大居拓展区的建成,菊泉基本管理单元下辖的居委会由 32 个增加到 47 个。截至2022 年 6 月,单元常住人口总数约 12.88 万人,其中本市人口 8.29 万人,外来人口 4.59 万人。

从馨佳园大型居住社区到菊泉基本管理单元,数以万计人口的快速拥入,带来了公共服务、生活服务需求的快速增长,也带来了弱势群体集聚、邻里关系冷漠、外来人口群租等治理难题。在服务需求方面,大居的市政公建配套设施相对滞后,就业机会欠缺,居民生活服务需求不能得到很好的满足,地下"黑市"出现,不满情绪积聚;在社区治理方面,大居居民以户籍老年人、租住的外来务工人员、低收入人群为主,人户分离情况严重,双重二元结构问题并存,社区治理难度较大。菊泉基本管理单元在管辖面积、人口数、居委数等方面的体量,相当于一个普通街道。但在镇村体制不变、财政资金有限、行政力量不足的情况下,面对人口结构复杂、居民主体多元、利益诉求多样的状况,如何有效满足居民服务需求、加强和创新社区治理,成为从大居到单元都需要着力解决的重要问题。

三　菊泉基本管理单元的主要实践做法

第一，组织架构集约化。从大居时期的"镇管社区"到2015年以来的基本管理单元，在市、区、镇三级政府的积极支持下，通过体制创新，菊泉基本管理单元（以下简称单元）依靠有限的行政成本，支撑起了相当于街道体量的社区服务与治理工作。主要做法有如下几个方面。一是架设中间层级。2010年，顾村镇在大型居住社区设立了馨佳园居民区党总支和馨佳园居民区联合服务中心，作为镇政府与居民区之间的中间层，对13个居委会开展服务管理。2015年升级为菊泉基本管理单元后，采取"两委一中心"的组织架构，即基本管理单元社区（居民区）党委、社区（居民区）委员会和社区（居民区）中心。二是配备专门力量。大居党总支和联合服务中心的工作人员最初只有4人，后期增加到10多人。单元社区党委设书记1名、副书记1名、委员3名，"两委一中心"下设党群事务科、综合协调科、财务人事科、综合办公室等科室，工作人员总数约20人，其中行政编制1个，事业编制3个，其余为社会工作者与聘用人员。单元职数配比远低于同等规模街道，采取"小身板大能量"的集约化模式，致力于大幅度压缩行政成本、提升管理效能。三是推动独立运作。单元"两委一中心"受镇党委、政府领导，但在资源使用、工作开展等方面拥有一定自主权和独立性，在承上启下整合资源、发动居民自治参与等方面发挥了贴近基层、灵活机动的显著优势。

第二，工作力量多元化。在行政资源力量有限的情况下，菊泉基本管理单元以党组织为核心，广泛动员、凝聚各方力量，密切合作、多元共治，有效增强了社区服务能力、提升了基层治理水平。主要做法有如下几个方面。一是发挥党员骨干力量。以社区基层党组织为核心带动群众参与，组建了以党员为骨干、志愿者总数达到2万多名的300余支公益服务队伍，构建"1（管理单元志愿服务分中心）+47（志愿者工作站）"志愿服务网络，推动志愿者在创城、防疫、垃圾分类、大居拓展区进户等重难点工作中发挥积极作用。二是凝聚"三驾马车"合力。强化党建引领，普遍建立"三驾马车"联席会议，着力构建以党组织为核心，以居委会、业委会、物业公司为骨干的居民区治理体系。推动包括居民区党支部书记、支部委员、居委会工作人员在内的社区工作者队伍建设，开展多种形式的培训，强调价值理念引导，强化服务观念，提升工作能力。积极落实社区工作者编制和薪酬待遇，强化社区工作者培育和管理，建立引入、退出和激励机制，充分调动工作积极性。根据小区入住情况，及时推动筹建居委会的规范性建设。加强物业公司考核，推动提升服务效能、提升队伍能力素质。开展业委会工作培训，规范业务流程。三是动员社区各方资源。依托单元区域化党建联席会议、共治联合会等平台，广泛开展党建联建、共建，目前加入共治联合会的共建企事业单位已达 80 多家。开展"动迁两地情""七彩公益进社区""爱心 1＋1 社区在行动"等活动，融合各类社会资源以公益服务形式共同支持社区治理。引入知名社会组织对馨佳园社区文化活动中心实行委托管理，开展志愿服务动态需求调研、项目设计、课程培训。通过细致摸排与真诚走访，不断发掘社区中拥有专业知识的能人达人。

第三，议事平台立体化。针对社区居民多元、利益分化的状况，单元在不同层级着力打造议事平台，一方面利益协调，另一方面凝心聚力，积极推动共建共治共享。在管理单元层面，成立社区党委领导下的社区共治联合会，会同公安、交通、城管、医院、企业、居民区、动迁导出地政府等共治单位，按照"区域统筹、集中调配、集约共享"原则，聚焦百姓急难愁盼，共同协调解决问题，实现各单位间的常态化联络与协作。针对居民意见集中的公用设施维修、卫生环境整治、物业服务质量不足等问题，联合镇房管办、物业办开展重点协调与处置。2021 年 1 月至 11 月，单元联合多元力量共协调处理镇信访办下发待处理信访件 28 件，解决居民来访反映问题 3 起，处理 12345 市民热线工单 668 件。在居委会层面，推广建设"心连心茶室"，目前已建成 19 个，构建居民区常态化议事空间，定期邀请"两代表一委员"听需问计。各居委立足自身特色建设各类议事平台，文宝苑的妇女议事会有效推动小区建筑垃圾堆放点新建等重点工作，古北陆翔苑的"青年议事会"定期邀请学有专长的年轻人聚焦社区热点、探讨发展规划。馨佳园十一街坊创新成立"拾＋壹"百姓议站，成功开展了社区休闲椅换"新颜"、美丽楼道全覆盖等活动，将"居民事、居民议、居民办"真正落到了实处。

第四，工作项目品牌化。围绕党建引领自治共治，菊泉基本管理单元积极创先争优，打造系列品牌，充分发挥榜样作用，激发工作活力，推广成功经验。主要做法有如下几点。一是创建党建品牌示范点。单元社区党委指导文宝苑居民区积极创建党支部建设品牌示范点，依托"聚心路""蕙兰暖心屋""活力楼组"等载体，不断提升党建引领、组织覆盖、凝聚群众、号召动员等能力，引领基层自治共治。二是打响志愿者工作品牌。

单元建成 700 多平方米的"百姓自我服务家园"，包括"百姓自我服务概念廊""文明新风苑""民族共融苑""一家亲滋味"四个板块，孵化培育了百姓书画社、诗社、花友会等多支自治队伍，开办爱心编织、爱国剪纸、环保制作、一家亲烘焙班等多种兴趣课程。紧贴民生需求开展"三治心连心"等 19 大类 20 余项特色志愿服务，培育出"妙管家"等优秀团队，"百姓议站""578 工作室"等居民工作品牌。"三治心连心"项目荣获上海市优秀志愿服务品牌，"温馨 12345""七彩公益进社区"等项目获区级荣誉称号。三是打造社会治理创新基地。与高校合作推进社会治理探索创新，在单元层面推出"文明五治"菜单服务（社会资源协力共治、居民主人翁积极自治、现代媒体创新智治、先进模范引导德治、部门联合共扬法治）。在馨佳园十一街坊打造党建引领基层治理典型社区，推动组建由老党员、志愿者骨干组成的"妙管家"队伍，设立"拾＋壹"百姓议站，为社区治理出谋划策，展示了群众自治、创新治理的活力。菊泉基本管理单元先后获得"上海市住宅建设实事立功竞赛"先进集体、"上海市先进基层党组织"、上海市"青年突击队"等荣誉称号。

第五，联系机制常态化。围绕满足居民需求与解决治理难题，单元社区党委坚持党的群众路线，广泛构建各类常态化的沟通联系机制，了解民情、收集民意、依靠民智、化解民忧。一是建立走访联系社区工作机制。单元建立工作人员联系居委会制度，排摸问题、需求，合力做实群众服务工作。推出"四三五融六必访"工作法，推动基层社会工作者常态化联系居民群众，及时了解社区动态，精准聚焦居民需求。"四三"，即立足三问：问政于民、问计于民、问需于民；践行三理：坚持法理、道理、情理的有机统一；坚持三公：坚持公开、公平、公正的原则；解决三最：解决群众最关心、最直接、最现实的利益问题。"五融"，即思想融通、组织融入、生活融合、文化融汇、感情融洽。"六必访"，即群众生活有困难必访、邻里家庭有矛盾必访、群众权利受到侵犯必访、居民家庭动迁必访、涉及群众重大公共利益诉求必访、对社会做出重大贡献必访。完善线上线下沟通机制。线下强化对各类议事平台的跟踪、督促，借助共治联合会、"三驾马车"联席会议、居民区议事会等平台，对群众"急难愁盼"问题，通过居民区党员群众联合议事制度的方式，吸纳社区能人、达人共商共议。线上通过"社区通－党建园地"板块，将多项组织活动向居民展示的同时，接受广大居民的监督与评议，推动在职党员及时关注、参与组织建设。

四 菊泉基本管理单元的经验启示

经过十多年的积极探索，无论是之前的馨佳园大型居住社区，还是如今的菊泉基本管理单元，其基层党建、志愿服务、协商共治等工作都开展得如火如荼，"党建引领自治共治"的特色愈益鲜明。在党组织有效领导下，单元有效动员、整合社区各方力量，加强和细化社区服务与治理，以较小的行政成本促进了大型居住社区的发展与和谐，使"飞来的城市"稳下来，广大居民群众的幸福感、获得感和对社区的归属感不断提升。概括而言，其经验主要有如下三个方面。

一是有效坚持党的领导。习近平总书记一贯强调要坚持和加强党的全面领导。中国共产党领导是中国特色社会主义制度的最大优势，严密的组织体系是党的优势所在、力量所在。从 2010 年在馨佳园大型居住社区设立中间层管理机构开始，在行政力量有所不足的情况下，坚持党的领导就成为菊泉不同层级社区开展工作的根本原则。无论是以党组织为核心的组织架构，还是"四三五融六必访"工作法，以及通过党建引领对居民群众、社会力量的广泛动员，都鲜明体现了党的领导原则、党的根本宗旨和工作方法。在居民入住初期，"三驾马车"尚不健全，居民区党组织义无反顾地承担起社区服务与治理的重任，通过完善组织体系、加强队伍建设、发挥党员作用、开展党建联建，努力塑造和谐、幸福的熟人社区，较好地实现了基层治理的目标，得到了居民的认可。

二是有效回应民生需求。党的二十大报告指出，为民造福是立党为公、执政为民的本质要求，要"紧紧抓住人民最关心最直接最现实的利益问题"，"着力解决好人民群众急难愁盼问题"，不断实现人民对美好生活的向往。在大型居住社区建设初期，由于公建配套设施尚不健全，满足居民的日常生活需求是最为迫切的问题。随着社区服务水平的提升，各种治理难题凸显。从馨佳园时期开始，社区党组织在自治、共治方面所开展的主要工作，都是围绕着居民迫切的民生、治理需求展开的，体现了对民情民意的有效回应。这也是党组织能够有效动员社区居民、驻区单位共同参与到社区服务之中的根本原因。归根结底，满足群众需求、增进人民福祉才是创新社区治理的出发点和落脚点。

三是有效动员社区社会。中央提出要健全共建共治共享的社会治理制度，建设人人有责、人人尽责、人人享有的社会治理共同体。对任何一级社区来说，解决民生问题和治理难题，仅靠党组织是远远不够的。加强和创新社会治理必然要求社会协同、公众参与。无论是馨佳园党总支还是菊泉基本管理单元社区党委，党组织开展工作的一个鲜明特点就是充分发挥党的组织优势，广泛发动群众、深入挖掘资源，有效动员社区志愿者和驻区单位参与到社区服务和治理之中，体现了发挥政府、社会、市场各类主体作用，满足群众多样化服务需求的特征，实现了党组织与社会力量的良好互动。在这一过程中，党组织与社区居民、社会力量的关系日益紧密，党的领导能力不断提升，领导地位也不断巩固。

五　对菊泉经验的进一步思考

结合前文所说的街镇、居民区两级党组织在领导基层自治共治方面的困境，可以进一步分析菊泉基本管理单元的实践经验所带来的理论启示。

就组织层级而言，之前的馨佳园居民区党总支和现在的菊泉基本管理单元社区（居民区）党委都是介于镇党委、居民区党组织之间的层级。与镇党委相比，这一中间层级更靠近基层，因而更可能与基层自治主体密切互动并领导、推动基层自治。与居民区党组织相比，这一层级范围更广，因而有可能在更大的空间内挖掘和统筹资源，形成共治合力。同时非常重要的一点是，中间层党组织尽管受镇党委、镇社区党委的领导，但一直保持了相对独立性，在资源使用、工作开展等方面拥有较大的自主权。可以说，正是中间层相对独立、承上启下的特殊地位，为其有效推动自治共治提供了某种结构性的条件。

就领导自治而言，中间层党组织与居民区党支部之所以能够具有强大的动员能力，主要是因为居委会尚未选举产生而筹备组相对比较弱势，馨佳园的党支部书记兼任筹备居委会的主任，业委会也没有产生，因而党组织在居民区范围内基本上是一家独大的局面。在现有的基本管理单元"两委一中心"体制架构内，即使居委会选举产生，也是对单元社区党委负责，很难对党支部的地位形成挑战。正是在这样的组织关系情境下，菊泉的经验在一定程度上突破了党组织与自治组织之间可能存在的冲突困境。

就推动共治而言，中间层党组织开展区域化党建的范围和能力一般要低于镇级党组织，菊泉单元的中间层党组织之所以有相对较强的整合条线部门、动员驻区单位的能力，主要是因为其背后有镇党委、政府甚至更高层级政府的大力支持。但这并不意味着中间层党组织可以突破体制、单位等壁垒，也不意味着已经找到了条线部门、驻区单位参与社区共治的内在动力。

　　此外，菊泉经验中还有一些特殊之处，也可能影响到目前党组织有效领导基层自治与共治的格局。比如馨佳园大居的保障房性质。保障房居民大多属于中低收入人群，对政府公共服务的依赖性较高；保障房居民由于享受到了住房保障，因而对政府抱有某种感恩之情；保障房中的经济适用房居民几乎都是自住，流动性较低，更易形成对社区的认同。这些特征都可能在一定程度上促使保障房居民乐于参与党组织动员式的志愿服务。此外，各级政府对保障房社区的建设发展负有更大责任，因而会更有助于形成解决问题的共治合力。也就是说，菊泉基本管理单元当前展现的党组织有效领导基层自治共治的格局，有其特定的社区条件作为支撑。

　　总之，在加强基层党的建设和创新社会治理的意义上，菊泉基本管理单元多年的实践探索形成了党组织有效领导基层自治共治的治理格局，符合"创新社会治理的核心是人、重心在城乡社区、关键是体制创新"的文件要求，体现了坚持党的领导、以人为本、激发活力、重心下移等创新社会治理的基本原则，为加强和创新特大城市社会治理，尤其是创新城乡接合部地区、人口快速导入地区治理提供了有益的参考经验。此外，菊泉的经验既有按照上海市、宝山区镇管社区工作要求进行体制机制改革的一面，又有根据社区实际情况在问题倒逼下积极探索创新的一面。从一般意义上来讲，菊泉经验中坚持党的领导、回应民生需求、动员社区社会的内容是所有社区都需要做的。但菊泉基本管理单元的具体做法能否全部复制到其他社区，最终要看其实际情况而定。

第四章　体制改革：上海街镇管理 体制改革研究

在基层治理格局中，履行"政府负责"职能的一般是作为政府派出机构的街道办事处和政府体系中基层的镇政府。街道体制改革是"上海模式"中的核心内容之一，2014年的"1+6"文件对街道体制改革做出了新的安排。与此同时，为应对郊区服务管理诸多问题而出现的镇管社区体制也成为文件所关注的一个重点。本章主要针对新时代以来的上海街道体制改革和镇管社区体制机制创新实践展开专题分析，内容涉及现状、成效、问题与建议等。

第一节　新时代以来上海街道体制改革实践分析

2014年底，上海市委、市政府出台《关于进一步创新社会治理加强基层建设的意见》及6个配套文件，立足上海作为超大城市的特点，对新形势下创新社会治理、加强基层建设做出了全面部署，标志着上海超大城市社会治理进入了新时期。其中，以职能转变、赋权街道、资源力量下沉为主要内容的街道服务管理体制改革延续了1996年以来"上海模式"的核心特征，成为"1+6"文件中的重要组成部分。自2015年以来，全市各区、街道纷纷出台相关实施细则，扎实推进体制改革，积极整合条块权力，致力于更好地发挥公共服务、公共管理、公共安全职能，着力提升社区居民的满意度与获得感，取得了积极成效。同时，新的街道体制架构在运行过程中也出现了权力不实、职责不清、资源有限等问题，迫切需要进一步系统思考、统筹谋划，在调查研究的基础上提出新时期上海街道服务管理体制改革创新的主要思路和政策建议。

本节内容着眼于新时代以来上海街道服务管理体制改革实践，基于对上海部分典型街道的走访调研，在学理分析的基础上为进一步优化街道体制提出相关政策建议。在问题选择上，聚焦当前上海城市社会治理与基层建设的关键问题，对于新时期进一步创新基层治理、提升市民生活满意度和获得感具有重要意义；在分析工具上，侧重中微观分析，以整体性个案研究为方法，可以获得对街道服务管理体制创新的深层思考；在政策应用上，本研究将在调研分析的基础上，提出上海推进街道体制创新的总体思路和对策建议，可为政府科学决策提供参考借鉴。

一　2015 年以来上海街道服务管理体制改革的做法与成效

"1+6"文件的一个重点是对深化街道服务管理体制改革进行了顶层设计，这是继 1996 年提出构建"两级政府、三级管理"体制之后再次就街道体制问题专门发文。根据文件精神，2016 年 9 月 14 日上海市第十四届人大常委会第三十二次会议通过了新修订的《上海市街道办事处条例》。围绕"1+6"文件和 2016 年《上海市街道办事处条例》要求，新一轮街道体制改革重点聚焦五个方面：一是构建"1+2"的社区党建体制，完善党建引领下的街道协商共治平台；二是全面取消街道招商引资职能，推动街道工作重心向公共服务、公共管理和公共安全转移；三是进一步赋权街道，同时对党工委、办事处的权限有所划分；四是按照"6+2"模式整合、设置街道党政内设机构；五是建立完善城市网格化综合管理中心、社区综治中心，继续推进社区建设与治理的实体化。具体做法包括如下几点。

第一，优化社区党建体制。社区党建体制由"1+3"改为"1+2"，即撤销原来的综合党委和居民区党委，新建社区党委，负责区域化党建和"两新"组织党建、居民区党建工作。同时，在推动驻区单位参与社区共治方面建立一系列制度机制，包括公益服务清单制度和驻区单位、在职党员的"双报到、双报告"制度等，并以党建联席会议、社区代表会议、社区委员会为平台，建立了议题形成、需求对接、项目认领、责任约束、考核评价、反馈激励、利益共享与合作共赢等一系列机制。

第二，调整街道办事处职能。明确街道的八项职能，全面取消街道招商引资职能，推动街道工作重心切实转移到公共服务、公共管理和公共安全等社会治理工作上来。街道招商引资职能统一收回区政府，由区有关部门专门负责。这是对自 2004 年以来上海部分街道试点逐步取消经济职能的肯定和推广。取消招商引资，一方面强化了街道重点开展"三公"工作的核心理念，形成了全社会重视社会治理的良好氛围；另一方面街道经费由区财政全额保障，为所有街道有效履行"三公"职能提供了充分的资金支持，有利于公共服务均等化水平和社会治理精细化程度的提升。

第三，强化"以块为主"的条块关系。进一步赋权街道，同时对党工委、办事处的权限有所划分。"1 + 6"文件提出"赋予街道党工委对区职能部门派出机构负责人的人事考核权和征得同意权，赋予街道规划参与权和综合管理权，赋予街道对区域内事关群众利益的重大决策和重大项目的建议权"。同时，取消职能部门对街道的直接考核，建立自下而上、自上而下相结合的考核评价制度。与 1996 年赋予街道办事处的人事建议权、综合协调权、综合执法权相比，此次赋权内容更为广泛，并通过规划参与权和重大决策、项目的建议权，街道对上级政府部门的决策有了一定话语权。通过赋予街道五项权力，推动专业管理力量下沉，进一步强化"条块结合、以块为主"的权力关系格局，"块"对"条"的协调能力有所提升，街道综合管理、综合执法的权力与能力增强。

第四，整合街道内设组织机构。按照"6 + 2"模式整合、设置街道党政内设机构，即统一设置党政办公室、社区党建办公室、社区管理办公室、社区服务办公室、社区平安办公室、社区自治办公室，同时各区可根据需要自行增设 2 个工作机构。这是之前试点街道推行"大部制"改革的进一步发展。街道党政内设机构的调整，不仅使行政资源得到了有效整合，提高了街道内部协调能力和工作效率，也体现了街道面向基层、服务群众、突出"三公"职能的工作思路。

第五，推进社区治理实体化。在街道层面建立完善城市网格化综合管理中心、社区综治中心，继续推进社区建设与治理的实体化。原有的三中心对应于公共服务职能，城市网格化综合管理中心和社区综治中心则分别对应公共管理、公共安全职能。此外，社区党员服务中心更名为社区党建服务中心，许多街道还设有社会组织服务管理中心。

总体上来看，本轮改革体现了"上海模式"的典型特征，巩固了"两级政府、三级管理"的城市管理体制，从观念动员、资源支持、权力调整、机构整合等方面有力夯实了超大城市精细化治理的基层基础，因而总体上有效实现了其政策设计目标。从街道党组织地位的角度进行分析，区域化党建的新举措一方面通过健全机制、完善平台来强化社区共治，就此而言，以开放、参与、协商为特征的"社区制"进一步凸显；另一方面负责区域化党建的社区党委在街道党工委领导下开展工作，同时切实发挥行政组织党组对职能部门派出机构的综合协调作用，因而更加强调了社会治理格局中"党委领导"的地位。从政府"条块关系"调整的角度来看，此轮改革延续了多年来"条块结合、以块为主"的思路，进一步强化了街道（包括党工委和办事处）的行政职权，提高了街道对条线部门的管理能力。但与 1996 年改革不同的是，通过行政党组的组织设置和人事考核、征得同意等权力的赋予，街道党工委对办事处和条线部门的领导地位更加突出。街道"6＋2"的部门设置打破了依据条线设置街道行政部门的做法，街道的行政资源得到有效整合。通过职能简化、内设机构调整和中心实体建设，街道职能进一步向公共服务和社会治理聚焦；而借助权力关系调整和考评机制创新，街道履行"三公"职能的能力也进一步加强。

二　当前上海街道服务管理体制改革面临的问题

自 2015 年以来，上海各区街道按照"1＋6"文件和《上海市街道办事处条例》的要求，在街道架构调整、职能优化、权力配置、力量下沉、机构设置等方面做出相关调整，推动体制改革，取得了积极成效，但也出现了某些新情况、新问题。

（一）社区党建体制仍有不顺，党建引领的基础支持不足

街道党工委"1＋2"领导体制通过行政组织党组与社区党委（合并了原来的居民区党委和综合党委）的制度设置，旨在整合体制内外的各方主体，形成公共服务供给和加强社会治理的合力。但在科层制自上而下的任务分配、压力分解和各司其职的职能分工逻辑下，区域化党建工作只能由下级党建部门具体负责，这往往导致其更深层次的政治整合、治理创新功能大打折扣。同时，党建引领各方共治的基础是体制内外各种社会力量的积极参与，但无论是协商共治平台的架构设置，还是参与主体的内在动力，也都存在某些不足。

一是社区党委难以承载区域化党建的共治职能。区域化党建工作原则上由街道党工委领导，实际上也只有街道党工委有可能凝聚行政部门、驻区单位、"两新"组织等各方力量。区域化党建的具体工作包括党建联席会议、社区代表会议、社区委员会等制度平台的运作，均由社区党委负责，更具体的执行者则是社区党建办及其下属的党建服务中心。街道党工委分身乏术，社区党委偏于形式，党建办及党建服务中心则影响有限，导致区域化党建的共治职能难以落实。

二是区域化党建平台的功能权责有待明确。各级党建联席会议是区域化党建的基础工作平台，承担着整合区域内各类党组织资源和党员力量参

与社区治理的基本功能。现有的文件中并没有对党建联席会议及成员单位权责功能的细致界定。比如议事协商，其范围如何界定，不同意见如何达成共识，在议事协商的基础上是否可以提出建议，建议提出后有无反馈机制；又如监督功能，街道党工委的工作报告包括哪些内容，与会者能否提出质疑和不同意见，对于报告中的问题如何进行后续改进等。此类问题都有必要进一步明确。

三是不同共治平台之间的权责关系有待理顺。在某种意义上，党建联席会议只是社区治理平台之一，街道层面还存在其他一些共治平台，如党员代表会议、社区代表会议、社区委员会等。不同治理平台之间涉及地位高低、如何分工合作的关系问题，但现有文件中同样没有明确界定。"1+6"文件规定了社区代表会议的主要功能，包括动员各方力量参与、监督和支持社区工作、评议监督有关部门等，这些功能与党建联席会议的议事协商、监督功能存在交叉。功能交叉的困局体现为：如果党建联席会议可以很好地代表和整合社区力量，则社区代表会议存在的必要性就会减弱；反之，党建联席会议的共治意义就将大打折扣。

四是参与主体的内在动力存在不足。驻区单位、党员是区域化党建工作首要的参与主体。目前的制度机制中，"双报到、双报告"制度主要是一种外在的、强制性的约束，而非内在动力的激励。党建联席会议制度赋予了驻区单位党组织一定的议事权、监督权，但在权责不明确的条件下，赋权作为一种内在激励的吸引力不足。需求对接机制一方面对接社区需求，另一方面也要求对接驻区单位的需求，后者旨在激发驻区单位的内在需求动力，是一种内在激励。但目前的情况是，要求驻区单位为社区做得较多，而社区为驻区单位做得较少，基于双方需求的合作共赢局面仍不稳固。

（二）严格财政预算管理一定程度上限制了街道的自主性

街道普遍取消招商引资职能之后，工作经费由区级财政通过预算全额保障。这一做法的成效有二：一是极大缩小了街道之间的资源差距，尤其是提高了原本资源较少街道的运作经费，为其有效发挥职能提供了充分财力保障；二是推动街道腾出精力，将更多资源投入民生服务与社会治理中，强化了"公共服务、公共管理、公共安全"的主要职能。

但严格的财政预算管理，也在一定程度上限制了街道的自主性，导致街道灵活性不足、协调能力下降，甚至制约了街道创新的可能性。一方面，街道工作较为复杂，不确定性更大，突发情况更多，很难对未来一年的工作进行周密计划；另一方面，街道属地管理的"兜底"责任要求街道具备快速有效的协调能力，能够应对机动性工作任务和突发事件。比如，取消招商引资职能后，街道仍需要开展安商稳商工作，但普遍缺乏有效手段。目前的预算管理制度要求严格、规范使用财政资金，更有利于常规工作的开展，可能会强化基层的保守倾向，却不利于开拓创新。

当前，应对预算管理刻板问题的实践做法主要有两个方面：一是在第三季度进行一定比例的预算调整，二是设定一定额度的机动资金。但现有制度框架内的调整效果有限，并不能从根本上解决街道自主性、灵活性和创新性受限的问题。

（三）专业管理力量下沉程度不同，条块协作有待进一步加强

此轮街道改革坚持资源力量下沉，强调"以块为主、强化基层"，落实街道相应的事权、财权和用人权。总体而言，街道在综合管理方面的权力与能力显著增强，"块"对"条"的协调能力也明显提升，"条块结合、以块为主"的格局进一步稳固。但是，实践中依然存在如下一些问题。

一是不同条线力量下沉的效果存在差异。城管、房管、市容绿化是三支主要的下沉力量，基本都能做到"街管、街用"，但对于街道来说意义不同。拥有执法权的城管强化了街道的管理能力，房管力量的下沉扩展了街道的管理责任却没有相应的专业支持，市容绿化则在下沉前后影响不大。另外两支重要的专业管理力量（公安、市场监督）则依然保持专业管理的独立性，不同街道对其进行协调整合的程度差别较大。

二是"块"对"条"的权力落实程度不一。文件明确赋予街道针对条线部门负责人的征得同意权和人事考核权，这两项权力在不同条线部门之间的落实程度存在差别，并与其下沉效果密切关联。对于城管等下沉彻底的部门，两项权力可以有效落实；但对于公安等部门，两项权力的效果大打折扣，甚至形同虚设。

三是街道对下沉力量的管理存在制度障碍。房管、市容等下沉到街道的专业管理部门一方面脱离了原有的条线系统，无法在本系统内晋升；另一方面又受限于不同事业单位编制（区属或街属）之间的待遇、职级差异，难以在街道系统内晋升或流动，这在一定程度上影响了其工作积极性，也可能导致街道管理能力的弱化。

四是"条""块"分工协作的效果有所减弱。专业力量下沉强化了街

道的属地管理权责、增强了街道的管理能力，却在一定程度上削弱了专业管理与综合管理分工协作、合作治理的效果。在力量下沉之前，专业管理与综合管理可以"软硬兼施"，现在的管理主体则更加集中，管理手段也更为单一。

（四）职责下沉准入机制运转不力，街道权责不一致现象突出

文件要求实行职能部门职责下沉准入制度，职能部门需要街道承担的新增事项，须由区委、区政府严格审核把关，做到权随事转、人随事转、费随事转，并取消职能部门直接考核街道的做法。但调研发现，区级准入制度效果有限，街道权责不一致现象仍较为突出。

一是区级准入机制运转不力。但在实际运作中，区级相关分管领导往往重"条"轻"块"，这在一定程度上导致准入机制部分失效。

二是专业指导与支持有所不足。区级职能部门习惯于任务下派、责任下推，但不能完全做到权随事转、人随事转、费随事转，相应的专业指导与专业支持也有所不足，只能由街道自行想办法协调解决。

三是区级各类排名依然存在。根据文件要求，区级职能部门原则上不允许给街道排名、不允许下指标，但很多时候仍然存在变相排名。

四是街道权力与责任的不一致。文件所规定的规划参与权、重大决策/项目建议权在实践中的落实程度有限。街道属地管理的"兜底"责任几乎无所不包，但在交通管理、安全管理、生态保护等专业管理领域，街道均是有责无权。

（五）街道部门设置有待理顺，内部协调整合有待加强

街道部门设置基于"面向基层、面向群众、面向服务"的基本要求和"精简、统一、高效"的基本原则，将原来的十多个科室调整为"6＋2"结构，力图通过大部制式的改革增强街道内部协调能力，更好地发挥"三公"职能。在这一方面，调研中发现的问题包括如下几个方面。

一是部门职能在各区之间差别较大。各区自设部门不一致，浦东新区自设的两个部门分别是社区队伍建设办公室和社区综合事务办公室，静安区、普陀区则是社区发展办公室与党群工作办公室。与此相应，各部门的职能也存在归属不清的问题，不同街道的同一部门也可能职责不同。比如浦东新区、虹口区各街道的党建办不负责人事工作，与其他区不同；房管工作或归属管理办，或归属自治办；社会工作者队伍建设或在党建办，或

在自治办，或在队伍办；文化建设或在发展办，或在党群办等。

二是各部门的工作任务忙闲不均。不仅是职责界定有交叉、模糊之处，街道各部门的工作量也有较大差别，管理办在拆违整治时期任务最重，发展办则事务最杂。在职责不明、分配不均的情况下，不同部门之间以及部门内部容易出现互相推诿的问题。

三是区级职能部门对内设机构的专业支持有所下降。由于多数街道内设部门都需要对口多个上级条线部门，在责任模糊的情况下，后者对街道内设机构的支持力度有所下降。

四是科级领导职数的变化对街道内部协调整合产生了不利影响。从10多个科室到8个办公室，意味着未来正科实职职数的减少和街道内部晋升空间的缩减，可能弱化公务员队伍的激励机制。在现阶段，每个部门的工作仍可能涉及原有的多个科室，这就出现了一个部门多个同级领导的局面，不利于部门内部的协调整合。

三　推进上海街道体制改革创新的思路与建议

街道是创新基层社会治理的关键所在。针对当前上海街道体制运行实践中的具体问题，参照国内其他城市经验，需要进一步完善体制、优化机制，充分发挥政府在基层社会治理中的主导作用。总体上，推进上海街道体制改革创新的主要思路是长期坚持党建引领、以人为本、重心下移、依法治理、协同共治的原则，以党政群社组织体系为依托，通过体制机制创新来整合条块行政力量、体制内外组织力量和利益分散的社会力量，以更好地聚焦公众需求、履行"三公"职能。具体的政策建议包括以下几个方面。

第一，明确区域化党建平台的功能权责，理顺不同平台之间的关系。

明确党建联席会议的协商议事权、建议权、监督权，成员单位相应拥有平等的协商议事权、建议权、监督权，同时须履行开展调研、提出建议、听取报告等义务。党建联席会议以党组织为参与主体，党员代表会议以党员为参与主体，二者在条件成熟的情况下可考虑整合。党建联席会议、社区代表会议是听取党内、党外意见的功能平台，经党建联席会议讨论通过的工作方案，可以在社区代表会议上听取更多群众意见后再执行。社区委员会是社区代表会议的执行机构。

第二，优化区域化党建运行机制，激发参与主体的内在动力。

优化需求对接机制，重视社区服务、治理需求自下而上的产生，重视驻区单位的自身需求；优化项目化运作机制，推动项目化运作与需求对接机制紧密结合；优化区域化党群工作联动机制，以人民团体、社会组织为纽带整合不同群体利益诉求，吸收不同特征人群的党员代表进入党建联席会议。按照党内民主原则由各单位、组织、社区选举产生参加党建联席会议的党员代表，党员代表既要对单位、组织、社区负责，也要充分考虑区域公共利益。

第三，提高财政预算管理的弹性，增强街道的资源自主权。

在坚持科学预算、公共预算的基础上，适当提高财政资金预算管理的弹性空间，可以设置一定比例的灵活预算金额，以增强街道在资源使用上的自主权，增进基层的主动性、灵活性，有效应对社区服务与治理中的不确定性。

第四，完善五项权力运行程序，以程序保障权力的有效落实。

对于综合管理权、征得同意权、人事考核权、规划参与权、重大决策/项目建议权五项权力，建议增强权力运行的实践操作性，完善权力运行程序，规定相关操作细节，并对权力规范运行给予指导、监督，以程序保障权力的有效落实。

第五，克服待遇、职级障碍，提升专业管理力量的工作积极性。

对于已下沉到街道的专业管理力量，需要通过制度创新克服既有的存在于不同编制之间的待遇、职级障碍，促进专业管理力量在街道系统内的正常晋升或流动，推动"融条于块"，提升其工作积极性，为强化街道管理能力提供有力保障。

第六，严格落实职责下沉准入制度，切实保障街道权责一致。

进一步落实区级职能部门职责下沉准入制度，区委、区政府对相应工作事务严格审核把关，强调权随事转、人随事转、费随事转。同时，在审核把关过程中听取街道意见建议，在工作事务下派过程中保障街道对权力、资源与责任不匹配问题的申诉权。

第七，强化区级职能部门的专业支持，增强街道综合管理的专业性。

无论是下沉到街道的各类专业管理力量，还是街道内设机构，都迫切需要区级条线部门有力的专业支持。在强调区委、区政府对职责下沉严格把关的同时，有必要进一步落实建立自下而上的监督评估机制，尤其是完善街道党工委牵头、由居民对区职能部门进行的考核评价工作。在强化区级职能部门专业指导与支持的基础上，增强街道综合管理的专业水平。

第八，明确街道内设部门职能，强化街道内部协调整合能力。

对街道内设部门的职责划分给予适当指导，重点在于明确和均衡各自工作任务，避免出现忙闲不均、互相推诿的现象。在中层领导数量可能减少的情况下，完善以利益为主、多样化的公务员队伍激励机制。强化八个部门负责人对不同条线的协调整合能力。

第二节　上海镇管社区体制机制改革实践分析

镇管社区是为推进城乡一体化发展，在镇域范围内，坚持党建引领，推动政府、市场、社会等多元主体参与，通过社区共治和居民自治的方式，加强镇域内社区服务和管理。自20世纪90年代以来，上海城镇化进程不断加快，郊区农村征地动迁、商品房开发、大型居住社区建设以及外来人口的聚集极大改变了郊区的社区面貌与人口结构，管理难度不断增加。经过一系列的撤并调整，郊区各镇的管辖面积、人口规模都成倍增加，镇政府要承担更多公共服务、社会治理方面的职责，权责不匹配现象日益严重。在此背景下，"镇管社区"体制机制创新应运而生。

一般认为，1993年浦东原严桥镇最先探索开展镇管社区工作。此后十多年，各区县都有一定的创新实践。在此基础上，2011年全市社区工作会议后下发的《关于加强新形势下社区建设的若干意见》中明确提出"镇管社区"是在镇的行政架构下，对镇域内城市化社区实施服务和管理。2012年8月，中共上海市社会工作委员会出台《关于开展"镇管社区"创新试点工作的意见》，2014年召开试点工作总结会。2014年底出台的《关于进一步创新社会治理加强基层建设的意见》在构建"两委一中心"组织架构、做实基本管理单元方面提出了新的要求。

一　上海镇管社区体制架构现状与特点

镇管社区的体制架构首先取决于不同的管理模式。根据基层实践，上海市镇管社区目前主要有两种模式：直接管理和分片管理。直接管理模式主要适用于镇域内渐进化推进的城市化社区，由镇社区管理办公室对镇域内的城市化社区进行归口统一管理。分片管理模式，即在镇和居委会之间设置若干个平行的"片区"，设置社区党委、社区委员会、社区中心，承接镇授权的社区管理和服务职能，实施社区共治和自治。这种模式主要适用于城乡接合部、大型居住社区和部分撤制镇等城市化地区。自2014年《关于进一步创新社会治理加强基层建设的意见》提出做实基本管理单元以来，分片管理的部分片区或社区升级调整为基本管理单元。因而，基本单元管理模式可以被视为分片管理模式进一步的发展。由于基本管理单元的建设要求较为明确，以下将分别对基本管理单元、片区（社区）管理、镇直接管理的组织架构进行介绍。

（一）基本管理单元的组织架构

根据 2015 年 11 月《关于做实本市郊区基本管理单元的意见（试行）》，目前上海市共有首批 67 个基本管理单元，分布在 9 个郊区（县），其中浦东新区有 35 个，数量最多。总体上来看，各基本管理单元的组织架构较为一致，均为"两委一中心"，即基本管理单元社区党委、基本管理单元社区委员会、基本管理单元社区中心。但各区的情况仍存在差异。

1. 浦东新区

浦东新区的基本管理单元主要是从原有的镇管社区发展而来，一个基本管理单元一般建立一个镇管社区组织架构。浦东的基本管理单元统一了"两委一中心"的组织架构，但建设进度、完善程度有所不同。社区党委班子人数根据社区规模一般为 5～11 人，设书记 1 名（基本由处级公务员担任，可兼任社区委员会主任）、副书记 1 名（可兼任社区中心主任）。社区委员会成员经选举产生，人数一般为 10～20 人，每届任期 3 年，下设若干专业委员会。社区中心的主要职能包括社区党建服务、社区事务受理服务、社区卫生服务、社区文化服务、社区生活服务、网格化综合管理等。

尽管组织架构相同，但在各镇的实践中，"两委一中心"各自的功能发挥情况仍有差别，形成了不同的管理模式。三林镇做实社区党委，社区党委对社区事务既具有领导职能也负责具体执行，社区委员会虚设，起辅助决策作用。川沙新镇更为突出社区委员会的功能，社区委员会对社区一般管理和服务型事务起决策作用，并承担社区事务的具体实施。周浦镇则更加强调镇管社区的社会化运作，"两委一中心"的工作人员面向社会选聘，统称为社区工作者，并以社区联席会议为载体，协商解决社区重大事项。

2. 宝山区

宝山区目前共有 4 个基本管理单元，即顾村镇的菊泉、共富基本管理单元，大场镇的大华基本管理单元，罗店镇的美罗家园基本管理单元。在每个基本管理单元层面统一建立"两委一中心"的组织架构。单元社区党委设 1 名书记（兼任镇社区党委委员），设 2~3 名副书记，配备 3~5 名行政编制。社区委员会设主任 1 名，一般由社区党委书记兼任；专职副主任 1 名，由镇政府委派专职干部担任，兼任社区党委副书记；副主任 2~3 名；下设评议监督、协商调解、动员募集、自治指导等若干专委会。社区中心设立社区事务受理、社区卫生、文化、网格化综合管理、党建、综治等 6 中心（或分中心、服务点），接受镇 6 中心的业务指导。

除了单元"两委一中心"，宝山区还统一要求在镇层面完善"一委一办一平台"和"6+1"中心，即镇社区党委、社区办、区域化党建平台，以及镇社区事务受理服务中心、卫生服务中心、文化中心、党建服务中心、综治中心、城市网格化管理中心与社会组织服务中心。在实行纯基本管理单元管理模式的顾村镇，共泰基本管理单元又进一步划分为泰和、共富两个片区，并分别构建"一总支一联席会议一服务点"（片区党总支、片区共治联席会议、片区公共服务点），从而形成了两级社区党委、单元包含片区的多层组织架构。

3. 闵行区

闵行区的基本管理单元同样采取"两委一中心"的组织架构，强调"两委"不是一级行政架构，而是在党建引领下推动社区共治与居民自治工作。社区党委委员根据社区规模设 9~11 人，其中，设书记 1 名，一般由镇党委副书记（党群）或党委委员兼任；设专职副书记 1 名，由副处级干部或优秀正科级干部担任，并根据工作需要设兼职副书记 1~2 名；配备 3~5 名行政编制。社区委员会设主任 1 名，一般由社区党委书记或有威望的驻区单位党组织负责人兼任；设专职副主任 1 名，一般由社区党委专职副书记兼任；设副主任 2~3 名，秘书长 1 名；成员数目一般在 50~70 名。社区中心主要设社区事务受理、社区卫生、社区文化和网格化管理 4 个中心。

（二）片区（社区）管理的组织架构

在"基本管理单元"的说法提出之前，片区即分片管理模式中的镇管社区。现在的片区则不包括基本管理单元，其在地域面积、人口规模等方面也往往低于基本管理单元的标准。例如，浦东新区将不属于基本管理单元的镇管社区规模设定为"常住人口不少于 2 万、面积不小于 2 平方公里"，宝山区则将片区的标准设定为"空间地域相对集中、面积满足自行车 15 分钟服务圈（半径约 3 公里）要求、包含 10~15 个居委会"。

与基本管理单元相比，各区（县）片区管理组织架构的差异更大。浦东新区要求在片区（社区）同样设立"两委一中心"，与对基本管理单元的要求相似。奉贤区青村镇也构建了"两委一中心"（社区党工委、社区委员会、社区综合服务中心）的组织架构。其他部分区、镇、社区的情况介绍如下。

1. 宝山区："一总支一联席会议一服务点"

宝山区规定，片区的组织架构是"一总支一联席会议一服务点"，即片区党总支、片区共治联席会议和片区公共服务点。同时，对于以片区管理为主的镇，除按照统一要求在镇层面设立"一委一办一平台"和"6+1"中心之外，还要成立镇社区委员会，即"两委一中心"和"一办一平台"并存。

片区党总支接受镇社区党委领导，设书记1名，由镇委派行政或事业编制人员担任，也可由辖区内居民区党组织书记兼任，片区党总支书记同时任镇社区党委委员；设委员若干名，从片区内居民区党组织书记中协商或选举产生；下设办公室，人员实行聘用制。片区共治联席会议设主席1名，一般由片区党总支书记兼任；副主席1~2名，成员若干名，由社区党总支提名或居民区代表推选产生；下设办公室，与片区党总支办公室合署办公。片区公共服务点包括为老、文化、医疗、助餐、综合便民等服务站点，配置相应的公共服务力量，就近为片区居民提供公共服务。

2. 嘉定新城（嘉定区马陆镇）："两委（一总支一委）一中心"

嘉定新城划分为马陆、陆家、石冈、众芳、希望、白银六大社区，每个社区设"两委一中心"，即社区党总支委员会、社区工作委员会，社区中心包括社区事务受理分中心、社区卫生服务分中心、社区文体活动分中心、社区生活服务分中心、社区助老助残分中心。社区党总支委员会处于核心领导地位，社区工作委员会作为社区工作神经枢纽承担政府委托的社区事务管理职能，社区五中心作为政府职能部门服务社区的延伸条线平台，向社区居民提供公共服务。社区党总支委员会、社区工作委员会成员7~11名，交叉任职；条线干部6~10名。

3. 华新大居（青浦区华新镇）："一委一办一中心"

青浦区华新大居采用"一委一办一中心"的组织架构，即大型社区党委、大型社区管理办公室（两块牌子、一套班子）和社区中心。社区党委是镇党委领导下的基层党组织，是社区工作的领导核心，负责统筹推进区域化党建，加强社区建设，协调社区事务，指导社区治理。社区办既是行政管理机构，也具有议事协调机构的属性，是社区共商共治的平台，在社区党委领导下，对涉及社会性、公益性、群众性的社区事务进行评议监督、议事协商和动员整合。社区中心包括四个职能中心，即社区事务受理中心、社区卫生服务中心、社区文化活动中心和城市网格化综合管理中心。

4. 朱泾镇（金山区）："一平台一委一中心"

朱泾镇的镇管社区模式较为独特，总体上采取的是片区管理模式。朱泾镇并未在镇层面成立社区办，镇或片区层面也未设立"两委一中心"，而是在镇级层面设立五个公共委员会（公共财政、公共文化、公共安全、公共服务和公共环境）行使指导、决策功能，并依托镇指挥联动中心和六大服务中心开展服务管理。镇下面设立三个片区（城东、城西、城南），片区并非一级行政架构，而是链接镇与居委会的中间环节。片区探索建立片区党建联席会议，设立片区社区委员会与片区生活服务中心，形成了"一平台一委一中心"的组织架构，进而对接各居（村）党支部、居委会和社会工作站开展工作。在职能划分上，镇级平台行使指导、管理、协调职能；在片区平台行使共商、共治、服务职能；在居（村）平台行使自治、管理、服务职能，最终形成以党组织为核心、以社区自治组织为基础、以社区服务平台为依托、以其他社会组织为补充的"共治共建共享"的新型社区治理结构。

5. 新闵社区（松江区新桥镇）："两委一中心"

新桥镇新闵地区的组织架构采取了"两委一中心"模式。2012 年 5 月，组建了中共新桥镇新闵社区委员会、新桥镇新闵社区委员会和新桥镇新闵社区服务中心。新闵社区党委是镇党委领导下的二级党委，现有班子成员 13 人，下设 8 个居民区党支部。社区党委不断完善社区大党建格局，形成了社区党委领导下，居委会、物业公司、业委会、社区警署共同参与的社区联席会议制度。新闵社区委员会是一个共商共治的平台，2014 年选举产生的第一届新闵社区委员会成员共 13 人，成员包括社区单位代表、人大代表、居民代表等。新闵社区服务中心下设 6 个服务站：社区居民事务受理站、社区工作服务站、居民自治工作指导站、社区警务站、社区大联动工作站及社区老干部工作站。

（三）镇直接管理的组织架构

总体而言，镇直接管理的模式较为普遍，2008 年乡镇机构改革中要求成立的社区办（社区建设办公室或社区管理办公室）具体负责镇域范围内的社区管理事务。除了社区办，镇社区党委或居民区党委、社区中心的设立也相对较多。

1. 宝山区："两委一办一平台"和"6+1"中心

对于基层社区人口规模不大、居民区相对集中的镇辖社区，宝山区要求在镇党委的领导下，完善镇层面"两委一办一平台"（社区党委、社区委员会、社区办、区域化党建联席会议）和"6+1"中心，直接管理和服务居民区。把社区治理的重心落到居民区，加强对居民自治的指导和服务支撑，进一步发挥居委会在社区治理中的基层基础作用。目前，宝山区实行直接管理的有庙行、淞南、高境、罗泾4个镇。

实行直接管理模式的镇也可能分片，但与片区管理模式不同，并不设置"一总支一联席会议一服务点"。例如高境镇将镇管社区分成三个片区，在每个片区设片长，强化片长负责制，以加强管理与组织协调。

2. 闵行区："一委一办一中心"

闵行区在实行直接管理模式的部分镇，着力构建镇级层面"一委一办一中心"的组织架构，即居民区党委、社区办、社区事务管理服务中心。在镇党委、政府领导下，整合"一委一办一中心"的人力资源，实行三块牌子、一套班子，合署办公。镇社区管理机构对社区党建、社区建设、社区管理、社区服务、社区稳定、社区干部管理及社区精神文明建设等事务行使综合管理、综合协调职能。目前，颛桥、莘庄和虹桥等镇组建了社区管理中心，下设若干科室，对应社区各条线工作。华漕、吴泾和马桥等镇则调整充实了镇社区办人员力量，逐步缓解镇级社区工作人员力量薄弱的问题。

3. 奉贤区："科室+中心"

奉贤区部分镇的直接管理模式，重点加强镇级条线部门的直接管理及居民区工作力量，做实镇社事社保和社区管理科的服务管理职能，配强专职人员，依托镇三个中心（社区卫生服务中心、社区文化活动中心和社区事务受理服务中心），积极推进社区服务管理、社区自治共治、社会组织培育发展、社区骨干培养以及小区综合管理等工作。

4. 城桥镇（崇明区）："领导小组+社区办"

城桥镇根据自身实际，采用了"镇层面直接管理城镇居民区和农村社区，不设置中间层"的管理模式，建立"城桥镇社区建设领导小组"并下设办公室，由党政主要领导牵头、党政分管领导协调、社区建设办公室负责具体执行。2015 年，专门调整配备一名机关中层干部担任社区建设办公室负责人。

（四）总结

对于各区（县）镇管社区组织架构的认识简单概括如下。

第一，各区（县）镇管社区管理模式构成了从直接管理到分片管理、片区管理直到基本管理单元，乃至析出街道的"连续统"。与管理模式相对应，镇管社区的组织架构也复杂多样，同一种模式在各地的实践也不尽相同，体现了勇于探索、因地制宜的特点。

第二，基本管理单元的组织架构比较一致，各区统一为"两委一中心"。值得注意的问题包括：一是"两委"的作用发挥情况存在差异，尽管都强调社区党委的领导，但有的单元是把党委做实，有的则相对虚设，社区委员会同样存在做实、做虚的差别；二是不同层面组织架构之间的关系仍有待厘清，比如宝山区在单元层面与镇层面都设有社区党委，那么两级社区党委的层级设定是否必要？之间的权责界限又如何设定？又如单元内部再划分片区，从镇到居委会事实上形成了镇党委、镇社区党委、单元社区党委、片区党总支、居委会党组织（总支或支部）的五级架构，层级设定是否过于烦琐？又是否有助于加强党委领导、社区服务与管理？三是社区中心的建设标准有所不同，《关于做实本市郊区基本管理单元的意见（试行）》要求单元的服务管理资源按照 3＋3 的标准配置，目前宝山区在单元层面设立六个分中心，标准最高，闵行区则设立四个中心。市级层面是否需要进一步提出统一的基本标准，并对分中心的软硬件配置提出具体操作的要求？

第三，片区管理组织架构的差异相对较大。从各地的实践来看，片区党组织普遍设立，但组织级别各不相同，宝山、嘉定是党总支，浦东等地是党委。社区中心或服务点也普遍设立，但设置标准、功能发挥情况同样差别很大，宝山在片区设若干服务点，金山区朱泾镇设一个综合性的生活服务中心，松江区新闵社区设六个服务站，青浦区华新社区设四个中心，嘉定区马陆镇则在每个社区设五个分中心。此外，社区治理机构也有社区委员会（浦东等）、社区工作委员会（嘉定马陆）、党建联席会议（宝山等）、大居社管办（青浦华新）等多种设置，金山区朱泾镇则在片区层面上并列设置党建联席会议、社区委员会。

第四，类似于片区管理，镇直接管理模式的组织架构也差别很大。崇明城桥镇主要依托社区办进行管理，奉贤区注重相关科室的职能发挥与三个中心建设，闵行区则构建了"一委一办一中心"（居民区党委、社区办、社区事务管理服务中心）的组织架构。相对而言，宝山区镇级层面的组织架构最为完善，显示出更强的服务管理力度。采取直接管理模式的镇在普遍设立的"一委一办一平台"（社区党委、社区办、区域化党建联席会议）和"6＋1"中心的基础上，增设社区委员会，从而形成"两委一办一平台"和"6＋1"中心的组织架构。

第五，进一步概括来说，基本管理单元已普遍建立"两委一中心"的组织架构，但健全程度存在差异；片区管理模式的组织架构差别较大，仅浦东等部分地区建立了"两委一中心"；镇直接管理的组织架构也各不相同，除了极少数区未成立社区办以外，其他区县均通过人员配置、架构调整等方式加强社区管理职能。

二　镇管社区的主要运作机制及其特征

镇管社区的组织管理架构能否发挥效果，有赖于各项工作机制的建立完善与有效运作。目前，镇管社区相关机制主要包括多元治理机制、契约规则机制、议题形成机制、共建共享机制、监督评估机制。多元治理机制是总体性的机制，体现了镇管社区推动多元主体共治和居民自治的基本特点。契约规则机制强调契约意识，以制度体系建设保障共治自治开展的效果。议题形成、共建共享、监督评估三个机制可以被看作多元治理机制在"治理什么""如何治理""怎样保障治理效果"等不同方面的具体化。五类机制的关系如图 4-1 所示。

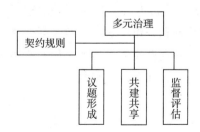

图 4-1　镇管社区主要运作机制之间的关系

（一）多元治理机制

完善多元治理机制首先要求建立健全以党组织为领导核心、社区多元主体共同组成的社区共治平台，同时要完善诉求表达、意见征集、协商议事、决策评议、监督报告等环节，充分保障群众的知情权、参与权、表达权和监督权。

从总体上来说，多数区（县）建立了党建引领的以区域化党建联席会议、社区委员会为主要载体的社区共治平台，但也有部分直接管理的镇欠缺此类平台。基本管理单元普遍设立了社区党委、社区委员会；片区的共治平台有社区委员会、党建联席会议、社区工作委员会等多种形式，青浦区华新大居则赋予了社区办作为共治平台的功能；采取直接管理模式的镇仅有宝山区明确要求建立区域化党建联席会议和社区委员会，闵行、奉贤、崇明三个区均没有明确设置镇级共治平台。

具体到各区镇，嘉定新城在各社区着力构建以社区总支为核心、以社区自治组织为基础、以社区社会组织为补充、社区辖地内单位密切配合、社区居民广泛参与的社区治理格局，推动形成政府调控与社会协调机制互联、政府行政功能与社会自治功能互补、政府管理力量与社会协同力量互动的社区治理体制机制。宝山区顾村镇有效发挥各级党组织的核心引领作用，依托社区（居民区）委员会、片区共治联席会议等不同层级的共治平台，建立完善条线部门派出机构、驻区单位、社会组织和社区居民的协商机制。奉贤区青村镇由镇社建办牵头，在社区成立社区委员会，定期召开工作会议，有效链接社区问题的发现、协调、执行、监督等环节，形成协同联动机制，建立沟通制度、联动制度、反馈制度、评估制度，不断提高社区管理绩效水平。青浦区华新大居建立了区职能部门派出机构、驻区单位、社会组织和社区居民等参与的共商共决机制，激发各主体参与动力，聚集各方资源，实现了共建互动、优势互补、资源共享。金山区朱泾镇建立"98365"呼叫热线，整合市民"12345"服务热线，建立"朱泾传播"官方微博、视频会议系统和茶馆小喇叭，创新诉求表达机制、信息收集机制，听取群众呼声，推动党群交流，切实保障群众的知情权、参与权、表达权和监督权。浦东新区在社区内积极推动共商共治，社区委员会一般由部分居委主任、社区知名人士、社区积极分子、社会组织代表等组成，建立议事会议、联系居民、听证征询、服务协调等制度，整合区域资源，通过网格化的联动与横向的互动开展社区建设。松江区新桥镇选举产生了新闵社区第一届社区委员会，搭建了以社区联席会议制度为载体，驻社区单位、社区内人大代表、老干部代表和居民代表共同组成的共商共治平台，下设议事组、受理组、评审组和协调组，在新建居委用房、社区队伍建设、公共交通、社区便民服务、群租整治等多个方面推进工作。

（二）契约规则机制

建立契约规则机制要求牢固树立有权力就有责任、有权利就有义务的理念；要求逐步形成以自治章程为核心，以"三会"制度和各类市民公约为重点，各类议事决策规则相配套的自治规则制度体系，为居民开展形式多样的民主协商活动提供支撑；要求实施驻区单位社会责任报告制度，落实驻区单位参与社区治理的责任约束和考核评价机制。

就目前的资料来看，随着镇管社区中居委会工作的逐步常规化，各类自治制度也逐渐建立完善，例如青浦区华新大居修订并完善自治章程、村规民约、市民公约等，明确了不同主体的权利、责任和义务，实行契约化自我管理。驻区单位社会责任报告制度的建立与区域化党建工作密切相关，此类制度是否完善主要取决于各地区域化党建工作的推进力度与效果。

在部分地区的实践中，契约规则机制并不限于自治制度体系与驻区单位报告制度的建立，更进一步扩展到共治层次，强调对各类治理主体权责的明确划分。例如，宝山区就要求各镇加强不同层级的制度建设，建立健全社区委员会、片区共治联席会议工作章程及运行机制，建立社区共治公约、居民公约、业主公约等社区治理章程，明确参与社区共治与自治责任主体的权利、责任和义务，引导社区居民、驻区单位依法依规参与社区事务。大场镇制定大华基本管理单元、大场与祁连块区工作职责，建立"镇、片、居"平安建设三级联动工作机制，推进"住宅小区综合治理联席会议制度"，坚持居民区"五位一体"联席会议制度。高境镇进一步理顺居委会与物业、业委会关系，推进以居民区党支部为核心领导、镇物业协调办沟通和房管办具体业务指导的社区业委会组建、换届和日常运作指导的工作模式，不断完善居委会参与物业考核管理监督，解决物业管理瓶颈问题。淞南镇强化社区自治职能，突出居委会主体地位，制定社区居民楼组公约，坚持问题导向，促进居民自我教育、自我服务、自我管理。

从治理主体权责划分的角度出发，旨在以正式制度的形式明确政府部门与社区、居委会各自权责的社区工作准入机制也可以被看作契约规则机制的一部分。嘉定新城的行政事务准入机制规范了政府职能部门与社区、居委会在行政事务上的责任关系，要求凡是属于政府部门和单位承担的行政工作，一律不得转移给社区和居委会，不得擅自增加目录以外的工作事项；凡应由社区协助或确需依托居委会办理的行政性工作，要为其提供必要的经费保障和工作指导。宝山区要求建立完善社区事务管理权限划分制度和社区工作事项准入制度，在区层面建立由区地区办、民政局把关的居民区工作事项准入制度，形成新增、退出、调整工作事项的制度安排和操作流程；镇层面由镇社区办牵头，明确镇层面、基本管理单元层面、片区层面、居民区层面的社区事务管理权限，并设定社区工作流程，避免职能交叉，同时监督推进居委会依法协助行政事务清单制度和居委会印章使用范围制度的实施。松江区新桥镇则努力厘清党组织、居委会、社工站三者之间的权责关系，构建党委领导下的居委会－社工站协调分工机制，推动居委会将工作重心逐步转移至居民自治、社区共治上，社工站则进一步做深做实政府向基层延伸的各种社区服务工作，逐步减轻居委会目前所承担的过多行政性事务。

（三） 议题形成机制

议题形成机制强调在区域化党建的引领下，通过自下而上的方式凝练共同话题、聚焦公共事务、形成共同价值，激发各参与主体的内生动力，并坚持民主集中制，实现发扬民主和提高效率相统一，防止议而不决。

议题形成机制解决的是"治理什么"的问题，治理议题的形成过程既是自下而上居民诉求反映的自治性的体现，也是各类社区主体参与问题协商的共治性的体现。总体上，各区、镇都比较重视推进以居委会为组织载体的居民自治工作，通过议事会等制度设置收集民意，并进而反映到社区、镇层面，成为社区共治平台上可能的议题。例如嘉定新城的民主自治机制包括：坚持重大事项"共商共议共决"的民主协商和民主决策程序；完善居民会议、事务公示、居务公开、居民听证等制度。又如奉贤区青村镇，社区实事项目实行共商共决，采取定点提案、网络提案、信箱提案等方式，汇集居民意见，形成社区议题；通过接待日制度、项目听证会、民事协调会等形式，促进群众参与。在闵行区，马桥镇组织"居民周周会"活动，探索建立基层群众诉求表达、反馈、办理新机制。七宝镇则积极搭建业主论坛、居委会微博等网络沟通平台，建立社区网络舆情收集分析工作机制。浦江镇2014年建立了由居民区党支部牵头的居民议事会制度，包括学习、沟通、通报、处置、收集五个环节；同时深化、拓展大走访机制，要求做到"三个一"（走到每一个家庭、记好一本《民情日记》、开好一个民情分析会），并试点组建楼道志愿者队伍，完善社情民意反映机制。

（四）共建共享机制

共建共享机制重在培育和激发驻区单位、社会组织、社区居民等社会力量参与社区建设的热情和活力，充分集聚社区各方资源，实现资源共享、共建互动。同时要求积极培育和组建社区各类志愿者队伍和群众活动团队，吸引居民群众融入社区。

如前所述，多数区、镇构建了共治委员会、党建联席会议等共治平台，主要在区域化党建的工作框架内推动驻区单位、各类组织、社区居民等社会力量参与社区建设。相对而言，驻区单位、社区组织参与共治较为普遍，驻区单位不仅能够为社区建设提供一定的资源支持，也可能参与到面向居民需求的联合服务中。例如，闵行区通过健全党建联建机制，促进驻区单位党组织与社区党组织结对共建，开展组团式服务，引导"两新"组织在服务社区中履行社会责任。浦江镇探索建设"幸福家园"浦江社区共治体，努力形成党委、政府、企事业单位、社会组织和居民群众参与社区共治的工作格局。颛桥镇建立居（村）党组织工作联动机制，开展"企居共建进社区"系列活动，让社区居民分享社区共治共建的成果。梅陇镇通过成立住宅物业管理法律服务咨询室和人民调解工作室，以及引入社会第三方，参与调解小区物业纠纷，为居民提供物业法律法规咨询服务。莘庄工业区着力在来沪人员集中居住区探索建设社区服务站，通过整合党、工、团以及各类社会组织资源，更好地满足来沪人员公共服务需求。

在志愿参与方面，各区、镇普遍重视发动居民组建各类志愿者队伍和群众团队，推动志愿者队伍、群众团队参与到社区服务、社区治理的多个领域，志愿参与已经成为居民自治的重要途径。例如，宝山区顾村镇在居民区层面着力构建联合式服务机制，由党组织领导，并组织居委会、业委会、物业、公安民警、志愿者团队等力量定期开展主题多样、形式丰富的居民服务活动。在党组织引领下，积极开展社区志愿服务活动，以志愿活动推动居民自治。创新搭建志愿服务平台"百姓自我服务家园""侨之家志愿服务园"等，馨佳园第九居民区党支部根据小区党员的特长，成立"你呼我应"志愿者公益服务队。加强志愿者队伍建设，借助上海大学、复旦大学、上海工程技术大学的高校专业力量，开展"楼组领军人"等志愿者培训，跟踪分析志愿服务开展情况。推广"温馨12345"志愿项目，指导各小区整合力量，广泛开展多形式的群众志愿服务。创新志愿服务项目，试行"你呼我应志愿服务点菜式"等志愿服务，在馨佳园大型居住社区启动"以党建为引绳的邻里守望精细化楼道"志愿服务项目。

相比中心城区，专业社会组织在郊区各区、镇共治格局中的作用有所不足。自 2015 年以来，在引入社会组织参与社区服务与治理方面，上海市各区、镇纷纷加大工作力度，着力建立健全社会化运作机制。宝山区要求在镇级层面普遍成立社会组织服务中心，各镇积极加大政府购买社区公共服务的力度，建立并逐步完善基层社区公益性服务事项的政府购买招标机制，有序引入品牌社会组织，积极培育本土社会组织。如高境镇社会组织服务中心现有上海市玉兰坊巾帼服务社、高境镇为老服务社、上海友康信息科技有限公司、东方信息苑、高境镇人口和家庭发展中心 5 家单位入驻，同时有"高境镇环境保护公众参与""金色晚年"助老服务等 5 个项目正在运行。松江区新桥镇积极培育发展公益性社会组织，鼓励社会力量创办文体保健、养老助残、社区救助、社区维权、社区服务、教育培训等公益性社会组织。奉贤区青村镇积极培育发展社会组织，充分调动社区多方主体的积极性，有效整合政府、驻区单位、社会组织、志愿者服务队等各类资源，推动参与为民服务，特别是围绕民生工作整合社区力量，有力解决社区居民就业、养老、助残、扶困等基本问题。青浦区华新大居培育、引进和壮大了各类社区建设所需要的公益性社区社会组织，通过专业化服务满足多元、差异、个性化的社区服务需求，形成了符合社区建设要求、居民群众广泛欢迎的特色服务品牌、项目和团队。闵行区探索形成"政策推动、区镇联动、项目带动"的社区社会组织发展模式，推动社区社会组织持续健康发展；在房屋租赁、场地使用、设施设备等方面扶持初创期社会组织；以点带面，推动社会组织服务中心建设，探索社会组织自我管理、自我服务、自律自治的工作机制。

（五）监督评估机制

监督评估机制强调在社区党委的领导下，依托社区协商共治平台，对政府部门的行政执法、社会管理、公共服务等工作，进行监督评价。评估结果作为部门年度考核的重要依据之一，以改进政府工作作风、提高社区治理效率。

从总体上来看，各区、镇推进社区共治自治的工作进程，内在包含了监督评估机制的建设。如在不少地区作为共治平台设立的社区委员会，一般都拥有对政府有关部门的监督权。又如在居民区层面，居民议事会、听证会、评议会等制度设置也可以在一定程度上发挥对政府机构的监督作用。宝山区对完善监督评价机制做出了专门规定，要求各镇在社区党组织的领导下，依托基本管理单元社区委员会、片区共治联席会议等共治平台，组织辖区内企事业单位、各类社会组织、居委会、居民代表等社会各方力量，对政府部门行政执法、社会管理、公共服务等工作进行监督评价，并将评价结果列为职能部门考核的重要依据，以促进基层社区工作效率不断提高。高境镇建立党员代表议事会、居民代表议事会、社区代表评议居委会工作、市民寻访团巡查小区物业管理、市容环境等评议监督机制，同时积极发挥镇党代表、人大代表、市民巡访团、志愿者队伍的作用，及时发现城市环境、社区治理等方面的问题，有效督促整改。罗店镇推出"现场面对面"工作法，要求"结果在现场评估，干部在现场考核"，以居民满意度为主要考核内容，形成自下而上的考核机制。同时，对美罗家园社区15个筹建居委会开展绩效调查，每季度随机抽样调查200多位居民，并将调查结果作为绩效考核和奖励的重要依据。淞南镇社区党委联合镇监察室、镇人大，开展行政效能监察监督，2015年重点对拆违、整治活禽宰杀点、铺设便民自行车等6个问题进行专题监督。杨行镇每半年召开一次四方联席会议，通过问卷调查、民主测评、座谈会等形式对政府部门执法、管理、服务等工作进行监督评价。月浦镇由社区代表对政府有关职能部门的工作进行评议监督，年终考核时依托社区共治平台，对政府有关部门工作考核增加项目、提高比重。

（六）其他机制

除了以上五种机制，各地在镇管社区实践中还提出了其他机制，较为典型的有以下几个。

1. "条专块统"协同机制（嘉定新城）

这一机制主要是对政府条线部门与社区各自职能关系的设定。所谓"条专"是指政府职能部门对其职责范围内的事项进行专业、有效管理，做到职责明确，履职担当，督管到底。而"块统"则是指各社区对辖地内的地区性、社会性、群众性工作负总责，做到全面领导，统筹安排，协调有序。

2. 常态工作管理机制（嘉定新城）

这一机制针对社区和居委会的日常工作而设定，具体包括五个方面：一是岗位教育培训机制，解决好工作理念更新与素质能力提高的问题；二是网格化责任区机制，解决好问题发现和管理服务精准度的问题；三是社情民意传导机制，解决好信息对称和群众对接的问题；四是跟踪协调落实整改机制，解决好诉求回应和利益维护的问题；五是目标管理和绩效评估机制，解决好工作动力与持续改进的问题。

3. 联系基层机制（宝山区）

这一机制旨在加强镇政府部门与基层社区的联系，为推动自上而下的行政管理与自下而上的自治管理之间的良好互动提供保障。宝山区要求各镇按照"眼睛向下、身子向下、资源向下"的要求转变政府职能，加强与基层社区的联系沟通，建立镇领导、镇科室主动联系居委会制度。

（七）总结

笔者对上述镇管社区各类机制的运作情况及相关问题进一步概括，有如下几点。

第一，在多元治理机制方面，大部分地区在镇、社区（包括单元、片区）两个层面搭建了共治平台，主要形式是区域化党建联席会议、社区委员会。但这些平台总体上仍处于新建阶段，其诉求表达、意见征集、协商议事、决策评议、监督报告等各项功能都还较弱，有待进一步强化。尤其是决策评议、监督报告功能，共治平台在多大程度上、多大范围内可以进行决策，驻区单位、社区组织等治理主体如何有效监督政府有关部门，不仅各区、镇现有制度文件依然存在缺位或界定不清的问题，而且制度规定的各项权力如何切实保障实施也是亟须解决的问题。

第二，在契约规则机制方面，居民自治规则体系初步形成，但各类制度能够在多大程度上发挥实际作用仍存在疑问，例如，居民公约对居民文明行为的约束就比较有限。少数地区在界定政府、社区及其他治理主体权限方面出台了相关制度，大部分地区则有所欠缺。在区域化党建的框架下，驻区单位报告制度基本建立，但这类制度对于驻区单位参与社区治理的实际约束力依然受到其他条件的限制。

第三，议题形成机制的作用发挥程度在镇、社区、居委会不同层面存在较大的差异。从目前的资料看，自下而上的协商议事仍主要局限于居委会层面，居民的利益诉求、意见态度在多大程度上能够成为公共议题，并进入镇、社区层面的共治平台仍没有充分保障。

第四，共建共享机制强调驻区单位、社会组织、居民等多元主体积极参与社区服务与治理。目前看来，驻区单位的参与多是资源支持，而非参与治理；社会组织逐步参与到社区服务的供给过程中，其作用有待进一步加强；居民志愿服务受到普遍重视并在部分地区较为活跃，但主要局限于居民区层面。

第五，监督评估机制主要依托镇、社区、居民区的共治自治平台发挥作用，各类组织、居民通过满意度测评等方式对政府部门的工作进行监督评估，但在监督的专业性和实效性、监督主体与监督对象之间的交流沟通等方面仍有不足。

第六，仅不到六成居民对"镇管社区"管理方式有所了解，八镇之间的差异较大，从侧面反映了镇管社区管理方式的运作效果仍有欠缺。表 4 – 1 显示，平均 57.7% 的居民对镇管社区管理方式"了解"或"非常了解"。各镇的了解程度由高到低依次是：浦东周浦、嘉定马陆、金山朱泾、宝山顾村、浦东三林、青浦华新、松江新桥、闵行浦江。浦东周浦的了解程度高达 96.7%，远远高于其他镇。松江新桥、闵行浦江的了解程度不到 40.0%，相对较低。

表 4 – 1 居民对镇管社区管理方式的了解程度

单位：%

区域	对镇管社区管理方式的了解程度	N
宝山顾村	61.3	194
青浦华新	48.0	194
嘉定马陆	73.0	189
闵行浦江	38.9	162
浦东三林	56.6	196
松江新桥	39.9	188
浦东周浦	96.7	189
金山朱泾	64.7	187
均值/总计	57.7	1499

三 问题与建议

本部分内容将进一步概括前文提及的各类具体问题，进而提出有针对性的政策思路与建议。

（一）目前存在的主要问题

1. 各地发展差异较大

一是各区、镇的服务管理水平不均衡。对八镇的问卷分析结果显示，无论是居民对社区变化的认可度，还是对各方面服务管理状况的满意度，都存在一定的差距。总体上，青浦华新、闵行浦江、松江新桥等镇的满意度水平相对较低。

二是各区、镇在镇管社区各方面工作上存在差异，包括管理架构完善程度、运行机制健全程度、资源力量下沉力度等。这方面的差异很大程度上导致了服务管理水平的不均衡。如有的区（如宝山）详细规定了镇、基本管理单元、片区等不同层次的组织架构，有的区（如奉贤金山）则未设社区办。又如中间层社区中心的功能设定也有很大差异，自三中心至六中心不等。

三是各区、镇在管理模式上存在差异，尤其是片区管理、镇直接管理模式。各区、镇之间，基本管理单元的管理模式相对统一，而片区管理、镇直接管理两种模式则差别很大，体现了不同的服务管理力度。

2. 组织架构有待完善

一是"两委一中心"的设置层级仍有含混之处。"一号课题"文件要求镇管社区设置两委一中心，但未明确规定是设在镇级、中间层还是同时设置。目前，有的区（如宝山）是在镇、基本管理单元两级同时设立两委一中心，将行政编制配置到单元层面；有的区（如浦东）是在基本管理单元或非单元的社区层面设立两委一中心；有些实行镇直接管理的区则不设两委一中心。这种局面反映了各地对"一号课题"文件的不同理解，影响了文件精神的贯彻落实。

二是社区党委、社区委员会之间的关系有待澄清。目前，在镇层面、基本管理单元层面、片区层面都可能存在"两委"。一个共识是，社区委员会要在社区党委的领导下开展工作，社区党委的工作职责也更为宽泛。但在部分区（如浦东）的实践中出现了做实社区党委或做实社区委员会的不同做法，反映了对于中间层是以管理为主还是以共治为主的不同理解。

三是同一层级或不同层级共治平台之间的关系需要厘清。在镇或片区层级，也可能同时存在区域化党建联席会议、社区委员会等不同共治平台，这些共治平台的功能存在一定交叉，彼此间的关系也需要厘清。此外，不同层级间的共治平台（如镇社区委员会和党建联席会议、单元社区委员会、居民区党建联席会议）之间的关系也不清楚。

四是出现了不同层级间的"叠床架屋"现象。例如，在宝山区共泰基本管理单元内，从镇到居民区存在镇党委、镇社区党委、单元社区党委、片区党总支、居民区党组织五级党组织架构，比街居、镇村管理体制中的两级架构要复杂得多。

五是中间层的条块关系问题逐渐凸显。例如，嘉定新城（马陆镇）社会管理事务繁重，但社区不具备执法能力，缺乏有效调控手段。一些社会、经济管理的重要权力，如城管、房管、工商等都属于垂直管理，突出矛盾往往只能通过综合执法才能解决。无论是垂直管理还是综合执法，都造成了条线部门与社区（中间层）权责不清、工作推进效率不高的问题。

3. 运行机制有待健全

一是共治平台的功能发挥仍需加强。区域化党建联席会议、社区委员会等共治平台总体上仍处于新建阶段，其诉求表达、意见征集、协商议事、决策评议、监督评估等各项功能都还较弱，有待进一步强化。

二是契约规则的约束力依然有限。无论是居民自治规则体系，还是有关社区共治的制度文件，不仅存在缺位（部分区镇）或界定不清的问题，更重要的是制度规则如何切实保障实施。

三是公共议题在内容、层级上均有限制。自下而上的协商议事仍主要局限于居委会层面，居民不同内容的利益诉求、意见态度在多大程度上能够成为公共议题，并进入镇、社区层面的共治平台仍没有充分保障。

四是共建主体缺乏内在的参与动力。驻区单位的参与多是资源支持，且这种参与主要依赖于行政推动；社会组织的作用依然有限，本土的专业社会组织比较欠缺；居民志愿参与以老年人的动员参与为主，且基本上局限于居民区层面。

五是监督评估的专业性、实效性不足。依托共治自治平台，各类组织、居民可通过满意度测评等方式对政府部门的工作进行监督评估，但在监督的专业性和实效性、监督主体与监督对象之间的交流沟通等方面仍有不足。

（二）政策思路与建议

在前文分析的基础上，针对上述问题，笔者提出进一步加强和改进上海市镇管社区工作的思路建议。更细致具体的政策建议可以参考部分区、镇的分报告和案例分析报告。

1. 厘清镇管社区基本定位

第一，镇管社区体制既不能完全看作以街居体制为目标的过渡形态，也不能完全视为不同于镇村制、街居制的第三种体制，而是各种发展可能性都存在、处于探索创新过程中的多种管理方式的总称。调研发现，除了基本管理单元已经统一为"两委一中心"的组织架构，其他片区管理、镇直接管理方式的地区差异很大，体现了各区镇结合自身情况的积极探索。镇管社区能否成为某种管理体制以及能否长期存在应取决于其服务管理的效果，归根结底是能否满足居民需求、不断提高服务管理水平和居民满意度。就此而言，镇管社区工作典型体现了市委"一号课题"文件"创新社会治理加强基层建设"的精神，尤其是对居民负责的精神。

第二，对于分片管理模式中的"中间层"，总体上不能定位成镇政府的派出机构，也不能简单定位于行政等级体系中的某一级，而是同时体现管理、共治、自治三种逻辑，但更为突出共治、自治职能的服务管理机构。以"两委一中心"为例，社区党委是领导机构，社区委员会和居民区党组织都接受其领导；社区委员会在社区党委的领导下，作为共治平台，既发挥横向和纵向上凝聚力量、整合资源的功能，又履行类似人大、政协对政府的监督职能；社区中心则承担具体的服务管理职责。政府管理职责可以主要由条线部门承担，中间层则发挥支持配合、协调合作、发现问题、反映民意、提供建议、监督评估的作用，而不能成为各类行政任务的"容器"。

第三，镇管社区工作的推进要兼顾上级统一要求与地方因地制宜，要把握好二者之间的"度"。目前，市级层面对于基本管理单元的组织架构、资源力量配置已经有了统一的明确要求，而对于其他的分片管理、镇直接管理则没有统一要求。尽管这留给了地方充分的创新空间，但也带来了某些工作方面的困惑，造成了各地管理服务力度与效果的较大差异。因而，市级层面有必要针对不同模式，在管理架构、运行机制、服务资源、管理力量等方面提出进一步的指导意见，理顺纵向横向的权责关系、明确资源力量的配置原则。例如在资源力量下沉方面，社区中心数量、功能的设定，以及行政执法力量的配置不仅考虑辖区面积、人口规模，更要考虑人口结构的特征及其变化趋势。

2. 健全镇管社区体制架构

第一，对于"两委一中心"的设置层级，建议明确规定主要设置在中间层，包括基本管理单元和非单元的相对独立的社区/片区。镇层面根据各自情况可以选择是否设置社区党委（总体上以简化层级为原则），也就是说，中间层的社区党委既可能接受镇党委的直接领导，也可能对镇社区党委负责。

第二，对于社区党委与社区委员会之间的关系，建议以做实社区委员会为主。社区党委作为中间层的领导机构，要发挥党建引领、资源整合、推动共治、引导自治的职责，但不需要事必躬亲，而是通过横向上的社区委员会及其专业委员会、纵向上的居民区党组织和居委会发挥作用。

第三，对于不同共治平台之间的关系：如果是同一层级的共治平台（如区域化党建联席会议与社区委员会），建议对其共治功能进行整合，以党建为纽带，以社区委员会为主要平台履行共治功能；如果是不同层次的共治平台（如中间层的社区委员会和居民区的党建联席会议），则需要破除层级壁垒，建立畅通迅捷的互动反馈机制，使居民的需求、问题能够及时反映到更高层级。

第四，按照扁平化管理的原则，尽量简化镇管社区的层级架构，减少兼职，精兵简政，提高治理效率。一方面是简化纵向的管理层级，无论是党组织工作体系，还是共治自治工作体系，都要避免"叠床架屋"的现象；另一方面是整合横向的平台机构，比如对不同共治平台的功能整合，以及对社区中心的功能梳理等。

3. 优化镇管社区运行机制

第一，强化不同层级的共治功能。在镇、中间层、居民区三级共治平台中，尤其是需要强化中间层的共治功能。这一共治功能主要体现在三个方面，即民意的征集与反映、不同利益主体之间的协商议事和寻求合作、对各类服务管理机构尤其是政府部门的监督评估。这就需要社区党委对共治的坚定支持和有效引领，需要明确赋予社区委员会和委员相应权责，需要保障社区党委委员、社区委员会委员的广泛代表性，需要合理设置专业委员会并增强其工作实效。

第二，使契约规则的制定过程充分体现民意，使其实施过程充分体现社会参与。有关社区共治、居民自治的各类制度规则的制定要体现契约精神，要在各类主体普遍知情、充分互动、达成共识的基础上形成正式文本。一旦制定就要在实施过程中严格执行，推动契约各方、社会公众主动参与并互相监督，逐渐形成尊重制度规则的意识，确保制度文本产生实效。

第三，借助公共议题促进自治、共治的有机连接。以居民自治为基础，聚焦公共服务、社会治理、民生需求等公共事务，形成开放性的公共议题。围绕公共议题，在居民区、中间层、镇不同层级的共治平台充分听取不同的利益诉求与意见建议，按照制度流程给出处理意见，切实防止议而不决。

第四，推进各类社会力量对自治共治的主动参与。以资源共享、互助共建为基础，培育和激发驻区单位参与社区建设的内在动力。加大政府购买公共服务力度，积极支持社会组织参与社区服务与治理，引入成熟社会组织，培育本土社会组织。推动组建社区各类志愿者队伍和群众活动团队，营造良好的志愿服务氛围，促进居民间的友好交流和邻里互助，吸引居民融入社区。

第五，加强监督评估的广泛性、专业性和有效性。将提供社区服务、进行社区管理的各类机构都列为监督评估的对象，包括政府部门、"两委一中心"、自治组织、物业公司、社会组织等，都可以借助第三方评估等方式给出工作评价。对政府工作的监督是重点，需要通过引入专业人士、强化过程监督、推动信息公开、提高考核比重等，切实增强监督的专业性和有效性。

第五章　法治保障：推进基层社会治理法治化研究

法治是现代社会发展的必然趋势，是新时代加强和创新社会治理的内在要求。党的十八大报告将法治视为治国理政的基本方式，党的十八届三中全会提出创新社会治理体制，党的十八届四中全会明确指出要提高社会治理法治化水平，党的十九大报告要求完善党委领导、政府负责、民主协商、社会协同、公众参与、法治保障、科技支撑的社会治理体制，党的二十大报告继续强调提升社会治理法治化水平，完善共建共治共享的社会治理制度。在此背景下，研究如何依托法治思维推进社会治理具有重要的理论与现实意义。本章对社会治理法治化的学理意义进行了探讨，重点介绍了浦东新区推进基层社会治理社会化的实践经验及遇到的问题，进而提出了相关对策建议。

第一节　有关社会治理法治化的学理思考

党的十八届三中全会提出推进国家治理体系和治理能力现代化的战略目标，党的十九届四中全会通过《中共中央关于坚持和完善中国特色社会主义制度、推进国家治理体系和治理能力现代化若干重大问题的决定》，进一步强调了社会治理法治化的重要意义。创新社会治理体制和推进法治中国建设都是实现国家治理体系与治理能力现代化目标必不可少的路径之一。作为两大路径的交叉领域，社会治理法治化既是创新社会治理体制、提升社会治理能力的内在要求，又是法治国家、法治政府、法治社会建设的重要内容。

一　推进社会治理法治化的重要意义

归根结底，社会治理法治化是新时代实现国家治理体系和治理能力现代化的重要依托，也是激发社会发展活力、维护社会和谐稳定、促进社会公平正义的必然要求。具体而言，推进社会治理法治化的意义至少体现在以下四个方面。

（一）切实保障社会权利

社会治理的基本目标之一是最大限度地激发社会活力，对公民权利的有力保障是实现这一目标的坚实基础。党的十八届四中全会提出，加快完善体现权利公平、机会公平、规则公平的法律制度，保障公民人身权、财产权、基本政治权利等各项权利不受侵犯，保障公民经济、文化、社会等各方面权利得到落实。党的十九大报告进一步指出，加强人权法治保障，保证人民依法享有广泛权利和自由。党的二十大要求围绕保障和促进社会公平正义，推进法治中国建设。这意味着"法治保障"首先在于以法律制度保障公民的广泛权利，解除公民发展、创新的后顾之忧，为实现经济社会持续繁荣发展提供充足动力。

（二）严格规范社会参与

进入新时代，我国社会主要矛盾已经转化为人民日益增长的美好生活需要和不平衡不充分的发展之间的矛盾，人民在民主、法治、公平、正义、安全、环境等方面的要求日益增长。党中央提出要完善党委领导、政府负责、民主协商、社会协同、公众参与、法治保障、科技支撑的社会治理体系，一方面是积极促进多元社会力量参与治理，另一方面是以法治规则对各类主体的参与行为进行规范。就此而言，"法治保障"的另一重含义是通过法治为各类治理主体的参与行为构建统一的制度规则框架，从而促进多元主体对公共事务的积极参与和协商合作。

（三）有效化解社会矛盾

当前，我国改革进入深水区，一方面，社会结构分化加快，利益格局深刻调整，不同阶层、不同群体的利益诉求日趋多元；另一方面，价值观念日益分化，社会关系日趋复杂，公民的权利意识迅速提升。在此背景下，各种利益性、文化性、群体性矛盾层出不穷。社会治理面临的严峻形势，要求党和政府在社会转型的关键时期必须采用新的思维和手段，有效化解社会矛盾。其中十分重要的是要把社会治理纳入法治轨道，强化法律在维护群众利益、化解社会矛盾中的权威地位，营造办事依法、遇事找法、解决问题靠法的良好社会氛围。

（四）积极维护社会秩序

在全球化、信息化背景下，我国社会治理面临着相当多的新情况和新问题，风险社会的特征日益凸显，公共安全的压力不断增大。就此而言，社会治理法治化对于加强社会管理、保障公共安全、凝聚社会共识、维护社会秩序具有积极作用。一方面通过推动依法行政和严格、规范执法，约束公共权力，强化法治权威，提升党和政府的公信力；另一方面通过培育官员和群众运用法治思维、法治方式的能力和意识，营造法治社会氛围，以法治凝聚共识，夯实社会秩序的心理基础。

二　社会治理法治化的理论内涵

根据中央文件精神与已有研究，要深入理解社会治理法治化的理论内涵，需要把握以下几个要点。

（一）"法"是以法律为基础的一系列规则体系

"法"首先是正式法律制度，但又不局限于此，还包括比法律更为严格的党纪以及与法律关联密切的社会规范等。习近平总书记指出，"法律是成文的道德，道德是内心的法律"。党的十八届四中全会提出，"发挥市民公约、乡规民约、行业规章、团体章程等社会规范在社会治理中的积极作用"。推进社会治理法治化，需要建立以法律为基础（包括党纪、道德、社会规范等）的一系列规则体系。

（二）"法治思维"根本上是规则意识

"法治思维"意味着法治成为社会的价值共识和行为规范，成为最基本的理性思维。如果将"法"理解为以法律为基础的系列规则体系，那么"法治思维"归根结底是尊重规则、遵守规则的思维意识。对于已经成为社会共识的规则，所有人都必须遵守，这是"法"之所以具有权威的来源和基础。对法律制度规则的尊重和遵守，既是对所有人权利的保护，也是对其行为的规范。

（三）"法治思维"与"社会治理"的关系

从依法治国的角度来说，"法治思维"需要被运用到我国体制机制改革、经济社会发展、维持秩序稳定等各个方面，自然也需要在社会治理领域坚决贯彻法治思维。从社会治理格局中"法治保障"的要求来说，"法治思维"是实现社会治理目标（"善治"）的必要条件，没有以尊重规则为核心的法治思维，就不可能有良好的社会治理。具体来说，社会治理的主要领域诸如基层自治共治、社会组织发展、城乡社会管理、社会矛盾化解、维护公共安全等，都需要依托法治思维，在制度规则框架内发挥多元主体的积极作用、协调不同主体之间的关系矛盾，最终实现共建共治共享的社会治理目标。

（四）"社会治理法治化"的两层基本含义

从一般意义上说，社会治理法治化至少有两层含义，且二者相互补充、相辅相成。第一层含义是在社会治理领域构建完善的法律制度规则体系，其内部的各种规则针对不同层次、不同领域、不同人群发挥作用，而且内在的逻辑一致，不存在相互矛盾的情况，其目标是既"有法可依"，又"科学立法"。第二层含义是指包括党和政府、社会力量和公众在内的各类治理主体的行为均符合法治规范的要求，即全都依法行事，不存在挑战法律、破坏规则的行为，主要是指"有法必依"与"全民守法"，同时涉及"执法必严、违法必究"以及"严格执法、公正司法"。行为的核心是观念，所有组织、个人守法行为的基础是对法治精神的切实尊重和对法治思维的普遍运用。

（五）从治理主体的角度看"社会治理法治化"

"社会治理法治化"对各类治理主体都会产生双重作用，既保护其合法权益，又限制其非法行为。因而，社会治理法治化要求科学界定党委、政府、各类组织、公民个人在社会治理方面的权利和义务，实现社会治理权责关系明晰化、法治化，构建良好的社会治理格局，提升社会治理效能。同时，权力控制是法治的基本精神。在"党委领导、政府负责、民主协商、社会协同、公众参与、法治保障、科技支撑"的社会治理体制中，党和政府作为领导者和主导力量，尤其需要带头依法执政、依法行政。

（六）基层社会治理法治化具有特殊性

社会治理法治化在不同层级、不同治理领域具有不同的表现形式和制度形态。城乡社区的社会治理法治化具有其独特性，典型体现了广义"法治"的内涵，往往是自治、共治、德治、法治的结合。自治是依法自治，同时以村规民约为基础；共治体现了多元主体协商合作的治理要义；传统的道德观念也在规范社会行为、调节人际关系方面发挥作用；正式法律制度对社区生活的介入也日益深入。因而，推进基层社会治理法治化，更加需要实现"多治合一"，使自治、共治、德治、法治有机统一于社会主义法治体系建设的具体实践。

三　社会治理法治化的主要内容

如果将社会治理法治化在一般意义上理解为通过保障公民权利、规范社会行为、调节社会关系、化解社会矛盾以实现激发社会活力与维持社会秩序的目标，那么，社会治理法治化的内容就会涉及法治国家、法治政府、法治社会建设的各个方面，范围宽泛。如果将社会治理法治化的范围局限于社会治理的主要领域，那么，社会治理法治化将主要关注基层自治共治、社会组织发展、城乡社会管理、社会矛盾化解、维护公共安全等，但这样又不能直接体现法治化的内涵。

根据对社会治理法治化理论内涵的解读，可以将其主要内容区分为三个层次。一是在社会治理领域构建和完善以法律为基础的规则体系，涉及自治、德治、法治的融合。二是推动各类治理主体严格依法行事，即依法治理。三是强化所有治理主体的法治思维。进一步区分不同治理主体的行为，可以将依法执政、依法行政、严格执法、公正司法、依法维权、全民守法等内容都包括在内，进而可以大致概括为对公共权力的限制、对公民权利的保障两大类。

基于以上认识，我们可以参照制度规则体系、依法治理行为、法治思维的三分法，对不同地区基层社会治理法治化的实践进行梳理概括。党的十八届四中全会将法治社会建设的内容设计为推动全社会树立法治意识、推进多层次多领域依法治理、建设完备的法律服务体系、健全依法维权和化解纠纷机制等内容。党的二十大报告强调建设法治社会，需要弘扬社会主义法治精神，传承中华优秀传统法律文化，引导全体人民做社会主义法治的忠实崇尚者、自觉遵守者、坚定捍卫者；需要建设覆盖城乡的现代公共法律服务体系，深入开展法治宣传教育，增强全民法治观念；需要推进多层次多领域依法治理，提升社会治理法治化水平；需要发挥领导干部示范带头作用，努力使尊法学法守法用法在全社会蔚然成风。对于中央文件中所提示的主要举措，在对地区实践进行分析时，需要重点关注。

第二节　浦东新区推进基层社会治理法治化的
实践探索

作为"改革开放排头兵中的排头兵、创新发展先行者中的先行者"，浦东新区根据上海市委关于创新社会治理、加强基层建设的"1+6"文件精神，着眼于构建与中国（上海）自由贸易试验区和全球最有影响力的科创中心建设相配套的社会治理体系，在推进社会治理法治化方面做出了积极探索。2017年7月至9月，浦东新区四届区委召开二次会议，审议通过了《关于深入推进依法治区加快建设法治浦东的实施意见》、区人大常委会做出《关于加快法治政府建设的决定》、区政府《浦东新区法治政府建设工作方案（2017～2020年)》先后出台，提出了"率先形成法治化、国际化、便利化的营商环境，基本建成全国法治示范区"的新目标。2018年2月，浦东新区区委、区政府印发《浦东新区关于推进法治社会建设的实施意见》，明确提出"推进提升社会治理法治化水平，推进法治在社会治理体系和治理能力现代化中发挥更加基础性的作用"。

社会治理的重心在基层，《浦东新区关于推进法治社会建设的实施意见》提出要"深入推进基层依法治理"，强调"努力抓基层、打基础、抓基本"，全面形成自治、共治、法治、德治"四位一体"的社会治理体系。本节内容立足浦东基层实践，主要根据东明路街道、高桥镇等地的经验，围绕运用法治思维推进社会治理创新的主题，在现状与问题分析的基础上提出有关建议，致力于提升浦东基层社会治理的法治化水平。

一　浦东新区基层社会治理法治化的实践探索

近年来，浦东新区根据中央加强特大城市社会治理的指示精神和上海市创新社会治理、加强基层建设的文件要求，敢为人先，积极探索，在推进基层社会治理法治化方面做了大量工作。

（一）积极构建法治体系

浦东新区积极构建以法律为基础的制度规则体系，推动社会治理标准化建设，提高社会治理的规范化水平。

一是推动社会治理标准化建设。2018年4月，浦东新区社会工作委员会、浦东新区市场监督管理局联合发布了两个浦东新区标准文件，即《社会治理指数评价体系》和《"家门口"服务规范》。《社会治理指数评价体系》从社会设施、社会服务、社会动员、社会治安、社会生态五个维度构建体系，共包括四个等级 50 个四级指标。《"家门口"服务规范》则提出了党群、政务、生活、法律、健康、文化、社会管理、特色服务 8 类服务的具体要求和验收标准，还对各项内部管理制度做了详细说明，尤其是提出了"三会"制度的明确流程。

二是以党建引领促进基层"四治融合"。从 2017 年起，浦东新区开展"家门口"服务试点建设，2017 年 6 月印发《关于推进浦东新区村居层面"家门口"服务体系建设的工作方案》。以"家门口服务体系"建设为抓手，浦东新区积极发挥村居党组织的领导核心作用，构建党建引领的自治、共治、法治、德治"四位一体"的基层治理格局，做好政府资源下沉，社会资源导入。

三是以法治推进自治共治。东明路街道立足自身实际，坚持法治、共治、自治"三治融合"，充分利用红梅调解、共商共治、自治家园、特色楼组等工作沉淀优势，以法治保障自治共治，以自治共治促进法治。搭建公益咨询、专业服务、邻里互助、居民自治、共商共治五大互联互通平台，尊重和保障居民群众依法参与社会治理、享受公共服务、维护合法权益。高桥镇凌桥社区积极出台业委会章程，提高业主自治的法治化水平，推动业委会参与社区治理。

四是强化居（村）自治章程的作用。2015 年，浦东新区各居（村）普遍制定了自治章程，新区要求在明显位置张贴公布并制定"实施细则"。东明路街道的居民区自治章程由自治办审核是否符合法律法规。高桥镇镇北村的自治章程，涉及多数人的福利、高龄老人的慰问金等，遇到相关利益问题时照章办事，实现了从人治到"约"治的转变。

（二）着力推动依法治理

浦东新区通过推进依法行政与规范执法、开展基层法律服务、促进社会组织参与社会治理，着力推动各类主体依法依规参与治理。

一是积极推进街镇依法行政与规范执法。目前，浦东新区各街镇普遍设立了法务部门，其工作内容包括针对拆违、群租整治类工作出台工作方案，对合同进行合法性审核、工作流程监管及历史遗留问题调解等。高桥镇领导高度重视法治建设，在全区率先建立法律顾问审查制度，对"三重一大"工作必须进行审查，支持律师参与化解重大事故、参与信访接待与化解等，取得了积极成效。东明路街道在建设社会治安防控体系的过程中，通过与居（村）、周边社区单位层层签约，对执法行为进行规范。

二是将信访纳入法治化轨道。浦东新区不断完善司法机关对涉法涉诉信访的有效化解机制和行政机构对信访问题的正确处置机制，充分发挥社会第三方的力量，建立健全信访的第三方参与机制，以实现信访问题的社会共同治理。高桥镇积极推动律师参与镇领导信访接待，让专业力量参与信访矛盾的预防化解工作。

三是用调解联动化解矛盾纠纷。东明路街道着力打造专业服务平台，突出人民调解、行政调解、司法调解"三调联动"，有效化解矛盾纠纷。建立楼组老娘舅"发现—处置—报告—反馈"机制，提供法律援助、诉调对接、矫正安帮等专业法律服务支持。高桥镇凌桥社区与外高桥法庭合作，于 2017 年成立家事纠纷调解工作室，免费调解 110 多起案件，服务居民 120 多位。

四是加强人民调解组织专业化建设。浦东新区支持专业社会组织在社会治理领域发挥积极作用。东明路街道的"红梅调解工作室"作为 4A 级社会组织，探索"以案带教"新模式、深化诉调对接机制、强化培训、孵化带教功能，在化解矛盾纠纷、培养调解人才等方面发挥了示范引领作用。加强对人民调解员的专业调解能力培训，打造"全科调解员"队伍。红梅工作室共 4 名专业调解人员，目前带教了 20 多名调解志愿者。

五是探索社会化法治参与新模式。周家渡街道探索创立"1 + 2 + X"公共法律服务模式，推动法律顾问全覆盖，做到纵向到底、横向到边。东明路街道与高校、学会等机构开展合作，使理论研究更好地服务法治实践。深化与律师事务所、三林检察室、六里法庭等机构的合作。面向社会广泛吸纳司法和行政执法人员、法律服务人员、大专院校法律专业师生参与社区法律志愿服务。

六是普遍设立居（村）法律顾问。近年来，浦东新区积极推动设立居（村）法律顾问，使法律服务资源向基层下沉。居（村）法律顾问的服务内容包括：为居（村）治理出具法律意见、解答居民群众法律咨询、协助申请法律援助、开展法治宣传、参与纠纷调处等。2017 年，高桥镇开始推动此项工作，目前已实现 40 多个居（村）法律顾问全覆盖。东明路街道通过挖掘小区内的专业资源，目前有贴身律师等法律顾问 24 名，其中一名经选举成为居委会的法律副主任。

（三）持续强化法治思维

浦东新区主要通过法律咨询服务和普法宣传教育强化公众的法治思维，营造良好的法治文化环境。

一是深化基层创建活动。浦东新区注重以开展民主法治居（村）创建活动为依托，完善创建指标体系，引导各街镇形成具有鲜明特色的基层民主法治和法制宣传教育品牌。在基层民主法治示范居（村）创建活动中，以满足社区群众生活需求、解决社区问题为导向，引导居民、村民参与社区治理，利用市民公约、乡规民约等实现良性自治，提升社区建设活力和社区自治能力。

二是积极发展法律服务志愿者。浦东新区各街镇积极发展法律服务志愿者，其工作内容包括定期开展法治宣传、排查"家门口"纠纷、参与化解矛盾纠纷等。东明路街道不断扩大"楼组老娘舅"法律服务志愿者队伍的影响力，目前建成的楼组老娘舅队伍（有成员 2905 名），进一步明确楼组老娘舅法治宣传员、民情观察员、纠纷信息员、矛盾协调员的角色定位。加强梯队建设，吸纳本居各行业在职党员加入楼组老娘舅队伍，铸牢基层矛盾纠纷化解第一道防线。

三是积极开展法律咨询服务。东明路街道着力打造"法律服务社区行"公益便民服务项目，提升"文明星期六我为你值班"社会影响力。通过完善公益咨询平台，增进公众对新区 7×24 小时法律咨询服务热线68609999 的了解和使用。高桥镇推动法律咨询服务下沉，在凌桥社区设立新的法治咨询点，每年咨询人次在 1000 人以上。

四是借助新技术开展普法宣传教育。除了举办常规的法律宣传活动，浦东新区还积极运用互联网和新媒体技术开展法律知识宣传，打造了"浦东公证"微信公众号、"法治浦东"微信公众号、东方调解 APP、上海"12348"热线等一批法律服务平台。东明路街道在"宜居东明"微信公众号上发布"法治人物风采"和调解故事案例，高桥镇则借助"潮涌高桥"微信公众号进行法治宣传教育。

二　浦东推进基层社会治理法治化的基本经验

浦东新区积极推进基层社会治理法治化，取得了良好效果，形成了地方特色，积累了有益经验。主要包括以下几个方面。

一是强调党建引领。党中央要求，发挥基层党组织在全面推进依法治国中的战斗堡垒作用，增强基层干部法治观念、法治为民的意识，提高依法办事能力。浦东新区街镇领导重视提高社会治理法治化水平，在重大工作中引入专业法律力量，居（村）党组织积极发挥领导核心作用，着力构建四治一体的基层治理格局，均体现了党建引领的特点。

二是强化"四治融合"。基层社会治理具有一定的独特性，除正式法律制度外，城乡社区还是自治、德治、共治的作用空间。党的十八届四中全会提出，发挥市民公约、乡规民约、行业规章、团体章程等社会规范在社会治理中的积极作用。浦东新区从自治、共治、法治的三治融合，逐步走向自治、共治、法治、德治的四治融合，符合基层治理的实际。

三是用标准促规范。制度文件的规范性有助于其实际效果的发挥，法治的基本要义之一是对程序的尊重。浦东新区着力以社会治理的标准化建设促进规范化水平的提高，无论是东明路街道"法治社区""法治小区"建设指标体系的构建，还是全区《社会治理指数评价体系》《"家门口"服务规范》的出台，都体现了对法治规范的追求。

四是做实做强基层。社会治理法治化的重心在基层。党中央要求，加强基层法治机构建设，强化基层法治队伍，建立重心下移、力量下沉的法治工作机制。浦东新区的实践做法中，无论是在社区设立法律咨询服务点，还是积极推广设立居（村）法律顾问，以及大力发展楼组老娘舅等法律服务志愿者队伍，都是做实做强城乡基层社区的努力。

五是推动依法行政。党和政府带头学法守法用法，依法执政、依法行政，是实现社会治理法治化的关键。党中央要求各级党政机关和人民团体普遍设立公职律师，参与决策论证，提供法律意见，促进依法办事，防范法律风险。浦东新区街镇法务部门的普遍设立和律师队伍对公共事务的参与，体现了党委政府对自身权力的规范与约束。

六是促进社会参与。社会协同、公众参与是加强和创新社会治理的内在要求。党的十八届四中全会提出，发挥人民团体和社会组织在法治社会建设中的积极作用，建立健全社会组织参与社会事务、维护公共利益、救助困难群众、帮教特殊人群、预防违法犯罪的机制和制度化渠道。浦东新区东明路街道"红梅调解工作室"所发挥的积极作用值得充分肯定。

三 当前浦东新区基层社会治理法治化遇到的主要问题

第一，系统化的法治规则体系仍有待完善。浦东新区基层社会治理要求自治、共治、德治、法治有机融合，构建以法律为基础，包括党纪、道德、行业规范、村规民约等在内的法治规则体系。但在现实中，实现不同治理逻辑、不同规则内容的内在统一并不容易。首先，自治、共治、德治、法治并不是同一层次或同一维度的概念，它们彼此之间的关系非常复杂，在不同情况下或独立，或互补，或交叉，或对立。如自治是依法自治，与法治并无矛盾，甚至是包含于法治之中，但共治就没有明确的法规限制，实现共治的方式也可能多种多样。其次，各类规则内部和彼此之间可能存在某些逻辑相悖、内容矛盾之处，需要因地制宜，系统梳理当地的法治规则体系。如村规民约往往以熟人社会为基础，在行为规范上多具有特殊取向的特征，而党纪、法律则是普遍取向，二者间就可能存在问题。最后，各类规则彼此间的边界或多或少存在弹性，现实中既可能出现缺少任何规则的真空地带，也可能出现多种规则共同发挥作用的情况。对于这些问题，是建立健全正式法律制度，还是让位于社会规则，都需要结合具体情况细致分析。

第二，执政决策与行政执法仍需进一步规范。党委和政府是社会治理格局中的领导者和主导力量，在基层社会治理中尤为明显。社会治理法治化要求以法治规则限制和规范公共权力的行使，这就是中央提出依法执政、依法行政、严格执法等要求的原因。目前在浦东新区街镇、居（村）两个层面上都设有法律顾问，但其作用的发挥都有一定局限性。街镇层面法律顾问的实际参与范围和权力是有限的，一般只具有软性的建议权，且可能受到熟悉关系和利益交换关系的影响，其建议能否起作用往往因人而异。而居（村）层面的法律顾问多为在职人员义务兼职，其作用的发挥往往也受制于精力与时间。此外，在街镇层面，受传统条块关系的影响，无论是法律顾问还是法务部门，对于条线执法部门的执法行为都可能监督不足，从而给依法行政、规范执法留下漏洞。

第三，多元化纠纷解决机制尚未有效形成。党的十八届四中全会提出要健全社会矛盾纠纷预防化解机制，完善调解、仲裁、行政裁决、行政复议、诉讼等有机衔接、相互协调的多元化纠纷解决机制。但在基层社会治理中，受传统文化观念的影响，调解往往是最主要的纠纷解决机制，"无讼"在某种程度上仍是基层社区追求的目标。浦东在推动人民调解、行政调解、司法调解"三调联动"方面成效显著，部分街道建立起规模庞大的调解志愿者队伍，发现、化解了大量的矛盾纠纷。但反过来看，调解功能的强化也可能对其他纠纷解决机制的发展产生不利影响。总体而言，不同纠纷解决方式的选择应主要取决于矛盾的特性，哪种方式能够最大程度上维护受害者的合法权益，就应该选择哪种，而不应该受到人情关系、选择成本、追求和谐等因素的影响。

第四，基层法治文化氛围仍有待进一步提升。法治思维的形成有赖于法治文化建设。与自治、共治、德治、法治汇聚于基层社区类似，居民、村民很多时候只按照传统的道德、习俗、村规民约行事，致力于宣传正式法律制度的宣教活动很可能效果有限。浦东新区在法治文化建设方面通过多种活动方式和新媒体工具进行宣传教育，做了许多工作。但浦东地方较广，居（村）类型复杂，居民分化严重，这些宣教方式在不同居（村）的效果往往差别很大。村改居社区的毁绿种菜问题、动迁房社区的高空抛物现象、农村与老小区的违章搭建行为，外来人口聚集区的各种治理乱象，或多或少都与不同人群的思维观念有关。要改善基层社会治理，需要寻求更有效的方式营造更加浓厚的法治文化氛围，逐步增进人们的法治思维。

四 推进浦东新区社会治理法治化的建议

根据前文分析，主要针对浦东基层社会治理法治化所面临的问题，我们提出以下对策建议。

（一）进一步完善浦东社会治理的法治规则体系

一是阐明"四治"之间的理论关系。深入研究基层社区自治、共治、德治、法治不同治理方式的性质定位、运作逻辑、功能领域、作用层级，进而厘清不同治理方式之间的关系。简言之，自治、共治、德治、法治的核心要义分别是居民参与、平等协商、道德自律、规则意识，分别涉及社区与居民、不同组织群体、个人与他人以及个人与公共事务之间的关系。实现"四治融合"需要因地、因时、因事制宜，针对不同社区、不同问题、不同关系探索有效的融合方式。

二是完善社会治理地方法规体系。系统梳理中央、上海、浦东三个层级有关社会治理的法律法规，尤其是社会治理不同领域的法律法规，检查其内在逻辑和文本内容的一致性程度，重点关注、分析不同条文内容的差别，进而向适当层级的立法机关提出修改完善的建议，并在区层面进行调整。

三是促进社会治理部分重点领域的正式制度构建。相对而言，上海市在城市管理、社会治安、矛盾化解、居民自治等社会治理领域的法律法规较为完善，但在党建引领、社区共治、业主自治、社会组织等第三方力量参与社会治理方面则更多依靠政策文件的引导，相关的正式法律法规仍有待健全。浦东可以先行先试，尝试构建与"党委领导、政府负责、民主协商、社会协同、公众参与、法治保障、科技支撑"社会治理格局相匹配的综合制度体系，重点围绕法律顾问制度的健全、社区委员会/社区基金会/业主委员会的规范运作、社区社会组织的培育和作用发挥、社区志愿服务的可持续发展等制定相关文件条例，进一步推动基层社会治理制度化、规范化。

四是梳理社会治理制度规则体系。区层面指导街镇对当地社会治理方面的政策文件、行业规范、村规民约、道德风俗等各类制度规则进行梳理概括，重点检查其与现行法律法规的差异，对其中存在的矛盾或进行修改，或加以关注，对某些缺少明确规则的新兴空白领域及时提出治理原则或相应政策。

五是推动地方立法与民间规范的良性互动。构建社会治理领域地方立法与民间规范的良性互动机制，进一步增进地方立法过程的民主公开和社会参与，地方立法积极吸收普遍性的良好民间规范，民间规范也要参照现行法律，避免内容出现矛盾、对立的情况。

（二）进一步强化依法执政、依法行政和规范执法

一是强化街镇法务部门权责。在街镇层面，适当强化法务部门的权责，增强其助推社会治理法治化的主体地位。比如赋予其对违法决策、违法行政的建议权、意见保留权、责任豁免权、向上级人大报告权甚至否决权，将法务部门与同级人大合署办公，提高相关工作人员的专业水平，并与法律顾问合作，切实发挥法治监督功能。

二是完善街镇法律顾问制度。在街镇层面，强化街镇领导、科室和职能部门的法治意识，积极推行、完善法律顾问制度，健全行政机关内部重大决策合法性审查机制，保证法律顾问在制定重大行政决策、推进依法行政中发挥积极作用，逐步扩大法律顾问的参与范围，推动法律顾问制度常态化。

三是积极推动法律顾问参与居（村）治理。在居（村）层面，着眼于法律顾问的实际需求，创造互惠共赢的条件，进一步调动居（村）法律顾问的参与积极性，推动其在法律知识咨询、协调社区关系、维护居民权益方面发挥更大作用。

（三）进一步健全有机衔接的多元化纠纷解决机制

一是强化不同纠纷解决机制的有机衔接。进一步完善"三调联动"机制，健全以人民调解为基础，人民调解与行政调解、司法调解互相衔接配合的工作体系。积极促进调解、仲裁、信访、行政裁决、行政复议、诉讼等不同纠纷解决机制的资源共享、互动协调，努力降低不同机制之间的选择成本和转换成本，加快构建有机衔接的多元化纠纷解决机制。

二是夯实基层调解工作基础。增强"楼组老娘舅"等矛盾调解志愿者队伍的专业化能力，优化相关培训课程设计，增强其情绪调适、心理疏导、语言沟通等相应技能，扩充其知识储备，尤其是有关仲裁、行政裁决、行政复议、诉讼等纠纷解决机制的基本知识。

三是充分发挥法律援助功能。在外来流动人口中，就业不稳定、收入较低、缺乏福利保障的弱势人群规模较大，增强了社会不稳定的可能性。从为弱势群体赋权、改善社会治理的角度来看，有必要突破户籍制度限制，面向全部实有人口，逐步扩大法律援助的适用范围，切实降低不同户籍中低收入者的诉讼成本，支持其以法律为武器维护自身合法权益。

（四）进一步营造城乡基层社区良好法治文化氛围

一是针对不同人群开展法治宣传。创新法治宣传活动的形式与内容，针对青年人、老年人、在职人群、农民、外来人口等不同群体，设计、开展适合其群体特征的活动，使用可长期保留的宣传品，增加互动环节，创新激励机制，积极促进公众的参与。

二是加强法治服务志愿者队伍建设。开展与社会治理法治化相关的、形式新颖的公益志愿活动，吸引、动员更多居民参与。弘扬法治精神、志愿精神，营造尊重志愿者的良好氛围，优化志愿者激励、管理、培训等相关制度，不断发展壮大法治宣传、法律咨询、矛盾调解等各类志愿者队伍。

三是推动法治宣传信息化。充分借助微博、微信等新媒体技术工具，开展形式活泼、操作简便、互动性强、有获得感的网上法治宣传活动，对于参与者的留言、评论积极回应，提升宣传效果。

第六章　社会协同：上海推进社会治理社会化研究

党的十九届四中全会提出构建"人人有责、人人尽责、人人享有的社会治理共同体"，党的二十大对此再次强调。企事业单位、经济组织、社会组织都是"社会治理共同体"中不可缺少的重要力量，推动各类社会主体参与治理即社会治理社会化的基本含义。上海一直重视发挥社会力量在公共服务和社会治理中的积极作用，早在20世纪90年代即开始按照"政社合作"的思路推进社会组织的培育和发展，典型案例是浦东新区的罗山市民会馆。本章将着重介绍上海社会组织参与社区治理的实践经验，并以浦东新区高桥镇推进社会治理社会化的实践为例，分析如何进一步完善社会治理社会化的项目化运作机制等问题。

第一节　上海市社会组织参与社区治理的实践经验

进入新时代，随着我国社会主要矛盾发生转变，社会利益主体呈现复杂化、多元化趋势，社会公众对个人权益的维护意识不断增强，对基层治理、公共服务的需求呈爆发式增长。在此背景下，仅靠政府的力量难以完全适应社会治理各方面的需求，客观上要求在党的领导下，政府、社会、市场和公民个人之间建立起一种协商合作与良性互动的关系，积极构建社会各方参与社会治理的平台和载体，扩大和完善群团组织和社会组织参与基层社会治理的制度化渠道，从而凝聚多元共治合力，完善社会治理格局体系。社会组织具有政府和营利性组织所没有的非行政性、非营利性和志愿性、公益性等独特属性，在了解和反映民生需求、调解公共冲突等方面扮演着重要角色。充分发挥社会组织在社会治理中的作用，既有利于弥补国家政权组织治理资源不足，激发社会活力，也有利于发扬基层民主，有效回应群众需求，促进社会源头治理，还有利于转变社会治理方式，丰富社会治理手段，实现社会治理专业化。

城乡基层社区治理是社会治理的根基，也是社会组织发挥积极作用的主要领域。2020 年 12 月，民政部印发《培育发展社区社会组织专项行动方案（2021—2023 年）》，提出了积极推动社区社会组织发展的具体行动方案。2021 年 7 月，中共中央、国务院印发《关于加强基层治理体系和治理能力现代化建设的意见》，要求提高基层治理社会化、法治化、智能化、专业化水平，完善党建引领的社会参与制度，培育扶持公益性、服务性、互助性社会组织。从社区营造的角度来看，也要求以社区为主体，从社区生活出发，整合政府、市场、社会多方力量与资源，通过社区的内在动员促进社区自我组织、自我治理和建设发展，社会组织在促进社区自治与共治的过程中可以发挥重要作用。多年来，上海社区治理一直强调坚持党建引领、促进多元参与、推动自治共治德治法治等"四治"联动，致力于在街镇、居民区至少两个层面以区域化党建为基础构建共建共治共享的社区治理格局。本节将紧密结合上海的社区治理格局，将社会组织视为这一格局中的重要社会力量，对上海社会组织参与社区治理的实践历程、功能领域和主要成效进行介绍，并从社区治理体系构建和不同治理主体互动的角度出发，对上海社会组织参与社区治理的保障条件进行分析。

一　上海推动社会组织参与社区治理的政策背景与实践历程

自 20 世纪 90 年代以来，为适应城市体制改革、浦东开发开放以及城乡流动、社会分化所形成的新形势、新挑战，上海市积极推动城市社区建设与社会组织发展，较早形成了具有自身特色的社区建设模式，社会组织发展水平也领先于全国，且从一开始就与社区建设实践紧密结合，形成了二者间的良性互动。1996 年，浦东新区罗山市民会馆开始运营，开创了社会组织参与提供社区服务的政社合作新模式。2002 年，上海市委印发《关于进一步推进本市民间组织参与社区建设与管理的意见》，提出要积极培育发展社区公益性、服务性社会组织。2009 年，《关于鼓励本市公益性社会组织参与社区民生服务的指导意见》印发，此文件在 2015 年修订后重新发布实施。同时，上海市以街道（镇）社区党建为基础，通过创新组织形式（如楼宇党建、流动党支部建设），拓展党建覆盖范围，加强对社会组织的党建引领。

党的十八大以来，习近平总书记对上海加强和创新社会治理工作极为重视，多次要求上海走出一条特大城市社会治理的新路子。2014 年底，上海市委、市政府印发《关于进一步创新社会治理加强基层建设的意见》等文件，其中的《上海市关于组织引导社会力量参与社区治理的实施意见》对促进社会组织参与基层治理做出了专门部署。文件提出重点扶持与社区治理和群众日常生活密切相关，能够提供专业化、社会化、差异化服务的社区生活服务类、社区公益慈善类、社区文体活动类、社区专业调处类等社会组织，并通过构建参与平台、健全参与机制、完善政策体系、加强资源保障等具体举措为社会组织参与社区治理提供实质性支持保障。随后《进一步建立健全本市政府购买服务制度的实施意见》印发，对政府购买社会组织服务进行了规范。2017 年，上海市政协的一份提案建议，深入推进基层社会治理体制创新，尤其提出要促进社会组织健康发展，进一步推动区级社会公益组织孵化园的筹建，提高社会组织的专业化水平，同时加强社会组织党建工作。

2019 年 11 月，习近平总书记在上海杨浦滨江视察期间，提出"人民城市"的重要理念。2020 年 6 月，上海市委召开十一届九次全会，审议通过《中共上海市委关于深入贯彻落实"人民城市人民建，人民城市为人民"重要理念，谱写新时代人民城市新篇章的意见》，提出努力打造人人都有人生出彩机会、人人都能有序参与治理、人人都能享有品质生活、人人都能切实感受温度、人人都能拥有归属认同的城市，指出要把握人民城市的主体力量，打造共建共治共享的社会治理共同体。同期，上海市召开社区工作会议，通过《关于进一步提升社区治理规范化精细化水平的若干意见》，继续强调要坚持党建引领，强化多元参与，不断完善社区治理格局，要求引导社会组织在社区治理不同领域深耕细作，在专业化服务中成长发展。2020 年 12 月，上海市民政局印发《关于推进本市社会组织参与社区治理的指导意见》，要求充分发挥社会组织在共建共治共享的社会治理格局中的独特作用，着力提升社会组织参与社区治理的系统性、专业性和针对性，强调要坚持加强党的领导，坚持转变政府职能，坚持因地制宜，坚持发挥社会组织系统功能，整合各类社会组织的资源，协同社区各类主体和力量，形成社区治理的资源链、服务链和创意链。

截至 2021 年底，上海的社会组织（上海统计年鉴中称为"民间组织"）共有 17368 家，其中社会团体 4304 家、民办非企业单位 12490 家、基金会 574 家[①]。社会组织总量相比 2010 年增加了 7000 多家，较 2015 年初"1 + 6"文件开始实施时增加了 4000 多家，且大多活跃于社区生活服

---

① 参见《上海统计年鉴（2022）》。

务、公益慈善、文体活动、专业调处等领域。社区社会组织是活跃在最基层的一种社会组织形式。以上海市浦东新区为例，2019 年浦东注册类社区社会组织共 597 家，其中生活服务类占 19.26%；公益慈善类占 62.65%；文体活动类占 7.87%；专业调处类占 10.22%；未经民政部门登记注册的街镇备案类社区社会组织 6253 家，分为体育建设、文化艺术、公共服务、休闲爱好 4 大类。浦东注册类社区社会组织的服务领域相对聚焦，服务范围具有明显的属地化特征，且党建工作基本实现全覆盖，对政府部门表现出较高的依赖性。浦东备案类社区社会组织涉及领域更加多元，资金来源更为多样，在丰富社区文化、促进社区发展、传递正能量等方面作用明显。

总体而言，上海社会组织参与社区治理实践体现出较强的政府推动色彩，各级政府既积极孵化、培育社区社会组织，又持续加强党建引领，积极引导专业社会组织投身社区治理。注册类社会组织参与社区治理的主要途径是政府购买服务，以项目化运作为主要方式，涉及社区服务供给、社区精细化管理、社区公共安全、社区自治共治、社区精神文明等诸多参与领域。备案类社区社会组织具有更强的草根性、自治性和自娱自乐性，其能否积极参与到社区服务与治理之中主要取决于基层党组织与居（村）委会的引导是否有力。

二 上海社会组织参与社区治理的功能领域与主要成效

根据不同分类标准，社会组织可划分为多种类型，其所发挥的功能各有侧重。按照其性质定位，社会组织通常包括枢纽型、资源型、支持型、专业服务型等，枢纽型、资源型社会组织有时又被视为支持型社会组织的一部分。在上海，典型的枢纽型社会组织如各区、各街镇的社会组织服务中心，其本身是注册社会组织，主要功能是联系、整合同一区域内各类社会组织，为其提供相应指导、服务和管理。资源型社会组织如各类基金会，包括在上海各街镇普遍设立的社区基金会。广义的支持型社会组织可为各类专业社会组织的孵化、培育、发展提供从服务、资源到组织、人才的各方面支持，如上海市青年家园、恩派公益组织发展中心等。专业服务型社会组织的规模最大，在社会组织中的比例最高，如上海市重点发展的生活服务、公益慈善、文体活动、专业调处四类社区社会组织总体上均属专业服务型社会组织。从社会组织参与社区治理的角度来看，本报告着重从提供社区服务、优化社区治理、推动社区营造三个方面，结合部分上海社会组织案例来概括其功能领域和主要成效。需要说明的是，社区服务、社区治理、社区营造三大功能领域在实践中密切相关，不能截然分开，同时，某一社会组织也可能在多个领域同时发挥其积极作用。

（一）提供社区服务

对于特定社区而言，无论是外来社会组织，还是社区自发形成的社会组织，大部分都以提供专业社区服务为主要职责，通过政府购买服务和项目化运作的方式，大量社会组织在社区公共服务、生活服务、专业服务、公益服务等领域承担起越来越重要的责任，成为社区服务供给体系中不可或缺的组成部分。如上海的社区生活服务类社会组织，以满足群众日常生活需求为目标，在社区环境保护、食品安全、计划生育、家庭服务、为老服务等居民生活相关领域发挥作用。又如社区公益慈善类社会组织，以参与社区公共事务、公益服务为主，以孤寡老人、残疾人、失业者等困难群体和困难家庭为主要对象，以提供基本生活保障、恢复社会功能为主要内容，在就业援助、扶贫帮困、养老助老、助残救孤、赈灾救济等基本民生服务领域发挥积极作用，参见五里桥社区城市爱心共助会案例。

案例一：五里桥社区城市爱心共助会

五里桥社区城市爱心共助会（以下简称共助会）是由上海世好餐饮有限公司、上海亚宏科技有限公司等18家社区招商企业、非公企业共同倡议，于2003年4月成立的具有独立法人资格的非营利性社会团体。作为全市第一家街道社区层面从事帮扶工作的社会组织，共助会以"主动帮扶、为民解困"为理念，以"三不靠"（政策、单位、亲属均靠不到）困难人员为重点帮扶对象，不断提升自身建设，积极探索并开展了大量范围广、项目多、主动化的帮扶活动，取得了良好的社会效果，有效弥补了政策帮困的局限性，弘扬了互助互济的良好社会风尚。目前，共助会已经有会员单位30余家，爱心团队8支，爱心志愿者100余人。

在深入调研的基础上，共助会以就医困难家庭、困难学生、无业和低收入老人、困难的新上海人为主要目标群体，设立了助学、助医、助困、助老四大类十八项帮扶项目。（1）爱心助燃青春——助学。对就学困难的大学生、高中生给予助学补助，助其顺利完成学业；与前进学院、私立永昌中学合作，开设爱心扶苗班，为社区内求知好学的困难学生提供全年辅导；义务家教，共助会牵线搭桥，受助大学生爱心接力，为困难家庭的小学生提供义务家教服务。（2）爱心点亮生命——助医。对因病致贫的家庭施以援手，鼓励他们积极对抗病魔，重拾信心面对生活。（3）爱心温暖家庭——助困。每月向社区困难家庭发放100张爱心券，每张爱心券价值70元，可在爱心超市换购同等价值的生活用品。（4）爱心关怀老人——助老。提供爱心理发、护老度夏，免费洗被褥服务等。每年夏天，共助会主动为社区内300余名困难、孤寡老人提供高温电费补贴，将帮困款转为电费差价，既实现了救助的目的，又让老人们更乐于接受。

大量社会组织提供低成本、多层次、个性化的专业社区服务，对于政府提供的公共服务与企业提供的市场服务是必要的、有益的补充，有效弥补了政府、市场力量的不足。一方面，社会组织所提供的社区生活服务领域不断拓展，在更大范围内满足了不同类型居民的生活需求；另一方面，相比于政府和企业，社会组织在服务形式方面也不断创新，从而有效提升了服务效果。例如，在浦东"家门口"服务体系建设过程中，社会组织不仅是服务提供者和参与者，也是重要的推进主体。金杨街道、塘桥街道、洋泾街道、南汇新城镇、川沙新镇等街镇社会组织服务中心在"家门口"服务需求调研、项目化运作、发动居民参与、品牌塑造与宣传中充分发挥资源整合优势，推进居民服务实现从"配菜"到"点菜"新跨越。上海绿洲公益事业发展中心案例也是社会组织拓展服务领域、创新服务方式、提升服务效果的一个典型。

案例二：上海绿洲公益事业发展中心

2014年，上海绿洲公益事业发展中心参考国际上成熟的"食物银行"模式，在洋泾等4个街镇推出"最美食物包"模式，每月为有困难的居民提供一个价值120元的食物包，食物是向超市或其他企业募集的，多为量产的食物。之后，食物来源拓展至餐馆、酒店的余量食物，并推出了"分享冰箱"这一设备。利用"分享冰箱"，受助者不仅能获得米、面、油等物资，还有机会领取新鲜食材等。通过"分享冰箱"的自动分发、智能管理、身份识别等功能，项目的服务范围也扩展到能够覆盖更多低收入人群或困难人群。

（二）优化社区治理

居民生活服务需求得到有效满足是社区和谐有序的重要基础，就此而言，社会组织参与提供社区服务也有助于社区治理目标的实现。不仅如此，许多社会组织直接参与到解决社区治理难题、化解社区矛盾冲突等领域之中，直接服务于社区的和谐稳定。如上海社区的专业调处类社会组织，其以维护社区和谐为目标，组织引导人民调解员、法律服务工作者、社会工作者、心理咨询师等专业队伍，在物业纠纷、土地流转、邻里矛盾、信访化解，以及社区帮教、社区矫正、社区禁毒、社区青少年帮扶等领域发挥了积极作用。

无论是在商品房小区还是老公房小区，物业管理、业主自治都是社区治理体系中非常重要的组成部分，经常会有社区内部、业主之间的分歧、矛盾，这成为社区治理的一个难题。上海不少街镇鼓励、支持社会组织作为第三方力量介入物业管理、业主自治领域，提升物业服务质量、规范业委会运作，取得了良好效果。这方面的典型案例有虹口区凉城新村街道的新家园建设与合作事务所、普陀区曹杨新村街道的史信彪工作室、徐汇区湖南路街道的弄管会等，亦可参见浦东新区的塘桥社区物业服务社案例。

案例三：塘桥社区物业服务社

塘桥社区物业服务社（以下简称物业服务社）成立于 2010 年 8 月，是一家具有独立法人资格，不以营利为目的的民办非企业机构。作为塘桥社区治理的社会协同新生力量，物业服务社自成立以来积极参与物业管理调研、小区物业公司选聘、业委会组建或换届、民生矛盾协调和化解等工作。物业服务社非官方、非企业的主体优势使其逐渐成为塘桥社区物业管理的生力军和沟通桥梁，成为塘桥社区住宅小区综合治理工作队伍中不可或缺的一员。

塘桥社区物业服务社主要通过搭建交流学习平台、构筑党建联建机制等举措，促进业委会、物业公司规范化运作，提升业委会、物业公司专业服务能力。在塘桥街道的大力支持下，物业服务社推出了业委会主任沙龙和物业经理联谊会两大"拳头"项目，搭建起培训学习交流平台，促进了业委会、物业公司专业服务能力的提升。每月定期举办业委会主任沙龙，开展业务培训、业委会知识竞赛、物业相关法律咨询等活动。物业经理联谊会根据不同类型的住宅小区产生的问题，有针对性地举行业务培训指导、法律知识讲座等活动，推进物业行风建设，提高物业服务企业的业务能力，促进塘桥社区住宅小区综合治理良性循环。

近年来，物业服务社协助解决了100多个物业难题，有效提升了社区物业管理水平和居民满意度。比如，物业服务社通过与开发商交涉协调解决了房屋质量问题，通过劝说居民自行整改房屋解决了违章搭建问题，通过与业委会共同努力解决了老旧小区物业选聘难问题，等等。这些问题的解决有效提升了居民的获得感和满意度。

除了直接参与解决社区治理难题，更值得关注的是社会组织对于完善社区治理架构体系所发挥的积极作用，尤其是在促进社区自治与协商共治方面的重要影响。在浦东新区，浦东社区服务中心、浦东新家园社区治理发展中心将"开放空间"等民主议事机制引入社区，培育居民自治意识和能力，社区多元主体参与公共事务的共商共治氛围日渐浓厚。基于居民自组织、自下而上产生的社区社会组织，既是居民自治的直接体现，也有助于居民自治的进一步发展。这方面的典型案例有徐汇区凌云绿主妇环境保护指导中心（以下简称"绿主妇"）。

案例四：徐汇区凌云绿主妇环境保护指导中心

"绿主妇"组织起源于徐汇区凌云路街道梅陇三村居民志愿者在2011年成立的社区环保行动小组，后在社区党总支、居委会的领导下，组建了绿主妇议事会，居委会、业委会及物业公司也委派代表加入，共同受理居民诉求、调解邻里矛盾、参与社区治理。2012年，正式注册成立"上海徐汇区凌云绿主妇环境保护指导中心"，成为接受社团组织管理的公益性服务组织。"绿主妇"组织与北京地球村环境教育中心签订项目合作协议。该项目用零废弃回收卡记录统计居民回收历史，环保志愿者们将回收的各类塑料包装袋、利乐包，创意制作成各类实用的环保拎包、帽子、围裙等，吸引了更多居民的热情参与。

在垃圾分类工作开展过程中，"绿主妇"自主设计各类环保课程及绿色环保主题活动，通过"家庭微绿地""家庭有机芽菜种植""环保酵素坊""循环超市""一米绿阳台"等活动，将"环保酵素"

用于各项活动，种植出可追溯的绿色食品再回馈社区，提高居民生活品质。这些项目不仅吸引了居民，而且还吸引了北京万通基金会、北京地球村等十多家公益组织，他们与"绿主妇"合作，带来了资金、技术、设备、专家等，帮助"绿主妇"成长壮大。随着"绿主妇"组织发展的日益成熟，"绿主妇"活动范围以社区为核心，带动周边7个小区共同参与公益环保项目。在此基础上，"绿主妇"组织发展出更多的自治组织，带动了社区自治氛围的提升。如"绿主妇，我当家"行动小组携手小区内老年读报组、侨联合唱队、花卉兴趣小组、夕阳互帮服务队等进行自我学习、自我提高，推进小区精神文明建设，又如"绿主妇"创意工作室，成立专门的低碳环保宣传队和垃圾减量活动组。

即使是外来社会组织，其在提供社区专项服务的过程中也可能有效激发社区活力、凝聚社区共识，促进居委会、业委会、物业公司等"三驾马车"之间的协商合作，从而构建起更为完善的社区治理体系。这方面的典型案例有静安区爱芬环保科技咨询服务中心（以下简称爱芬环保）。

案例五：静安区爱芬环保科技咨询服务中心

爱芬环保的前身，是由一批有志于环保事业的"70"后、"80"后青年组成的群体。他们最初是做"热爱家园"的青年社区志愿者，从环保角度介入垃圾分类，2011年开始在静安区扬波大厦进行垃圾分类试点并由此形成"扬波模式"，后于2012年8月正式注册民办非企业机构。爱芬环保近十年来一直致力于推动城市垃圾分类，足迹遍及静安区、普陀区、闵行区的300多个小区，截至2018年底，已分类户数为18.1万户，覆盖超过40万居民。

在实践中，爱芬始终将促成居委会、业委会以及物业公司之间的协作作为重要的着眼点，并成为推动"三驾马车"各司其职、充分互动、形成合力的重要力量。在商品房小区和馨苑，爱芬环保在居委会的支持下上门调研，并对居委会工作人员和居民积极分子进行培训，根据居民习惯对垃圾桶进行布点，志愿者招募、值班以及垃圾分类工作也持续推进。爱芬环保的专业精神与志愿者尽职尽责的热情，打动了原先"冷眼旁观"的业委会主任，不仅让他太太出来做志愿者，而且积极参与到垃圾分类的宣传中来，还主动为志愿者提供茶杯和活动场所。物业公司也逐渐改变了怠惰的态度，开始配合垃圾分类工作，"三驾马车"的协同运作初见成效。在此基础上，爱芬环保推动居委会、物业公司、业委会协作成立了垃圾分类工作小组，社区"三驾马车"由原先的各行其是转变为相互协作，在社区治理中的组织协同效应日益显现。

（三）推动社区营造

社区营造重在培育社区社会资本，通过各类社区活动促进邻里交往、推动社区参与、激发社区活力、凝聚社区共识、增进居民对社区的认同感与归属感，以此夯实社区自组织和居民自治的深厚基础。诸多社会组织在开展项目活动的同时，注重对社区营造理念的贯彻，不仅追求完成任务目标，而且追求打造熟人社区这样的中长期目标。前述"绿主妇"、爱芬环保等社会组织都是这方面的典型案例。如爱芬环保，其靠垃圾分类这一公共议题来凝聚社区共识，进而形成有利于推动垃圾分类的社会氛围。通过宣传，爱芬环保为小区建立起针对居民的持续教育项目，聆听个人的反馈并进行持续改善，最终促使居民形成自愿进行垃圾分类的动机。在实践中，通过志愿者示范形成辐射效应，推动大多数居民的积极参与，是垃圾分类有效实现的关键所在。爱芬环保在开展垃圾分类的每个环节都使用了参与式工作方法，比如采用"开放空间""社区茶馆""参与式会议技术""团队共创"等方法来激发居民和志愿者参与垃圾分类的热情和积极性，为垃圾分类等各类专项工作的推进营造了良好的社区参与氛围。

社区营造理念在上海的应用，首先体现在社区外在环境景观的更新改造上，结合上海的城市微更新、社区规划以及"美丽街区""美丽家园""美丽庭院"建设等项工作开展实施。近年来，上海部分街镇在专业社会组织的推动下，在街区、社区打造社区花园，同时注重这一过程中对居民参与积极性的激发，典型体现了社区营造的工作思路。参见上海四叶草堂青少年自然体验服务中心案例。

案例六：上海四叶草堂青少年自然体验服务中心

上海四叶草堂青少年自然体验服务中心（以下简称四叶草堂）发起于同济大学，于2016年登记为民办非企业单位。作为一家致力于社区营造的自然教育机构，扎根于上海，其目标是为青少年创造体验自然之良机，让孩子们在互动中开启人与自然、人与人的深层次对话，让自然成为寓教于乐的最佳场所以及被尊重的神奇老师。

自2014年以来，四叶草堂在上海中心城区陆续建成了多个不同类型的社区花园。由其营造的社区花园是一种全新的自治模式，其理念与传统的居委会、物业公司、政府三方管理不同。社区花园不是物业公司种植的绿化带，而是居民共建的花园。不同类型的社区花园均以社区绿色空间为载体，以公众参与为主要力量，旨在调动社会各层面的积极因素参与社会公共事务。以火车菜园为例。该场地位于上海市宝山区中成智谷创意产业园区东侧，占地面积约700平方米，原为防护绿地，但因位置偏僻，长期无人管理，成了堆放建筑垃圾和居民自发种植蔬果的城市边角地带。在朴门永续的设计理念之下，四叶草堂根据场地活动的类型和使用频率，规划了5个区：香草菜园区、食物森林区、大田作物区、林产作物区、自然保育区。同时在场地中辟出一处"一米园圃"，由若干个一米见方的小菜园组成，吸引社区居民、白领人士等共同参与种植，在生产蔬菜的同时，也为参与者创建了交流的平台。火车菜园也成为中成智谷园区、周边社区和学校集体举办自然教育活动的热门场所。

除了四叶草堂以城市规划、景观设计等专业为背景、以社区微更新为主要业务范围的社会组织，上海还存在部分以总体性社区营造为目标的社会组织，典型如屋里厢社区服务中心。上海屋里厢社区服务中心由NPI（恩派公益组织发展中心）发起，于2008年12月在浦东新区民政局注册成立。屋里厢作为立足社区建设的支持型机构，以"助力社区发展，营造熟人社区"为使命，历经多年托管市、区、街（镇）级公共服务设施的经验，已基本形成托管运营和技术咨询服务输出的业务模式，参与社会建设整体规划，对社会组织的发掘和能力提升提供顾问咨询，培育社区内组织及引入专业社会服务机构，为社区居民提供"全人群、全过程、全方位"的专业化社会服务，在社区内营造"尊重、参与、分享"的氛围。这类社会组织紧密结合上海社区建设整体实践，其所追求的社区营造目标与我国城市社区建设的目标相一致，即建设生活便利、安居乐业、和谐有序的"地域生活共同体"。

案例七：上海屋里厢社区服务中心

上海屋里厢社区服务中心（以下简称屋里厢）重视与社会各方的沟通和合作，致力于公益合作平台的搭建和合作共赢氛围的营造。目前共有五大品牌产品，包括里仁家园、友邻生活馆、"老来客"会馆、慈善超市、阳光之家，其核心目的即培养能促进城乡社区建设的各类公益力量。

2013 年底，在专家团队的支持下，屋里厢与汇丰银行（中国）有限公司发起"汇丰社区伙伴计划"，在浦东新区的陆家嘴街道、上钢新村街道、三林世博家园，杨浦区的五角场街道、延吉街道和黄浦区的外滩街道等开展试点，与政府合作配比共建社区自治基金，培育社区领袖，形成居民提案并提供资金资助、监测督导、能力建设、资源链接、信息技术、知识研究等全方位支持，助力居民参与社区公共事务，学习平等协商、自我服务和共同解决社区问题，营造熟人社区。为更好开展社区提案项目，屋里厢着重提升"社区营造"能力，在每个社区选拔了社区协调员，优化配置社区内外的资源。社区协调员多为社区热心人，其中不乏退休的居委主任、老党员、老干部、社区组织骨干等。他们一方面为不同的组织协调场地，寻找合作伙伴；另一方面也结合社区实际需要，优化项目内容，提供改进建议。

此外，在上海市重点发展的四类社区社会组织中，文体活动类社区社会组织尤其具有增进社区互动、增进社会资本的社区营造特性。文体活动类社区社会组织以满足社区群众公共文化和公共体育活动需求为重点，具有民间性、自助性、群众性的特点，通过开展文化学习、卫生健康、教育、科普、书法绘画、音乐舞蹈、体育健身等社区活动，不仅有助于居民陶冶情操、交流感情、缔结友谊，而且有助于促进邻里交往、融洽邻里关系，进而增进居民对社区的归属感和幸福感。上海爱拍社区公益影像发展中心可谓其中的典型。

案例八：上海爱拍社区公益影像发展中心

上海爱拍社区公益影像发展中心位于浦东浦兴路街道，其设立的目标是通过"社区演播室"等活动项目加强居民间的联系，有效缓解乃至解决当前社区原子化背景下邻里情感的淡薄，以及居民间沟通较少和社区居民缺少社区认同感、归属感等问题。社区演播室是一种产生于社区的口述历史与影像记忆相结合的形式，让社区居民有机会在镜头前发出自己的声音，重拾社区记忆，塑造社区文化，呈现属于自己的文化自信。在上海大学、上海师范大学等高校专家学者的指导下，其活动方式是鼓励有表演能力和善于表达的居民，参与社区电影和视频制作，鼓励有各种专业才能、各个年龄段的居民积极参与活动，整合各种社会力量和人力资源，自编自导自演，打造社区居民喜闻乐见的参与式社区文化。基于优势视角，每个居民都可以成为社区议题的讨论者、参与者、讲述者、改变者。社区演播室项目现场活动的新鲜感、仪式感让参与者有一种强烈的自我实现感，进一步激发了居民参与社区治理的热情。

三　上海推动社会组织参与社区治理的主要做法与经验

上海社会组织在社区服务、社区治理、社区营造三大功能领域积极发挥作用，取得了突出成效。从社会治理格局构建的更宽广视野来看，社会组织之所以能够发挥积极作用，与上海市近年来一方面持续推动社会组织发展，另一方面积极引导社会组织参与社区服务和治理的各项政策措施息息相关。换句话说，上海市各级政府与相关机构出台的政策措施为社会组织参与社区治理提供了制度保障，形成了从服务到管理、从资金到人才的全方位支持。下文主要从党建引领、政府支持、扎根社区、自身发展四个方面做简要介绍。

（一）党建引领

长期以来，上海的社区建设与治理始终坚持党的领导，以基层党的建设为根基建立健全社区治理组织体系，统筹引领社区治理各方面工作。具体就社会组织参与社区治理而言，从党建引领的角度来说主要有两方面的措施：一是通过完善区域化党建平台构建社区共治格局，为包括社会组织在内的各类社会力量提供参与空间，推动治理体制机制创新；二是通过两新组织党建和群团组织建设，加强对社会组织的政治引领与服务支持。

上海街镇层面的区域化党建平台首先是整合辖区范围内各类党组织资源和党员力量参与社区服务和治理的制度性平台。同时，在街道党工委领导下，街道社区党委通过健全和落实社区代表会议和社区委员会制度，发挥党建引领、推进社区共建共治的作用。社会组织负责人或成员有机会作为社区代表或社区委员会委员参加社区代表会议。在居民区层面，上海同样存在区域化党建平台，有关文件明确提出要引导社会组织主动融入党组织领导下的社区治理体系，积极配合和协助基层群众性自治组织，有序参与社区治理。

社会组织党建历来是上海"两新组织"党建工作的重要组成部分，上海提出要强化政治引领，确保社会组织正确的发展方向。同时，发挥工会、共青团、妇联等人民团体的枢纽作用，加强对职工服务类、青年类、妇女类等社会组织的联系、服务和引领。通过推进包括人民团体、社会组织服务中心等枢纽型社会组织建设，强化党建引领，建立联系相关社会组织的工作机制和沟通渠道，发挥其资源整合、服务管理作用，使其成为社会组织公益服务的资源整合载体、规范运行的督导评估载体、自身发展的能力提升载体。

（二）政府支持

从总体上来看，上海市政府关于支持社会组织参与社区治理的制度政策体系正在不断完善。《关于推进本市社会组织参与社区治理的指导意见》（2020年12月）提出，各级政府要把推进社会组织参与社区治理列入重要议事日程，加强领导，细化工作措施，加大扶持力度。要督促、指导街道办事处、乡镇人民政府建立健全工作机制，落实工作经费，积极扶持社会组织发展，并将推进社会组织参与社区治理成效纳入对街镇党政领导班子和领导干部的绩效考核。

具体来说，一是提高社会组织在政府工作视野中的重要性，如要求街道、镇政府在制定社区发展规划、年度工作规划、社区实事项目时，主动听取相关社会组织的意见，又如要求街镇积极承担业务主管单位职责，为社区社会组织依法登记创造条件等。二是抓好"两会一中心"（社区社会组织联合会、社区基金会、社会组织服务中心）平台建设，要求按照实体化、标准化、专业化的要求，做实做强"两会一中心"，为社会组织发展提供综合服务支持。三是优化政府购买社会组织服务，包括完善政府购买服务指导目录和承接社区服务的社会组织指导目录，用好"上海市政府购买社会组织服务供需对接平台"，在同等条件下优先向社会组织购买；尊重社会组织的运作规律和人才价值，合理确定政府购买服务项目价格，为社会组织发展和人员待遇提升留下空间；加强政府购买服务的合同管理，改善长期合同的实施方式，完善政府部门对购买服务项目的全程指导等。四是加大对重点领域社会组织的扶持，包括有条件的区和街镇继续设立社会组织发展专项资金，深化社会组织孵化基地建设，鼓励街镇将闲置公共资源以无偿使用等优惠方式提供给社会组织使用，公益性社会组织开展日常服务活动的水、电、气按现有价格优惠政策执行等。

（三）扎根社区

社会组织能否有效参与社区治理，关键之一在于社会组织与社区的关系是否紧密，能否立足社区需求、获得社区支持并与其他社区组织形成良好的合作关系。相比社区内自发产生的社会组织，外来社会组织进入社区往往面临更大的挑战。如前所述，上海力图将区域化党建工作拓展至居民区层面，以基层党组织为核心构建多组织参与的社区治理体系，在此框架下吸纳社会组织参与社区治理。同时，借助社区基金会、居民自治金等经费支持，用项目化运作的方式鼓励各类社区社会组织发挥作用，在项目运作过程中强调自下而上的议题设置、协商合作式的项目实施与居民参与式的监督评估，促进社会组织更好地扎根社区。

目前，部分区（如徐汇）还在积极探索党建引领下的居民自治组织、社会组织、居民志愿组织"三组联动"模式，推动形成社区内各类组织优势互补、良性互动、相辅相成的治理格局。其具体做法有如下几点。一是党建引领，建立供需对接机制。街道党工委自下而上地了解居民需求和意见建议，提取形成居民区各具特色的服务需求。每年年底街道搭建社会组织服务项目供需接洽平台，在全市层面精选一批社会组织，与居民区党组织、居委会进行面对面交流对接，进而形成年度购买服务清单。二是促进融合，建立协同推进机制。建立街道、居民区两个层面的联络服务机制，通过分工联系实时了解社会组织的项目进展情况，协助解决困难。鼓励居委会、社会组织、志愿组织在社区治理中发挥各自优势，推动合作和优势互补。三是着眼长效，建立活力培育机制。努力把社会组织的服务转化为具体的品牌项目，通过品牌化典型项目的宣传推广，不断扩大其在社区的影响力，增强其对居民的吸引力。进而以项目带动团队，努力使每个项目都能带动一支团队的形成，再以团队带动自治，强化团队带头人对社区居民的正面引导作用，带动社区居民开展自我管理、自我教育和自我服务。

（四）自身发展

社会组织自身充分发展是其作用发挥的基础。总体而言，上海不断完善推动社会组织发展的政策体系，包括：发挥社会组织孵化基地对社会组织创业的支撑作用，为社会组织提供政策辅导、注册协助、办公场所、资源对接、项目运作、人才培训等扶持；推动政府购买服务规范化发展，完善社区公益服务项目招投标（创投）机制，通过公开招标、明确资质、鼓励跨区域承接项目等方式，促进公平竞争，发展专业性品牌社会组织；进一步优化财政支持方式，积极完善和落实有利于社会组织发展的财政和税收政策等。

具体就推动社会组织参与社区治理而言，从促进社会组织能力提升的角度来看，上海的做法主要包括两点。一是加强教育培训，培养社会组织专业服务人才。重点对参与社区治理的社会组织工作者，定期开展政策法规、行业标准、服务规范、操作技能等培训。指导建立社会组织从业人员职业发展体系，确立从业人员薪酬合理增长机制。将社会组织带头人的培养和引导纳入党管人才工作，积极培育社会组织领军人才，增加党代表、人大代表和政协委员中来自社会组织的代表名额，有序拓宽其政治参与渠道。二是提升社会组织的社会工作能力。鼓励社会工作专业人才发起举办社区社会组织，支持在社区治理中引入专业社会工作理念和方法。支持社会工作服务机构综合运用社会工作专业知识、方法和技能，开展困难救助、人文关怀、心理疏导、行为矫治、关系调适等服务。重视发掘和激励具有一技之长的社区"达人"参与社区治理，通过创新社会组织载体，为其提供相关服务、支持和保障。

第二节　浦东新区高桥镇以项目化推动社会
治理社会化研究[1]

党中央要求"提高社会治理社会化、法治化、智能化、专业化水平"。在充满不确定性的现代社会，必须要在发挥好党委领导、政府主导作用的同时，引导社会成员增强主人翁意识，激发社会自治、自主、能动力量，

---

[1] 本节部分内容曾以《区域治理共同体：党建引领推进社会治理社会化》为题，收录于陈高宏等主编《像绣花一样精细：城市治理的浦东实践》，上海交通大学出版社，2020。

让大众的问题由大众来解决。社会治理社会化既是加强和创新社会治理的目标和要求，也是基本的实现路径之一。项目化合作方式符合促进多元主体参与社会治理的趋势，为不同主体之间开展合作提出了契约式的约束，这在一定程度上促进了合作的长效性、增强了社会治理的效果。近年来，高桥镇党委以区域化党建为引领，以服务民生、服务发展为主线，征集形成需求、资源、项目"三张清单"，通过项目化合作整合区域资源、汇聚社会力量、创新社会治理、带动区域发展。作为第二批浦东新区社会治理创新试验基地之一，高桥镇以项目化合作促进社会治理社会化的实践探索经验值得研究、提炼、完善、推广。

一　有关社会治理社会化的理论认识

（一）主要概念

1. 社会治理社会化

党的十八届三中全会提出"创新社会治理体制"，社会治理正式取代社会管理，成为社会体制改革和社会建设领域的关键词。从管理到治理的转变意味着党和政府之外包括经济组织、社会组织和公众在内的多元社会主体的参与，这也正是社会治理社会化的核心要义。党的十九大报告提出打造共建共治共享的社会治理格局，其中的关键依然是"社会化"。简言之，社会治理社会化即在发挥好党委领导、政府主导作用的同时，积极引导支持企业、社会组织、自治组织以及公民个体主动参与到民生服务、社会治理和经济社会发展的方方面面，努力激发社会自治、自主、能动力量，充分发挥"社会协同、公众参与"的作用，不断完善社会治理新格局。社会治理社会化内容广泛，本报告将重点探讨区域化党建与社会治理社会化的关联，尤其侧重其中项目化运作的有益经验。

2. 区域化党建

区域化党建的理念发端于上海，早在 20 世纪 90 年代后期上海市委有关文件就曾提出社区党建"区域化"的思路。目前的实践中同时存在两种含义的区域化党建，即狭义的区域化党建和广义的区域化党建。狭义的区域化党建重在打破单位党建与社区党建的界限，其主要载体是各级党建联席会议（或其他类似平台），主要对象是建有党组织的各类组织，首要工作是推动驻区企事业单位和在职党员参与社区服务与治理，基本的工作方式是组织主体之间的党建联建和多方参与的合作共建。广义的区域化党建则是指特定区域范围内针对所有各类组织的党的建设，内容既包括加强传统组织的党建工作如居民区党建，又包括新兴领域党建工作的拓展如"两新"组织党建。前者的本质是党建工作思路的转变：从封闭到开放、从隔离到联通、从独力到合力、从管理到治理。后者则是传统社区党建工作内容的延续和扩展，目的在于加强基层党建，实现党对新社会领域的有效整合。本报告主要聚焦于狭义区域化党建。

3. 项目化运作

项目化是组织之间开展合作的一种方式，普遍应用于政治、经济、社会、文化等各个领域，其实质是以正式契约和正规程序的方式对组织间的合作行为加以约束、规范。项目化运作则是指某项工作以项目化的方式进行，一般流程包括项目发布、项目申请、签署协议、项目开展、项目监督与考核等，可以理解为某类工作机制。进入 21 世纪以来，项目制成为国家治理体系与治理能力现代化过程中的重要体制机制，体现了党和政府不断强化"技术治理"的工作思路。在社会建设与社会治理领域，无论是政府购买经济组织、社会组织服务，还是基层党建经费、自治经费的使用，都越来越多地采取项目化运作的工作机制。本报告关注的项目化运作，仅指区域化党建工作中，不同党组织与单位之间以党建联建或合作共建为主要内容所开展的项目化合作及其流程。

（二）基本的理论认识

1. 区域化党建体现了社会治理社会化的创新意涵

首先，区域化党建有助于形成党领导下的区域发展与治理合力。区域化党建是执政党在改革开放新时期为适应社会变迁、整合流动社会而做出的积极调整，对于打破单位党建的界限、盘活区域内各种资源、促进各主体联动发展、促进党组织自身转型都具有积极作用，最终有助于实现党联系和服务群众、促进区域发展、巩固执政基础的目标。其次，区域化党建有助于激发区域内各类组织的参与活力。区域化党建以党的组织体系为纽带，构建合作平台，拓展参与途径，在推动区域资源共享的基础上推动社区共治，不仅有助于社会主义协商民主的发展，也有助于激发社会活力，对于完善"党委领导、政府负责、民主协商、社会协同、公众参与、法治保障、科技支撑"的社会治理格局具有重要意义。

2. 项目化运作可促进社会治理社会化的有效实施

首先，项目化运作有助于不同组织主体之间的切实、长效合作。项目化运作不是强制性、行政化的合作，而是隐含了平等协商、自愿合作的契约精神，能够更好地体现合作双方对等的切身需求，从而在满足双方需求的基础上实现真正的长效合作，达到"共赢""共享"的目标。其次，项目化运作有助于不同组织主体之间的规范、实效合作。契约既是保障，也是约束，项目化运作为不同主体之间开展合作提出了契约式的约束，有助于监督双方的合作行为，增强合作的实际效果。同时，程序化、标准化的流程也是对组织间合作的进一步约束，在项目经费使用、项目组织实施、项目效果评估等方面更为规范，因而有利于提高区域化党建工作的制度化水平、促进社会治理社会化的有效实施。

二　高桥镇以党建项目推进社会治理社会化的经验做法

（一）基本状况

1. 高桥镇的地域优势与治理挑战

高桥镇位于上海市东北角，东与自贸区相接，南与高行镇接壤，西隔黄浦江与宝山、杨浦相邻，北毗吴淞口，总面积39.3平方公里，下辖14个村、33个居委会，设凌桥社区、古镇社区2个社区。截至2018年9月，镇域内实有人口共18.9万人，其中户籍人口9.1万人、外来人口9.8万人。辖区内有学校29所，三级医院1家、社区卫生服务中心2个，养老机构4家，派出所2个。2017年完成税收28.02亿元，实现财政预算收入（可支配财力）8.28亿元，固定资产投资达到4.53亿元，万元产值能耗同比下降27.3%。自2018年以来，高桥镇党委、政府围绕新区"2＋2＋2＋1"中心工作布局，坚持稳中求进的工作总基调，坚持新发展理念，坚持把高桥人民对美好生活的向往作为奋斗目标，对标先进、改革创新、务实进取，努力开创"三个高桥"建设新局面，为"古镇再造·高桥复兴"打牢基础，努力建设上海国际航运中心和自贸区的重要承载区，建设以新材料科创研究为特色，历史现代融合、生态宜居的特色文化名镇。

在推动地区经济社会发展方面，高桥镇具有某些独特优势。一是历史文化优势。高桥为千年古镇，其历史可追溯至北宋，老街则有800多年历史，拥有绒绣、松饼、本帮菜等多项非物质文化遗产，是浦东"三刀一针"的发祥地，2012年被评为中国历史文化名镇。二是区位经济优势。高桥位于长江口，被誉为"万里长江第一镇"，历史上一直是区域航运、贸易中心。浦东开发开放后，外高桥保税区、外高桥港区相继在高桥建成投产，2013 年更成为上海自贸区的重要区域，由此带动了高桥经济的迅速发展。三是区域资源优势。与悠久历史文化、优越经济区位相关联，高桥镇域内包括国企、外企、学校、医院、文化机构等，资源类型丰富、数量繁多，为区域发展和社会治理提供了有利条件。

与此同时，经济社会快速发展也为高桥镇的社会治理带来了巨大挑战。一是人口结构的流动性。在地方经济发展过程中，一方面本镇人口的职业流动、地域流动加快，另一方面也有大量的外来人口在高桥工作、生活，其数量多于户籍人口。人口结构的流动性特征带来了职业人群与居民、本地人与外地人以及不同职业、不同阶层之间的利益调节、文化融合和关系和谐问题。二是社区类型的复杂性。作为正在经历快速城市化的郊区大镇，高桥目前的社区类型较为复杂多样，包括农村社区、老街区、老工房小区、商品房小区、村改居小区等。在管理方式上，既有传统的镇村体制，也有基本管理单元所体现的镇管社区体制。不同类型社区的需求结构日益复杂，基层社区治理模式也有很大差异。三是社会运行的风险性。随着经济转型升级、城镇更新改造和国际化、信息化水平的提高，高桥的公共安全形势和社会矛盾风险或将日趋复杂。社会结构分化与组织化程度的提高、公众的安全意识与权益意识的增强以及信息技术手段的广泛运用，都加剧了社会风险的不确定性。这就要求高桥积极创新社会治理体制机制，既要最大限度维护社会和谐，又要最大限度地激发社会活力，从而为地区发展提供坚实保障。

2. 高桥镇区域化党建工作概况

区域化党建是高桥镇推动社会治理体制机制创新、服务于经济社会发展的重要抓手。近年来，高桥镇党委以区域化党建为引领，围绕中心工作，在凝聚共识、建章立制、健全体制、完善机制、分级推进、打造阵地和项目化运作等方面积极探索、扎实推进，成效显著。

（1）明确要求，凝聚共识。高桥镇党委对区域化党建工作提出了"资源共享、文明共创、文化共融、人才共育、社会共治、事业共兴"六个方面的要求，以此凝聚驻区单位共识。按照"联建联动、整合资源、推动发展、服务群众"的总体思路，以"契约化共建、项目化推进、社会化运行、制度化保障"的工作方式，统筹各类资源，有效服务群众，打造良好环境，促进地区繁荣。

（2）建章立制，规范运作。制定《浦东新区区域化党建促进会高桥镇分会章程（试行）》《浦东新区区域化党建促进会高桥镇分会项目申请、认领和实施办法（试行）》《浦东新区区域化党建促进会高桥镇分会微信群管理办法（试行）》等制度文件，对高桥分会的指导思想、主要任务、会员权利义务、组织机构、运行机制、项目化运作流程等做了具体界定，推动区域化党建规范运作。

（3）建构平台，健全体制。主要制度化平台即 2016 年 4 月成立的浦东新区区域化党建促进会高桥镇分会，目前由 52 家单位会员组成，承担共推区域发展、共同服务群众、共育先进文化、共抓治理创新四项主要任务。同时明确会员大会、理事会等权力机构职责，构建由会长、常务副会长、理事长、年度执行理事、普通理事、秘书长等组成的管理架构，健全镇党委领导下的共治体制。

（4）完善机制，促进交流。高桥分会章程中提出了五个方面的运行机制，即定期联系机制、项目运作机制、结对共建机制、信息报送机制、评价激励机制，为区域化党建工作的具体开展提供了指引。此外，积极构建线上沟通交流平台，于 2015 年 9 月组建区域党建单位微信群，成员既包括镇委领导、各职能部门负责人，也包括几十家区域单位负责人，以此了解需求、及时沟通。

（5）分级推进，基层联动。高桥镇存在镇直管村、镇管社区两类管理体制，区域化党建工作也在镇－村、镇－社区－居的不同层级同时推进，注重发挥凌桥社区、古镇社区和基层居（村）的主动性，促进基层联建共建，构建多层级的区域化党建组织体系。同时，以镇党建办和党建服务中心为平台，面向政府部门、驻区单位、社会组织和居（村）社区，统筹全镇资源，突破层级局限，推进联动发展。

（6）打造阵地，创新服务。镇党建服务中心设有启航大厅、党员政治生活馆、远程直播课堂、双创参观基地，依托优势资源建设党员先锋驿站（书记工作室），设计丰富的主题党日活动菜单，并着力打造了"千年高桥镇的古镇之旅""万里长江口的红色之约"两条主题党日线路。通过空间设计、功能营造、资源整合、活动创新，努力把中心打造成标准化、综合化的党建群团服务阵地和众治空间。

（7）清单对接，项目化运作。从 2015 年起，在上门走访的基础上，高桥镇征集形成了需求、资源两张清单，进而通过需求与资源的对接，推动不同单位、部门、居（村）之间的项目化合作，以此整合区域资源、促进协同共治、形成发展合力。2018 年的需求清单共 13 大类、26 种、94 项，资源清单共 14 大类、19 种、116 项，项目清单则累计包括 10 大类 98

个项目。后文将对项目化运作情况进行详细介绍。

（二）高桥镇区域化党建项目化运作的做法与成效

1. 主要做法

高桥镇区域化党建项目化运作的基本做法是做实三张清单，在资源、需求清单相互对接的基础上形成项目清单，并围绕项目申请、协议签署、项目开展、监督评估过程推进合作项目的规范化运作，增加项目数量，扩大项目范围，拓展项目内容，提升项目效果。镇党建服务中心作为主要的推进主体，其在实际运作中的具体做法有如下几点。

（1）对资源、需求清单进行动态调整。通过上门、电话、网络等多种沟通方式，一年两次排摸会员单位的资源、需求状况，同时积极了解镇职能部门、镇管社区、基层居（村）以及其他各类组织的相关信息，及时调整更新两张清单。

（2）积极发掘和推动项目化合作。扩大项目化运作覆盖面，不局限于52家会员单位，推动全镇范围内各类组织之间的项目合作，尤其是促进已有党建联建长期合作基础的各类组织签署项目协议，为长效合作提供保障。

（3）加强项目化运作的规范性。制定《浦东新区区域化党建促进会高桥镇分会项目申请、认领和实施办法》，制作项目申请表和项目合作协议书范本。围绕项目效果的提升，完善项目跟踪督促机制，并构建网上评价机制。

（4）增进项目化运作的便捷性。着眼于随时提、能认领、易对接、可操作，开展党建项目培训，建立项目随时申请机制，并依托"先锋高桥"公众号，开发两张清单、项目对接等功能，创作网上共享、网上预约等服务内容。

（5）构建项目化运作的激励保障机制。每年开展星级项目评选，推动党建品牌项目建设，对优秀星级项目积极进行宣传推广。同时，对部分有需要的项目给予一定的资金扶持，为项目合作的有效开展提供保障。

2. 项目特点

自2015年12月第一批项目签约以来，高桥镇已累计促成党建引领、便民服务、公益慈善、为老服务、文化传播、志愿服务、和谐互助、兴趣培训、心理疏导、专业讲座10大类98个合作项目，涉及单位和居（村）约120家。2018年的新建项目共32项，其中党建联建类10项、医疗服务

类 8 项、军民一家类 5 项、尊老爱幼类 3 项、扶幼助学类 2 项，以及志愿
服务类、文化体育类、讲座咨询类、生活关怀类各 1 项。总体而言，目前
的合作项目具有如下特点。

（1）项目对象范围广泛。项目化运作基本上面向镇域所有正式组织，
除了 52 家区域化党建会员单位，高桥镇机关部门、社区党委、事业单位、
居（村）党组织等均可申请项目。2018 年的 32 个项目中，31 项是会员单
位与居（村）、养老机构、公益组织等非会员组织之间的合作。

（2）项目类型日益丰富。2015 年 12 月和 2016 年 2 月较早签约的项目
均为医疗服务类，资源提供方都是上海市第七人民医院，而需求方则包括
敬老院、育民中学、高桥派出所、武警浦东一大队等 11 家单位。之后项目
类型不断扩展，涉及党建活动、民生服务、社会治理等诸多领域。

（3）项目内容聚焦民生。比较而言，在 98 个合作项目中，民生服务
类数量最多，包括医疗服务、为老服务、帮困服务、助学服务、便民服务
等。在 2018 年的项目中，第七人民医院和高桥、凌桥两个社区卫生中心共
参与了 12 项，均为医疗服务活动。此外还有为老服务、助学帮困、志愿服
务等多个项目。

（4）项目合作存在基础。目前的项目都能在一定程度上契合参与单位
的业务专长、工作基础和自身需求，其中某些更是具有长期合作的基础，
如凌桥社区与海警支队、社区卫生中心等共同参与的"相约 20 日"项目
已有 20 年的发展历程，而陆凌居委与山东省平邑县驻上海办事处党委的合
作也发端于 2007 年。

3. 项目化运作的积极成效

项目化运作为高桥区域化党建注入了新活力，拓展了新思路，在区域
内强化党建理念、打破资源壁垒、凝聚各方人心，形成了多层面协作共
建、多维度项目合作、多渠道解决问题，区域一体、多方共赢的生动局
面。高桥镇区域化党建项目化运作的积极成效主要体现在四个方面。

第一，通过资源共享、结对共建，极大地激发了基层党建活力。

依托区域化党建项目化运作，高桥镇将区域单位和社区组织的资源串
联起来，推进资源共享，丰富了党建活动的形式与内容，提升了基层党建
的效果。区域单位将军营、军舰、鱼类标本馆、禁毒馆、多媒体舞台、学
校健身场馆等文化阵地与其他单位和居民共享，如五星级的皇冠假日酒店
为结对单位富特四村免费提供场地，支持社区文化交流。镇文化服务中心
党支部在各区域单位内培育选拔优秀文化节目，巡回送节目进部队、进社

区、进楼宇。镇党建服务中心依托捷派克党委党建先进集体、全国模范职工之家红旗单位、上海工匠等资源，打造党员先锋驿站（书记工作室），为区域单位提供微党课、书记沙龙等资源，并在资源开放共享的基础上着力打造了两条主题党日线路，即"千年高桥镇的古镇之旅"和"万里长江口的红色之约"。两条路线串联起绒绣馆、仰贤堂、外高桥集团、港口、海关、海事局等各类资源，倡导古镇保护，感受开放发展，不仅密切了各家区域单位之间的联系，还丰富了基层党组织活动形式。党建中心党支部与"两新"组织党支部共建，共同组建白领讲师团，组织"爱的大课堂"系列公益活动。

第二，通过需求对接、紧密合作，有力推进了各方互利共赢。

高桥镇的许多合作项目不只是大型驻区单位单方面向基层社区提供资源支持，而是形成了需求对接、相互支持、互利共赢的紧密合作关系，为项目合作的长期持续奠定了基础。外企巴斯夫公司与周边的西新村、北新村共建，通过优先解决村民就业、打造"巴斯夫之家"活动室、组织"小小化学家"活动等，逐步改善了原本紧张的村企关系，在推动村庄发展的同时也为企业自身发展营造了良好的社会环境。陆凌居民区党支部和上海公安学院党委进行警民共建，通过开展清洁家园、便民服务、为老服务等系列活动，不仅社区居民得到了实惠，而且学校也锻炼了学生、塑造了服务于人民的新型警察形象。在海警支队、凌桥社区卫生中心和陆凌社区党委参与共建的"相约20日"项目中，不仅部队官兵和医务人员为居民提供服务，社区党委也积极支持部队和卫生中心的业务工作，并帮助解决实际困难，形成了相得益彰的合作格局。第七人民医院为居民提供免费医疗服务，周边居委会则以志愿服务的方式帮助医院维持秩序。此外，公安学院与滨江森林公园、明日之星幼儿园与富特三村等共建项目，都存在相互支持的因素。

第三，通过党建引领、多元参与，更好满足了民生服务需求。

在结对单位党组织的带领下，许多合作项目聚焦于民生服务，包括医疗服务、便民服务、为老服务、帮困服务、助学服务等，形成了党建引领、多元主体参与提供社区服务的格局，更好地满足了社区居民的民生服务需求，有力提升了民众的获得感。星级品牌项目"相约20日"由凌桥社区党委和上海市边防总队海警支队党委、凌桥社区卫生服务中心党支部共同参与。自2016年以来，这一项目在传统的便民服务、医疗服务基础上持续拓展，参与单位不断增多，服务内容日益丰富，服务方式也从原来的定点服务改为进居民区轮流开展服务，目前已开展了 13 期活动，受益居民逾 3000 人次。高桥社区卫生服务中心党委在与居（村）、部队、学校、敬老院等单位开展共建的过程中，依托和发挥专业优势，开展免费医疗服务，例如中医项目推广、慢性病管理咨询、测量血压、发放健康教育处方等，还在镇老干部活动室、潼港西八村居委会、上炼二村居委会设立站点持续提供服务。新高桥公司党委与镇妇联签署"准孤儿帮扶"项目合作协议，对镇域内 7 名准孤儿给予生活关爱和物质帮扶。外高桥电厂与永久居委会签署了长达 10 年的帮扶协议。各类民生服务类项目普遍获得了受助对象的高度认可。

第四，通过构建网络、协同共治，有效破解了社会治理难题。

在加强和创新社会治理方面，不仅有部分项目直接与社会治理相关，更重要的是通过项目化合作和区域化党建，可以在居（村）、社区、全镇等不同层级构建起交流沟通、协调合作、协同共治的组织网络，从而协力解决某些治理难题、共同应对某些突发事件。滨江森林公园与第七人民医院合作建立突发事件绿色救治通道，以应对公园大型活动、人员密集场所的突发性安全问题。陆凌居委会辖区有来自山东省平邑县的大量人口，通过与山东省平邑县驻上海办事处党委开展共建，积极支持外来人口参与志愿服务和居民自治，有效实现了社区和谐。富特四村属于老小区，居民流动率较高，物业费收缴率很低，而且周边商铺林立，扰民现象严重。在和高桥物业、商发公司开展结对共建之后，各方及时交流信息，积极开展协商共治，有效破解了社区物业管理、商铺管理方面的难题。2017 年 1 月在凌桥地区，因集卡伤人事故引发了大规模群众聚集事件。在上级部门领导下，凌桥社区党委协同居（村）委会、公安、城管、物业、学校、部队、医院等各类社区单位，横向联动、及时沟通、积极应对，使这次群体性事件在短时间内得到了控制和解决。

（三）以项目化运作推进社会治理社会化的经验

高桥镇区域化党建项目化运作不断探索推进，取得了积极成效。从社会治理社会化的角度，高桥镇的做法主要体现了以下基本经验。

（1）以党组织体系为纽带，整合镇域各类组织，构建社会治理社会化的组织主体框架。这一框架包括不同层级、规模不等、正式化程度不同的各类组织体系，全镇层面正式化程度最高的是浦东新区域化党建促进会高桥分会，社区、居（村）层次以党组织为核心的各类组织体系也都在各自范围内发挥积极作用。人事安排是各类组织体系运作的关键机制，如驻区单位负责人进入镇理事会或担任社区党委委员、外来人口代表进入居委会担任委员等。

（2）以互利共赢为依托，追求项目长效合作，筑牢社会治理社会化的组织关系基础。基于自身特征与需求，不同层级的各类组织之间建构起需求对接、互相支持、互利共赢的关系格局，并以项目化的方式加以规范和保障，有利于实现长期有效合作，为社会治理社会化提供了更为稳固的组织关系基础。互利共赢式的合作能够在一定程度上克服不同组织在性质、规模、等级等方面的差别，高桥镇某些已有多年合作基础的项目尤其体现了这一特点。

（3）以资源共享为抓手，满足民生服务需求，夯实社会治理社会化的深层民意基础。发展民生社会事业、满足民众生活需求是贯彻党的服务宗旨、维护社会和谐稳定、实现发展最终目标的根本要求。不同层级组织体系作为资源共享平台，能够集聚各方资源力量，服务于民生发展，提高居民生活的幸福感和获得感，从而夯实社会治理社会化的深层民意基础。在一定意义上，资源共享是区域化党建的基本功能，服务民生则是区域化党建的首要目标。

（4）以协商共治为手段，打造和谐社会关系，完善社会治理社会化的主要实现方式。镇、社区、村居等不同层级的组织体系同时也是协商共治平台，围绕服务、管理、安全、和谐等公共议题，在党委领导、政府主导下，各类社会主体积极参与协商议事，提出共识性的解决方案，开展合作式的共同行动，群策群力，践行社会治理社会化。就此而言，这一平台运作的基本方向是合作，而非对立；是共识，而非分歧；是和谐，而非矛盾；是协商，而非冲突。

概言之，高桥镇以项目化运作推进社会治理社会化的经验，即在努力构建长效合作关系的基础上，党建引领、多元主体参与的各级组织体系致力于改善社会民生、开展协商共治，以实现维持社会秩序、激发社会活力的社会治理双重目标，进而凝聚各方共识，群策群力，推动地区经济社会全面发展。

三　以项目化运作推进社会治理社会化的问题与建议

（一）当前存在的主要问题

1. 项目化运作方面的问题

（1）参与广度仍有不足。部分会员单位、理事单位，及部分居（村）

均未参与过项目合作；会员单位以体制内的大型组织为主，体制外的组织如民营企业参与较少；会员单位中没有社会组织，社会组织参与项目合作的数量也比较少。

（2）参与程度差别较大。有些会员单位参与的项目数量很多，如上海市第七人民医院、高桥社区卫生服务中心等，但多数会员单位参与较少，甚至没有参与；部分居（村）如陆凌居委参与项目较多，也有一些居（村）参与不多。

（3）双向合作项目有限。2018年签约的32个项目中，存在双向合作的有18项，但也有14项只是单向服务提供，集中在医疗服务、尊老爱幼、扶幼助学、志愿服务等领域。尽管有没有双向合作与项目内容有关，但从互利共赢的角度来看，单向服务项目的稳定性更低。

（4）治理类项目数量较少。在项目类型、内容方面，资源共享类、服务提供类、帮困救助类项目比较多，而城市管理、物业管理、矛盾化解、秩序维持等治理类项目较少，社会力量参与社会治理的广度和深度较为有限。

（5）项目运作规范性不强。部分项目主要由镇党建服务中心积极推动签署、实施，未能充分体现双方平等自愿合作的契约精神，因而对项目的规范运作不够重视。同时，对项目实施过程的监督和对项目效果的评估也有所不足。

2. 项目参与动力方面的问题

（1）主体意识有待加强。驻区单位参与区域化党建及项目合作的主体意识和主动性仍有不足，一些单位主要是在镇党委、党建服务中心的积极推动下被动参与，欠缺对区域化党建重要意义的充分认识和基本共识。

（2）与本职工作存在矛盾。部分会员单位积极参与项目合作，但也给本职业务工作带来了一定压力。受限于时间、精力，部分驻区单位对区域化党建工作的重视程度和投入力度存在不足。

（3）单位特征影响参与。驻区单位的性质、级别、规模、资源等特征与项目参与积极性关联密切，部队、国企、事业单位参与更为积极，行政等级越高、规模越大、资源越丰富就越可能参与更少。街镇区域化党建往往更加重视大型单位，但这类单位的参与积极性反而不高，这一问题在许多街镇普遍存在。

（4）参与基础不够稳固。部分单位积极参与项目合作，除了与单位性质等特征有关外，还通常有赖于单位领导、党务干部对区域化党建工作的重视程度。但这种基于个体认知的项目参与具有一定的偶然性，合作基础并不稳固。

（5）居（村）资源差别较大。居（村）层面的项目合作大多遵循"邻近原则"。居（村）更多是作为需求方参与到项目合作中，其参与积极性与周边企业、单位资源的多少密切相关。高桥镇各居（村）的周边资源差别较大，进而参与动力也参差不齐。

3. 制度机制方面的问题

（1）监督机制有待完善。除了全市统一要求的区域化党建"双报到、双报告"制度，高桥镇还探索实行会员单位社会责任报告制度，向会员单位的上级党组织通报和反馈其参与属地活动的情况。但总体而言，这一监督方式的力度较弱，更为有效的监督机制仍有待积极探索。

（2）激励机制吸引力不足。目前的激励机制侧重于精神方面，主要是在开展相关创评表彰时，对表现积极的会员单位予以倾斜，并对星级项目进行宣传，但激励的吸引力仍有不足，尤其是对等级更高、规模更大的单位。

（3）制度运行存在困难。根据章程，会员大会原则上每年召开两次，理事会每季度召开一次，但实际上由于参与动力不足，大会、理事会难以按照规定次数召开。理事会负责督促项目工作进度，并对项目实施情况进行测评，理事单位设想每年更换，但同样存在一定的操作困难。

（二）进一步的分析与讨论

概括而言，参与动力问题是上述几方面问题的核心，正是由于参与动力不足，不仅导致了项目化运作的系列问题，也带来了制度运行方面的困难。目前，驻区单位等社会主体参与区域化党建的行动逻辑主要有五种：一是行政逻辑，即在市委、区委相关文件要求下，单位上级部门和单位主要领导较为重视党建与社会服务工作，进而将参与区域化党建工作视为工作任务之一；二是交换逻辑，即单位存在寻求地区党委和周边其他组织支持的主观意愿，存在双方合作共赢的可能性，进而在此基础上开展党建联建和项目合作；三是赋权逻辑，即不同层级的地区党组织构建制度化、组织化的区域化党建平台，赋予驻区单位相应职权，以此激励驻区单位积极参与；四是共识逻辑，即切实意识到通过区域化党建实现资源共享、创新社会治理、推动地区发展的重要意义，在达成共识的基础上积极参与；五是人情逻辑，即借助组织领导或成员之间既有的人际关系网络推动合作，关系熟悉程度是这一逻辑能否发挥作用的关键。

五种逻辑在高桥镇均有存在。赋权逻辑在区域化党建促进会高桥分会、镇管社区党委及社区委员会等制度架构中有所体现，但对于部分理事单位、会员单位的影响有限；镇党委通过资源、需求清单对接积极推动交换逻辑的实现，在部分长期合作的优秀项目中体现得尤为明显，但普遍性有所不足；共识逻辑也在镇有关文件、相关领导讲话中被多次强调，但仍不足以成为主导性的行动逻辑；行政逻辑更多地体现于体制内单位的参与行动上，人情逻辑则主要发挥某种辅助作用。

从区域化党建制度化、规范化发展的角度来讲，赋权逻辑、交换逻辑、共识逻辑原则上应是主要的行动逻辑，可以成为充分参与、长期合作的基本动力。但赋权逻辑的有效性依赖于所赋予权力的权限大小、真实与否，交换逻辑则受组织特征、目标、需求、资源等个性化元素的影响，共识逻辑在一定程度上又要以赋权、交换为基础，因而在实践中均存在某些困境，这就为更具强制性的行政逻辑和更具偶然性的人情逻辑留出了行动空间。下一步，无论是完善区域化党建的项目化运作，还是推进社会治理社会化，都有必要以交换逻辑为深层基础、以赋权逻辑为基本框架、以共识逻辑为观念支撑，淡化行政逻辑、人情逻辑的作用，构建动力充足、参与充分、协商积极、合作有效的组织关系格局。

（三）相关政策建议

1. 不断提升项目化运作效果

（1）扩大工作覆盖面。借助商会、行业协会、群团组织、社会组织服务中心等枢纽型组织平台，进一步整合中小规模、体制外的经济组织和社会组织，扩大区域化党建工作的覆盖面和项目合作的参与度。

（2）开拓新市场、社会资源。充分发挥高桥镇临近上海自贸区的区位优势、拥有悠久历史的文化优势和种类丰富的资源优势，以党建为纽带，不断开拓、发掘新的市场、社会资源，助力地区经济社会发展。

（3）统筹居（村）组织资源。针对居（村）之间驻区单位资源不均衡的现状，在镇、社区层面加强统筹力度，积极牵线搭桥、促进结对共建，重点对资源欠缺、需求较大、问题较多的居（村）给予支持，进一步调动居（村）参与项目合作的主动性。

（4）拓展项目合作领域。在继续强化党建联建、民生服务、友好交流等领域项目合作的基础上，进一步拓展合作领域，积极设计并推动在精细化管理、物业管理、矛盾化解、利益协调、公共安全等社会治理领域的合作项目，促进区域化党建从资源共享向协同共治转变。

2. 充分激发参与主体动力

（1）推进组织需求细分。针对驻区单位在性质、等级、规模、目标、功能等方面的差异，需要深入了解不同类型单位组织的切身需求，在需求细分的基础上推进与其业务工作密切联系的、个性化的项目合作，从而激发其内在动力。

（2）优化资源、需求对接机制。重视社区服务、治理需求自下而上的产生，尤其重视驻区单位的自身需求，支持资源、服务的供给方充分参与到需求提取过程中，确保资源、服务精准、到位，在此基础上进而推动项目合作。

（3）促进合作项目长效运作。推动项目化运作与需求对接机制紧密结合，针对常态化的服务、治理工作，设计更多的、合适的长期项目，克服项目的时效问题，以相对固定的人员、资源投入与工作模式保障其长效作用。

（4）增进项目合作的规范性。加强对项目申请、设立、实施、评估等主要环节的必要监督考核，增进项目合作的规范性。在申请、设立环节重点考核项目是否存在合理、互利的需求对接，在实施、评估环节重点考核在多大程度上实现了互利共赢的目标，以此作为资助、评级、宣传、表彰的依据。

3. 持续健全区域化党建制度

（1）强化驻区单位权责。明确区域化党建促进会成员单位、理事单位及相应代表的权利、义务，切实保障其协商议事权、建议权、监督权等权力的有效行使。明确社区、居（村）党建联席会议参与单位的权力职责，鼓励、支持其履行职权，充分发挥驻区单位协商共治的积极功能。

（2）优化评价监督机制。在强化驻区单位权力实施的同时，优化、调整考核评价内容，对驻区单位党组织及其代表的考核重在关注其权责能否有效实施，加强对会员单位、理事单位的履职情况的适当监督。

（3）建立社区发展基金。依托丰富的区域资源，在镇层面探索建立社区发展基金，以此为抓手推进区域化党建平台的务实运作，有序拓展社会资源参与社区治理的渠道，为项目化运作提供更为充足的资金支持。

（4）打造区域发展共同体。以区域化党建为纽带，以和谐共处、共同发展为目标，以推动民生服务、创新社会治理、促进互利共赢、优化发展环境为主要途径，加强镇、社区、居（村）不同层级范围内各类组织主体之间的项目合作、友好交流，增进共识和驻区单位的认同感、归属感，打造党建引领的区域发展共同体。

第七章 社区自治：制度规范、
队伍建设与业主自治

党的二十大报告强调，健全基层党组织领导的基层群众自治机制，加强基层组织建设，完善基层直接民主制度体系和工作体系，增强城乡社区群众自我管理、自我服务、自我教育、自我监督的实效。基于问卷调查和社区实地考察，本章着重分析上海新时代以来基层社区自治制度规范化建设、基层组织工作者队伍建设和业主自治建设发展问题，旨在有针对性地提出相关对策建议。

第一节 上海基层社区自治制度规范化建设研究[①]

习近平总书记指出，城市社会治理既要强化依法治理，也要发挥社会各方面作用，激发全社会活力，群众的事同群众多商量，大家的事要人人参与。创新社会治理的重心在城市基层社区。[②] 2015 年以来，上海市陆续出台了一系列法规文件，积极推动基层社区自治制度规范化建设。在各区实践中，涌现了许多居民参与社区治理机制创新的案例。但是，在基层社区自治制度的实际运作过程中，也存在工作随意性较强、管理制度不健全、制度落实不到位等问题，制度"虚化""弱化"等情况不同程度地存在。为此，迫切需要开展基层社区自治制度规范化的相关研究。本节内容主要是在梳理总结上海基层社区自治制度主要法规文件的基础上，分析上海当前基层社区自治制度在规范化建设方面存在的主要问题和深层次原因，进而提出基层社区自治制度规范化建设方面的相关对策建议。

[①] 本节主要内容以《上海基层社区自治规范化和居民参与社区治理机制创新》为题发表于《科学发展》2018 年第 8 期。

[②] 《习近平在参加上海代表团审议时强调 践行新发展理念深化改革开放 加快建设现代化国际大都市》，http://news.cctv.com/2017/03/05/ARTIilottZ8L4hamQwdsXLm9170305.shtml，最后访问日期：2024 年 1 月 20 日。

一 上海基层社区自治制度的主要法规文件

目前，有关上海基层社区自治制度的主要法律法规除了全国层面的《中华人民共和国城市居民委员会组织法》、《中华人民共和国村民委员会组织法》以及《关于加强和改进城市社区居民委员会建设工作的意见》（2010）等①之外，主要有上海市委、市政府《关于进一步创新社会治理加强基层建设的意见》（2014）、《上海市实施〈中华人民共和国村民委员会组织法〉办法》（2017 修订）、《上海市街道办事处条例》（2016）、《上海市居民委员会工作条例》（2017）、《上海市民政局关于推进本市居（村）民自治章程规范化建设的指导意见》（沪民基发〔2015〕12 号）、《关于规范本市居民区工作绩效评价制度的指导意见》（沪民基发〔2015〕13 号）、《关于推进居民区联席会议制度规范化建设的指导意见》（沪民基发〔2016〕21 号）等。

在上述法规文件中，有关基层社区自治制度的说法有所不同，总的趋势是文件越新，基层社区自治制度的名目越多，制度体系越复杂。这一趋势一方面体现了近年来上海基层社区自治制度规范化建设的成效，另一方面也显示出具体制度名目繁多、权责边界不清、功能交叉含混的某些乱象。以《关于规范本市居民区工作绩效评价制度的指导意见》为例，这一文件明确将"制度建设"列为居民区工作绩效评价的五个内容之一，提出要"对居民区党组织和居委会选举制度；对居民区党员代表会议、居民会议的民主决策制度和'四议两公开'的民主决策程序；对以民主协商、听证会、协调会、评议会为主要形式的民主管理制度；对以重大事项报告及居村务公开为重点的民主监督制度；对居民区议事会、理事会等自治载体的运行制度；对居民区联席会议制度；对居民区党组织成员和居委会成员密切联系群众和居民区党组织、居委会日常管理、经费管理、档案管理等，各项居民区治理制度的制定和执行情况，进行综合评价"。其中涉及多种制度，而各种制度彼此间的区别与联系仍不清晰，必然会影响制度的执行效果，进而影响基层社区自治制度的实际成效。

综合前述法规文件中的说法，本研究认为，当前上海基层社区自治制

---

① 《中华人民共和国民法总则》于 2017 年 3 月 15 日中华人民共和国第十二届全国人民代表大会第五次会议通过，于 2017 年 10 月 1 日起施行，2021 年 1 月 1 日废止。其中规定，"居民委员会、村民委员会具有基层群众性自治组织法人资格，可以从事为履行职能所需要的民事活动"。这是首次对城乡基层群众性自治组织的法人地位进行确认。

度中的核心制度主要包括六大类：

一是基础制度，即居（村）民自治章程，对下述民主自治制度的运作进行规范；

二是民主选举制度，即三年一次的村委会、居委会换届选举相关制度；

三是民主决策制度，即村民会议/村民代表会议、居民会议/居民代表会议制度；

四是民主管理制度，主要包括居（村）民公约、议事会、理事会制度；

五是民主协商制度，主要包括居（村）联席会议、听证会（"三会"之一）、协调会（"三会"之一）制度；

六是民主监督制度，主要包括居（村）务公开及监督、评议会（"三会"之一）制度。

此外，还存在与基层社区自治制度密切相关的其他支持制度，包括：

第一，基层党组织建设制度，主要涉及党组织积极支持社区自治、以党内民主推动基层民主、党员带头参与社区公共事务等；

第二，村委会、居委会下属委员会设置及其日常工作制度，保障村委会、居委会的正常运行；

第三，楼组/弄堂自治、村民小组会议等制度，可在村委会、居委会之下夯实基层社区自治基础；

第四，志愿服务和群众团队建设制度，促进邻里交往、居民互助和社区参与；

第五，网络参与相关制度，如基层社区借助新技术平台促进居民参与。

总的来说，无论是六类核心制度，还是其他支持制度，都既是基层社区自治实践和社区参与机制固定化、模式化的产物，也是进一步指导基层社区自治制度规范化的准则。以居民自治为例，2017 年 7 月 1 日起施行的《上海市居民委员会工作条例》对于核心制度中的居民会议、居民自治章程、居民公约、"三会"（听证会、协调会、评议会）、居务公开、民主协商等都有一定说明，对于其他支持制度也有涉及，但对各类制度的不同功能、运作方式的介绍详略不一（事实上也很难予以详细说明）。作为完整、统一的基层社区自治制度体系，各类制度之间的区别与联系需要进一步明确，不同制度的功能也需要合理设计。

二 上海基层社区自治制度规范化建设的现状与问题

根据在宝山区开展的问卷调查和走访座谈，村委会、居委会工作者对于基层社区自治制度较为熟悉，制度执行的组织基础较好，但也存在某些问题。

（一）基层工作队伍对相关政策文件、基层社区自治制度较为熟悉，制度执行的组织基础较好，工作事项准入制度建设最需要加强

第一，基层工作队伍对上级有关重要文件制度的了解程度较高，尤其是居民区书记和村书记。对于上海市的岗位职责、印章使用清单、协助行政事务清单、社区工作事项清单、两条例一办法、一号课题文件的了解，无论是居民区书记和村书记，还是居委会工作者和村委会工作者的分值都在3分以上（"比较了解"）。

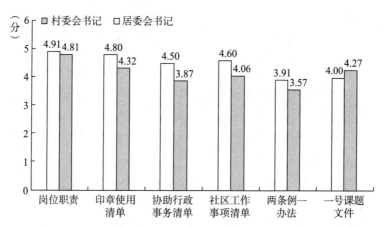

图7-1 居民区书记和村书记对重要文件制度的了解分值比较

如图7-1、图7-2所示，就对重要文件制度的了解程度而言，一方面，居民区书记和村记总体上优于居委会工作者和村委会工作者；另一方面，村书记略优于居民区书记，而居委会工作者则普遍优于村委会工作者。

第二，对主要制度比较了解，这有利于制度的有效执行。对于工作事项准入制度、志愿团队建设、内部管理制度、居（村）务公开、议事会/理事会、联席会议、居（村）选举、居（村）民（代表）会议、村规民约、自治章程的了解程度，村委会工作者的分值都在3.5分以上，村委会

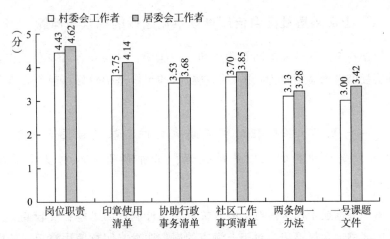

图7-2 居委会工作者和村委会工作者对重要文件制度的了解分值比较

书记的分值则都高于 4 分（"非常了解"）。

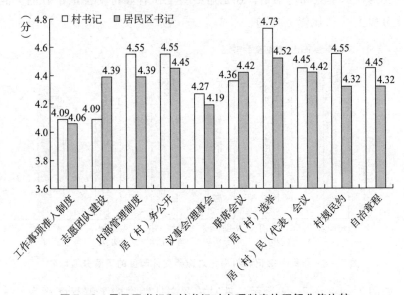

图7-3 居民区书记和村书记对十项制度的了解分值比较

如图 7-3、图 7-4 所示，就对主要制度的了解程度而言，一方面，居民区书记和村书记总体上优于居委会工作者和村委会工作者；另一方面，村书记略优于居民区书记，而居委会工作者则优于村委会工作者。

第三，对居民区书记和村书记对十项制度的了解程度进一步进行比较，有以下发现：居（村）选举的排序靠前；无论居民区书记还是村书记，对工作事项准入制度的了解程度都最低。参见图 7-5、图 7-6。

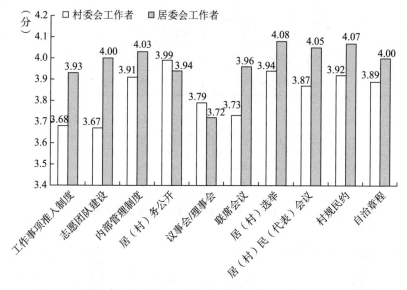

图 7 - 4　居委会工作者和村委会工作者对十项制度的了解分值比较

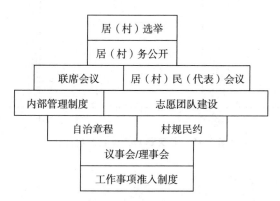

图 7 - 5　居民区书记对十项制度的了解程度高低排序

第四，居委会工作者的规范化水平高于村委会工作者。无论是对重要文件制度的了解程度，还是对主要制度的了解程度，居委会工作者都优于村委会工作者。此外，在写工作日志、民情手册等方面，居民区书记和居委会工作者的情况也分别远远好于村书记和村委会工作者。

（二）基层社区自治的群众基础较为深厚，居（村）民满意度较高，基层治理组织体系基本形成

第一，基层社区自治的群众基础比较深厚。居民区书记和村书记平均认识 1834 名居（村）民，每月平均走访 37 户家庭。组织活动的时

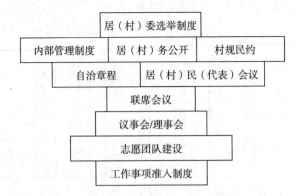

图 7 - 6　村委会对十项制度的了解程度高低排序

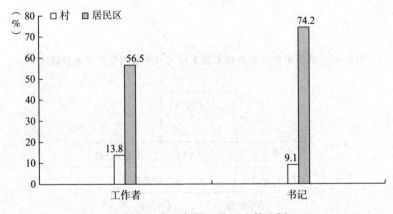

图 7 - 7　每天都写工作日志的比例

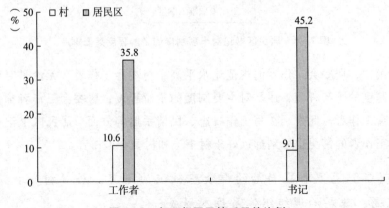

图 7 - 8　每天都写民情手册的比例

候，最多可以请来平均231名居（村）民参加。居委会工作者和村委会工作者平均认识 924 名居（村）民，每月平均走访 44 户家庭。组织活动的时候，最多可以请来平均 173 名居（村）民参加。

第二，居（村）民对居（村）各方面工作的评价普遍较高。居（村）民对党组织总体工作、居委会和村委会为群众代言、居（村）务公开、居（村）民自治水平、社区工作者的态度、社区工作者能力素质的满意度评价，平均分值在 3.3 ~ 3.5 分（最高分 4 分），满意度较高。

第三，基层治理组织体系比较完善。以居（村）党组织为领导核心、居委会和村委会为主导、居（村）民为主体，各类组织共同参与的基层治理组织体系已经形成，选择非常完善、比较完善的比例合计为 84.4%。对于党组织/居委会和村委会跟物业公司的关系，选择非常融洽、比较融洽的比例合计为 84.4%；对于党组织/居委会和村委会跟业委会的关系，选择非常融洽和比较融洽的比例合计为 87.1%。

（三）部分居委会和村委会制度运作不规范，居（村）民参与比例较低，网络沟通有待加强

第一，部分会议召开较少，尤其是村联席会议、议事会。如图 7 - 9 所示，召开最多的是两委会议和党组织会议，相比于村书记，居民区书记选择经常召开联席会议、居（村）民（代表）会议、议事会的比例较高。如图 7 - 10 所示，居民区三会召开频率的选择中，协调会经常召开的比例为 60.0%，评议会、听证会经常召开的比例则较低。

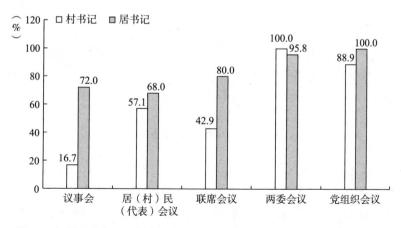

图 7 - 9 居民区书记和村书记对于 2016 年五类会议选择经常召开的比例

第二，部分自治制度规范化程度不足。统计结果显示，固定召开比例最高的是党组织会议和两委会议，其次是联席会议和居（村）民（代表）

会议。议事会固定召开的比例是 18.2%，按需召开的比例为 81.8%。听证会、协调会、评议会按需召开的比例分别是 88.2%、93.7%、67.6%。

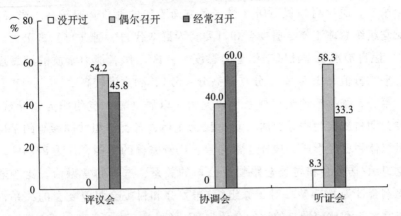

图 7 – 10　居民区书记对于 2016 年"三会"召开频率的选择

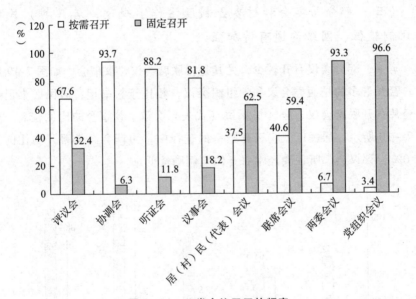

图 7 – 11　八类会议召开的频率

第三，居民经常参加议事会和"三会"的比例较低。如表 7 – 1 示，对于居（村）民（代表）会议，居民、村民经常参加的比例分别是 37.9%、17.2%；对于议事会，居民、村民经常参加的比例分别为 20.0%、8.9%。居民经常参加听证会、协调会、评议会的比例分别是 17.8%、16.1%、20.8%，参与率都比较低。

表 7 - 1 居（村）民对五类会议的参与情况

单位：%

会议	村/居	经常参加	偶尔参加	知道，但没参加过	没听说过
居（村）民（代表）会议	居	37.9	31.3	28.9	1.9
	村	17.2	38.5	38.8	5.5
议事会	居	20.0	27.9	43.1	8.9
	村	8.9	26.4	37.2	27.5
听证会	居	17.8	27.5	43.2	11.4
协调会	居	16.1	32.4	43.1	8.3
评议会	居	20.8	28.9	41.3	9.0

第四，网络交流沟通有所不足。54.8%的居民区书记通过网络平台与居民经常交流，村书记的这一比例下降为40%。居委会工作者、村委会工作者的比例则分别是40%、25.6%。问卷统计结果显示，仅7.1%的居（村）民经常通过网络平台向居委会和村委会反映问题，37.1%的人偶尔反映。

第五，网络沟通平台（如"居委通"）的效果不能被高估。29.6%的居民区书记、35.2%的居委会工作者认为"居委通"的效果很好，增进了其与居民的沟通，但近一半被调查对象认为其效果一般，居民区书记、居委会工作者选择效果一般的比例分别是48.1%、46.8%。此外，还有两成左右的人认为其带来了新的负担。

（四）对调查结果的简要概括与分析

第一，基层社区自治制度的建设水平与规范化程度存在村居差异，居委会工作日志、民情手册的规范化程度远高于村委会。居委会的联席会议、志愿团队建设具有明显优势，村委会则在内部管理制度、村规民约、自治章程方面更具优势。在会议方面，居委会召开联席会议、议事会的比例远高于村委会。

第二，作为制度的执行者，居民区书记和村书记、居（村）委会工作者对各类制度的熟悉程度存在差别，这反映了人们制度执行能力的不同，这种差别会在很大程度上影响制度的有效实施。总体而言，村书记对各类制度的熟悉程度略高于居民区书记，而居委会工作者对各类制度的熟悉程度则高于村委会工作者。

第三，居委会"三会"的固定召开比例和居民的参与比例都不高，对此，我们不能对自治制度的规范化建设求全责备，只要有少数制度能够有效运转即可。

第四，行政任务依然较多，这直接影响了制度的效果。无论是书记，还是工作者，花在"完成上级任务""去上级部门开会""填写报表"上面的时间要多于花在"在社区开会""与居民打交道""组织社区活动""调解社区纠纷"上面的时间。

第五，无论是旨在减负的电子台账，还是网络参与、居民自治的新机制，其效果都不能被过高评价，而且要谨防其给工作者队伍带来的新负担、新压力。

三　对所存在问题的深层次原因分析

本研究认为，制度的规范化可以分为形式规范、程序规范、实质规范三个方面。基层社区自治制度的形式规范是指相关法律法规所要求的各类制度在每个社区都已经建立健全。程序规范是指在制度的实施过程中能够严格按照文本、程序操作。实质规范则是指各类制度能够切实推行，并且有效发挥自治功能。在制定各类成文制度的过程中，如果能有居民的充分参与，那么形式规范就可以成为程序规范、实质规范的重要基础。程序规范对于维持制度的权威性和强化居民的规则意识具有重要作用。实质规范强调制度的效果，也是制定制度的最终目标，更具有根本性，因而应该成为衡量制度规范化的主要标准。

上海当前的基层社区自治制度在规范化方面存在的问题如下。

第一，在形式规范方面，部分居（村）委会的制度文本或者不完备，或者在制定过程中闭门造车，多数居（村）民不知情，也没有参与其中。例如，在居民自治章程的制定过程中，往往缺少居民的参与，许多居民甚至对此并不知情。又如，许多居民公约往往是一纸空文，对于不文明现象几乎没有任何约束力。

第二，在程序规范方面，部分居（村）委会或者对各类制度推行不力，使制度成为一纸空文，或者在实施过程中随意性强，不能严格规范操作。对制度文本的熟悉是严格规范操作的前提。调查显示，书记、工作者对于主要的制度均较为熟悉，但在书记与工作者之间、居（村）委会之间以及不同制度之间依然存在差异。

第三，在实质规范方面，部分居（村）委会的自治效果不明显，许多居（村）民对选举和各种会议不知情、不热心，参与率较低，制度处于空转状态。调查显示，包括议事会、"三会"在内的一些制度的运行并不十分规范，居（村）民经常参加的比例比较低。对于参与最为广泛的居（村）选举来说，调查显示，参加了最近一次的居（村）选举投票的居（村）民比例为86.6%（N＝1019），仍有一成以上居（村）民没有参加。

对造成上述问题的原因需要进行综合分析。

首先是制度体系的问题，包括制度设计不合理、制度文本与现实情况相脱节、不同制度之间功能交叉或关系不明晰等。如前所述，上海当前基层社区自治制度的文本虽然已经较为完善，但对于不同制度之间的关系仍然缺少明确界定，各类制度的功能格局尚未形成，需要构建和完善有机统一的制度体系。

其次是制度执行者，即居（村）委会工作人员的问题，他们可能对制度重视不够、理解不到位，也可能专业水平不高等。调查显示，基层工作者队伍的专业化程度不高，专业知识技能比较欠缺。（1）持有社会工作者职业资格证的工作人员的比例较低。在居民区书记中，仅16.1%持有社会工作者职业资格证。村委会工作者中，持有社会工作者职业资格证的比例只有6.7%。（2）基层工作队伍最为欠缺的是某些专业技能。无论是书记还是志愿者，自评得分最高的都是"热情服务，乐于奉献""兢兢业业，踏实工作"等职业道德素质，而自评得分最低的包括电脑网络操作能力、学历、专业知识技能、知法用法能力等。（3）与居委会工作队伍相比，村委会工作队伍的受教育水平较低。拥有本科学历的居民区书记占比为58.1%，而村书记的这一比例是9.1%。对于工作者队伍来说，26.4%的村委会工作者是初中及以下学历，居委会工作者的这一比例则仅有3.5%，居委会工作者的高中/中专、大专、本科比例都高于村委会工作者。

最后是基层管理体制方面的原因，包括上级街镇对基层社区自治不够重视或支持力度不足、街镇对居（村）委会自治工作的绩效考核不合理或奖惩机制不健全、街镇更为重视行政任务的下达从而导致居（村）委会过度行政化等。调查显示，当前基层工作者的行政负担依然较重，工作压力越来越大，电子台账甚至带来了新的负担。（1）"完成上级任务"约占基层工作者队伍的四成工作时间。据统计，书记三到四成的时间花在"完成上级任务"上，居（村）委会工作者则花了四成以上时间。村委会工作者在"完成上级任务"方面所花的时间比居委会工作者更多。（2）书记去上级部门开会的时间多于在居（村）委会开会的时间。（3）居委会工作者

1/10 以上的时间花在填写报表上。填写报表的时间大约占居民区书记工作时间的 13.6%，并分别占居委会工作者、村委会工作者工作时间的 16.0%、14.3%。（4）书记普遍认为工作任务越来越多，工作压力越来越大。所有的书记都认为，2015 年以来所面临的工作任务越来越多（100%），工作压力也越来越大（100%）。（5）工作太累是书记考虑离职的主要原因。统计结果显示，17.2% 的居民区书记曾考虑过离职，最主要的原因就是"工作太累"，选择比例高达 75.0%。（6）电子台账减轻了行政负担，但同时带来了新的负担。对于居（村）委会正在推行的电子台账工作，47.5% 的书记、45.5% 的居（村）委会工作者认为其减轻了行政负担，但同时有 32.5% 的书记、30.4% 的居（村）委会工作者认为出现了新的负担，甚至有 7.5% 的书记、10.3% 的居（村）委会工作者认为行政负担反而加重了。

此外，更深层次的社会原因涉及居（村）委会的地位、居（村）委会社会结构的分化和居（村）民生活方式的变迁等。首先，在市场化、信息化背景下居（村）委会与居（村）民生活需求的关联度在不断下降，这是现代化的趋势之一。其次，针对小规模人口的制度难以解决居（村）民的急难愁问题，基层社区自治在现有的科层体制框架下面临难以避免的"天花板"困境。最后，单位制解体以来，居（村）民的流动性不断增强，其组织化程度不断下降，加上在职人群和外来人口对基层社区自治制度的冷漠，导致基层社区自治的内在动力不足。

四　对构建上海基层社区自治"一体化"制度体系的思考

如前所述，当前上海基层社区自治制度的内在匹配度有所不足，不同制度的功能格局尚未形成，需要以"一体化"为目标，对各类制度进行整合，明确各自的性质定位和功能职责，厘清不同制度之间的关系，构建完整统一、相辅相成的"一体化"制度体系。以下对各类制度分别加以说明。

（一）核心制度

核心制度由六类制度组成。

一是自治章程。自治章程相当于居（村）民自治的"宪法"，规定了各类制度如何运作，应当被定位为基层社区自治的基础制度，需要强化自治章程的重要性，将其地位提到第一位。制定自治章程的过程是学习熟悉相关上位法规的过程，需要加大宣传力度，尽可能增加知晓度，吸引大部分居民参与到这一过程中。经过充分讨论，一旦制定了自治章程，就要严格执行，照章行事。这是保障形式规范的重要环节，不能轻视。

二是民主选举制度，即三年一次的村委会、居委会换届选举相关制度。居（村）委会换届已经多次举行，居（村）民对这一制度较为了解，但关键在于如何在继续提高选举参与率的基础上增强投票的有效性。所谓有效性是指居（村）民对自己所投一票的意义非常清楚，包括对选举的重视、对候选人的熟悉、认真投票、理性选择、不投废票等。这就需要以各种方式调动居（村）民的选举参与积极性，利用网络通信技术进一步降低参与成本、加大宣传力度、促进候选人的信息公开和与居民之间的充分互动。

三是民主决策制度，即村民会议/村民代表会议、居民会议/居民代表会议制度。居（村）民（代表）会议是法律规定的基层自治决策机构，重大事项必须由这一会议决定。就此而言，联席会议、议事会、理事会、"三会"甚至两委会议都需要向居（村）民（代表）会议负责。与民主选举制度相似，民主决策制度需要完善的也是提高居（村）民的参与率并增强有效性，其中的关键是保证参与者的代表性。居（村）民代表要在年龄、性别、职业、收入、民族等方面具有代表性，避免决策有失偏颇。

四是民主管理制度，是指社区日常事务、小范围事务进行自治管理的系列制度，包括居（村）民公约、议事会、理事会等。居（村）民公约类似于居民的"行为准则"，其制定过程同样需要最大范围的知晓和参与。同时，居（村）民公约还要包括相应的赏罚措施或激励机制，否则很容易成为一纸空文。议事会、理事会可以是小部分或某类居（村）民的自我管理组织，如各个楼组的居（村）民或老年人、白领、外来人口等不同类型的居（村）民。如果议事会、理事会所讨论的问题涉及多数或全体居民，就需要向居（村）民（代表）会议报告，并由决策机构做出决定。

五是民主协商制度，是指对某些涉及多方主体利益诉求或需要多方主体参与解决的问题、事务进行协商的系列制度，主要包括联席会议、听证会、协调会等。联席会议涉及社区范围内的多个组织主体或个体，是社区内范围最广的"共治"机构。听证会、协调会则是就某一具体问题开展交流、协商、对话，前者往往涉及公共机构，后者则多涉及邻里间的矛盾调解。同样，如果涉及社区公共利益，也需要向决策机构负责。民主协商制度有效发挥作用的关键是理性沟通、平等对话、求同存异、合作共赢。

协商也是一种管理，因而民主协商制度与民主管理制度有重合之处。二者的区别是：前者主要是对事的管理，后者主要是对人的管理；前者基本上是不同类型、不同利益主体的"共治"，后者则基本上是同一类主体内部的"自治"。

六是民主监督制度，是指居（村）民对自治机构和公共服务管理机构进行监督的系列制度，主要包括居（村）务公开及监督机构、评议会。该制度的功能较为明确，但需要增强其监督的有效性，包括居民的代表性如何保证、居民意见能否真实表达等。

（二）支持制度

一是基层党组织建设制度。一方面，居（村）党组织是居（村）委会工作的领导核心，基层社区自治也是在党组织的领导、支持下积极开展的。另一方面，党组织的自身建设无法脱离社区工作，基层党组织的建设制度是基层社区自治制度的重要支撑。党组织建设制度涉及以党内民主推动基层民主、党员带头参与社区公共事务等，党内真实有效、运作规范的公推直选为基层选举树立了榜样，党员议事会积极参与社区事务协商管理，党员志愿者积极参加各类社区活动等。

二是村委会、居委会下属委员会设置及其日常工作制度。下属委员会既是居（村）委会职能分工的体现，也是居（村）委会工作者联系居（村）民的重要纽带。日常工作制度涉及许多标准化建设的内容，如 8＋3 工作制、全岗通等，是保障村委会、居委会正常运行的重要制度。

三是楼组/弄堂自治、村民小组会议等制度。在居委会、村委会层级下设立范围更小的自治层级，是精细化自治的体现。就深化自治而言，楼组/弄堂自治、村民小组会议等与议事会、理事会相同，但深化的方式不同。楼组/弄堂自治、村民小组会议等主要基于地域的划分，而议事会、理事会主要基于人群的划分。

四是志愿服务和群众团队建设制度。志愿服务是居民互助和自治参与的直接体现，而群众团队是邻里交往的主要纽带。志愿服务、群众团队的活跃意味着社区社会资本更加充足，也意味着更高水平的社区民主参与。

五是网络参与相关制度。网络通信技术的发展为创新社区参与机制提供了更大的空间，许多基层社区积极借助新技术平台促进居民参与。但需要注意的是，网络参与平台建立相对容易，真正有效发挥作用则需要更多的条件，包括对平台的宣传、必要的操作技能、适当的参与激励机制、信息的即时更新、功能的不断拓展、积极的互动交流等。

五　推进基层社区自治制度规范化建设的相关对策建议

在前述分析的基础上，结合 2016 年以来有关上位法规调整的要求，本研究提出以下对策建议，旨在推进基层社区自治制度规范化，并进一步创新居（村）民参与社区治理的机制。

（一）推进基层社区自治制度的规范化，创新居（村）民参与机制

一是有效推进基层社区自治制度的规范化建设。除传统的居（村）选举、居（村）民（代表）会议、居（村）务公开等自治制度之外，还需要进一步规范居（村）议事会和"三会"制度，规定其召开的最低频率、参与人员、内容、流程和考核方式，切实发挥议事会、听证会、协调会、评议会的作用，健全自下而上的自治议题和自治项目形成机制。

二是不断创新居（村）民参与社区治理的新机制。鼓励在居（村）内部更低层次、更小范围内开展自治，支持村民小组、楼组等开展包括议事协商、矛盾协调、自我服务、活动开展等各类内容的自治，支持老年人、青年人等不同人群的自治活动。

三是积极借助新的网络通信技术和网络平台推动居民参与。加大对新的网络技术平台、工具的宣传力度，增强应用的便利性，不断完善其功能，最为重要的是积极与居（村）民进行互动交流，以吸引更多的居（村）民通过网络渠道参与到社区公共事务之中。

（二）进一步完善居（村）工作事务准入机制，切实给基层工作队伍减负

一是严格贯彻居（村）委会依法协助行政事项清单制度。清单制度有效发挥作用的关键在于上级街镇，只有街镇各部门充分重视并严格按照清单行事，居（村）委会的行政事务才能逐步减少。建议在居（村）委会对街镇各部门进行定期评议时，添加"上级部门有没有严格执行清单制度"的相关内容，并增加其权重，作为对街镇各部门考核的依据之一。

二是改革完善对基层工作队伍的考核制度，重点考核居（村）委会在社区内开展的自治工作。考核内容以基层工作队伍推动社区参与、开展社

区服务、组织社区活动、协调社区矛盾为主，具体可包括走访居（村）民户数、会议组织的规范程度、活动开展的人次、通过自治共治有效解决问题的案例等。对于将更多精力投入在社区自治事务上的书记和居（村）委会工作者，给予实际的、物质和精神两方面的表彰奖励。

三是加大对电子台账运用的培训力度。相关文件要求加快居（村）委会电子台账建设，但调查发现，相当一部分书记和居（村）委会工作者认为电子台账反而带来了新的负担。建议加大对基层工作队伍熟练运用电子台账的培训力度，增强其运用能力，减少工作负担。

四是加强对居委会工作队伍的心理辅导和安全保障。基层工作队伍，尤其是居委会工作队伍的工作任务较重，竞争性的工作压力越来越大，同时待遇比较低，存在一定的离职倾向，非常有必要加强心理辅导和培训工作，并完善包括定期体检、意外险等在内的安全保障措施。建议引入专业的心理咨询类社会组织或力量，定期开展心理辅导，舒缓基层工作队伍的不良情绪，减轻其心理压力。

（三）重点加强专业技能培训，积极推进基层工作队伍的专业化建设

一是加大力度鼓励支持基层工作队伍提高学历、考取社会工作者职业资格证。将岗位等级、薪酬体系与学历和职业资格证相挂钩，对考取更高学历和获得职业资格证书的工作者给予一定资助（如报销报名费、教材费）或奖励，对有意向提高学历和考证的工作者提供辅导帮助。

二是加强网络运用、知法用法、心理疏导等方面的专业技能培训。调查显示，无论是书记还是居（村）委会工作者，在网络运用、知法用法方面能力都比较欠缺，建议开展有针对性的培训，提高相关技能水平。同时，除了开展外在的心理辅导外，也需要提高工作者自身的心理疏导能力，建议开展相关培训。

三是加强社会工作、社区工作的专业知识培训。相关文件要求，要提高居委会动员社区力量、协调社区资源、组织居民自治、服务社区群众的能力。个案、小组和社区工作是专业社会工作的三大模式，尤其是社区工作，旨在发动社区内部的资源、力量，在外部力量的支持下，组织、教育社区居民共同参与公共事务、解决公共问题，与基层社区建设直接相关。建议进一步加大社会工作、社区工作的培训力度，邀请高校、社会组织专家定期开展培训。

第二节　宝山区基层组织队伍建设分析

加强与创新超大城市社会治理是城市治理体系和治理能力现代化的重要组成部分，是上海顺利实现"四个中心"和社会主义现代化国际大都市建设目标的坚实保障。创新社会治理的重心在基层。2015 年初，上海市委、市政府发布《关于进一步创新社会治理加强基层建设的意见》及 6 个配套文件（以下简称"1 + 6"文件），并连续三年将"创新社会治理，加强基层建设"列为市委重点推进和督查工作，持续推进落实。2015 年以来，上海各区按照文件要求，积极推进街道体制改革、基层自治共治、资源力量下沉、发展社会组织、区域化党建、网格化管理等各项工作，取得了显著成效。

"1 + 6"文件内容丰富，其中一项重要内容是基层组织队伍建设，包括加强以党组织书记为带头人的居民区工作队伍、村干部队伍建设，建立社区工作者职业化体系等。2022 年《上海统计年鉴》显示，截至 2021 年底，上海市共有 107 个街道办事处、106 个镇、2 个乡，下辖 4576 个居委会、1556 个村委会。基层组织队伍是贯彻政府政策、推进基层自治、开展社区服务、维护社区和谐的主要依靠力量，基层组织队伍的能力素质和稳定性直接影响上海城市社会治理的成效。本节内容主要基于 2017 年针对宝山区 42 个居民区书记、村书记、居（村）委会工作者和居民的问卷调查数据，了解基层组织队伍建设的现状与成效，分析基层组织队伍建设所面临的重点问题，并提出若干建议。

一　宝山区基层组织队伍建设现状

研究团队在对宝山区顾村镇菊泉基本管理单元的走访中发现，"1 + 6"文件实施以来，事业单位编制向书记队伍逐步开放，社会工作者队伍的上升渠道更加畅通，基层组织队伍更为年轻，综合素质更高，待遇也有所提升，总体上基层组织队伍更加稳定，工作积极性不断增强。问卷调查结果同样显示了这一趋势，具体如下。

（一）基层组织队伍素质较高，居（村）委会工作者各有优势

第一，年富力强，基层工作者更为年轻。调查显示，居民区书记和村书记的平均年龄分别是 47. 7 岁和 50. 5 岁，而居委会工作者和村委会工作

者的平均年龄分别是 41.78 岁和 45.91 岁，大多处于年富力强的年龄段。尤其是居（村）委会工作者队伍，40 岁以下的将近四成（38.4%），体现了社区工作者年轻化的趋势。

第二，工作经验丰富，书记队伍长期从事社区工作。居民区书记从事社区工作的年限平均是 13.35 年，村书记是 21.17 年。其中，居民区书记在本居民区的工作年限平均是 8.08 年，村书记则是 17.27 年。居委会工作者从事社区工作的年限平均是 7.20 年，村委会工作者则是 12.22 年。

第三，居委会工作队伍的受教育水平较高，大部分是本科或专科学历。书记队伍中，45.2% 是本科学历，31.0% 是大专学历，尤其是居民区书记，58.1% 是本科学历。居委会工作者中，大专、高中/中专、本科学历各占三成左右。

第四，工作者队伍中的党员比例较高，尤其是村委会工作者队伍。居委会工作者中的党员比例为 32.6%，村委会工作者中的党员比例为 60.5%。

（二）基层组织队伍的收入普遍提高，工作状态明显改善

第一，基层组织队伍的收入普遍提高，尤其是居民区书记的收入提高最多。2015 年以来，绝大多数居民区书记的收入有所提高，其中近六成（58.1%）认为提高了很多。近八成居委会工作者和六成村委会工作者认为收入有所提高，但居委会工作者中只有 17.9% 认为提高了很多。

第二，从居民评价来看，居（村）委会工作者的工作状态普遍改善，人们办事更加方便，工作者与居民打交道的次数更多，态度也有较大改观。96.1% 的居民认为居委会工作者的工作状态自 2015 年以来有所改善，80.7% 的村民认为村委会工作者的工作状态有所改善。居民、村民认为自 2015 年以来到居委会、村委会办事更加方便的比例分别是 95.9%、80.8%。针对居委会工作者与居民打交道的次数、态度，九成以上居民认为次数有增加、态度有改善，其中一半以上认为改善了很多。

（三）基层组织队伍的工作能力普遍提高，对相关文件、自治制度较为熟悉

第一，工作能力普遍提高，尤其是书记队伍的工作能力提高最多。调查显示，八成左右的居民区书记、村书记认为自己的工作能力在 2015 年以来提高了很多，64.0% 的居委会工作者、42.5% 的村委会工作者认为自己

的工作能力提高了很多，大多数人认为自己的工作能力有所提高。除了书记和工作者的自评，居民的评价也显示，居（村）委会工作者的工作能力普遍提高。96.1%的居民、80.6%的村民认为，2015年以来，居委会工作者、村委会工作者的工作能力有所提高，尤其是居委会工作者，提高幅度更大。

第二，基层组织队伍对上级有关文件、主要自治制度的了解程度较高，尤其是书记队伍。对于上海市一号课题文件、两条例一办法、社区工作事项清单、协助行政事务清单、印章使用清单、岗位职责的了解程度，无论是书记还是居（村）委会工作者，分值都在3分以上（"比较了解"）。对于自治章程、村规民约、居（村）民（代表）会议、居（村）选举、联席会议、议事会/理事会、居（村）务公开、内部管理制度、志愿团队建设、工作事项准入制度的了解程度，居（村）委会工作者的分值都在3.5分以上，书记的分值则都高于4分（"非常了解"）。

（四）基层组织队伍的培训、锻炼、考核、奖励制度较为完善

第一，参加职业培训较为普遍，尤其是居委会工作队伍。在过去的一年（2015年）中，居民区书记全部参加过至少一次职业培训，45.2%参加过4次以上培训，七成以上认为参加培训对自己有帮助。绝大部分（91.7%）居委会工作者参加过至少一次职业培训，44.8%参加过4次以上培训，近八成（78.9%）认为参加培训对自己有所帮助。少数村书记、近两成的村委会工作者（18.4%）一年来没有接受过培训。

第二，轮岗交流、实践锻炼的机会较多。一年来，27.8%的社区工作者有过轮岗交流的机会，50.8%参加过各种实践锻炼，居民区书记和村书记参加两类活动的相应比例分别是11.9%和32.5%。

第三，基层组织队伍中的大多数对考核结果表示满意。2016年，书记考核优秀的比例是53.7%，87.8%对考核结果比较满意或非常满意；居（村）委会工作者考核优秀的比例是30.0%，79.3%对考核结果表示满意。

第四，一半书记曾获得表彰奖励。一年来，50%的书记、29.4%的居（村）委会工作者曾获得表彰奖励，其中八成以上是镇街一级的奖励。

（五）基层组织队伍较为稳定，并拥有深厚的群众基础

第一，大多数书记、居（村）委会工作者愿意长期从事社区工作。调查显示，书记队伍中，愿意和非常愿意长期从事社区工作的比例是

83.3%，工作者队伍的这一比例则是 85.6%。相对而言，居民区书记和居委会工作者选择"非常愿意"的比例高于村书记和村委会工作者。

第二，基层组织队伍有深厚的群众基础。书记平均认识 1834 位居（村）民，每月平均走访 37 户家庭。组织活动的时候，最多可以请来平均 231 位居（村）民参加。居（村）委会工作者平均认识 924 位居（村）民，每月平均走访 44 户家庭。组织活动的时候，最多可以请来平均 173 位居（村）民参加。

第三，居（村）民对居（村）各方面工作的评价普遍较高。居（村）民对居（村）委会工作者的态度、居（村）委会工作者的能力素质、党组织总体工作、居（村）委会为群众代言、居（村）务公开、居（村）民自治水平的满意度评价，平均分值在 3.3～3.5 分（最高分 4 分），满意度较高。

二　当前存在的问题及原因分析

（一）书记之间的收入差距较大，部分居民区书记的收入不能满足家庭需要

第一，居民区书记和村书记的个人年收入差距接近 3 倍，家庭年收入差距接近 2 倍，村书记的房产状况、自评收入地位都优于居民区书记。调查显示，2015 年以来，绝大多数居民区书记的收入有所提高，而大部分村书记的收入没有变化甚至有所减少。尽管如此，2016 年，居民区书记个人的年收入平均是 8.38 万元，村书记的年收入平均是 21.94 万元，是居民区书记收入的 2.6 倍。如果减掉社区工作之外的其他收入，居民区书记的年收入是 7.64 万元，村书记的年收入是 21.54 万元，是居民区书记收入的 2.8 倍。在家庭年收入方面，居民区书记的家庭年收入平均为 16.54 万元，村书记的家庭年收入平均为 29.30 万元，是前者的 1.8 倍。在房产方面，六成居民区书记有一套房产，四分之一甚至没有自己的房产，而五成以上的村书记有两套或两套以上房产。在自评收入地位方面，八成以上的村书记认为自己处于中层，而居民区书记的这一比例仅为 46.7%，另有四成以上居民区书记认为自己处于中下层。

第二，三分之一以上的居民区书记的现有收入不能满足家庭需要。大部分居民区书记认为现有收入能够满足家庭需要，但仍有 35.5% 的居民区书记认为不能。

（二）居委会工作者年收入远远低于 2015 年上海市职工平均工资

第一，居委会工作者的个人年收入较低，不仅低于村委会工作者和居民的平均收入，也远低于 2015 年上海市职工平均工资。2015 年以来，大多数居委会工作者的收入有所提高，但提高幅度低于居民区书记的收入。据统计，2016 年，居委会工作者的个人年收入平均是 4.59 万元①，村委会工作者是 8.68 万元①。去掉其他收入后，居委会工作者的个人年收入减少为 4.23 万元，而村委会工作者是 8.25 万元，比居委会工作者高了 4 万元。与统计出的居民个人年收入（平均 5.25 万元）相比，居委会工作者的收入低了 1 万元左右。不仅如此，一号课题文件要求社区工作者的人均收入高于上年全市职工平均工资，但与 2015 年上海市职工平均工资（71269 元/年）相比，2016 年居委会工作者的个人年收入远远低于这一标准。

第二，大多数居委会工作者认为现有收入不能满足家庭需要。居委会工作者中，选择现有收入不能满足家庭需要的比例为 61.5%，远高于村委会工作者。此外，超过四分之一（27.7%）的居委会工作者没有自己的房产，近七成（68.8%）居委会工作者的自评收入地位处于中下层或下层。

第三，待遇差是影响居委会工作者队伍稳定性的主要因素。调查显示，在对职业各方面情况的满意度评价中，居委会工作者满意度最低的是福利待遇、晋升机会和薪酬水平，分值都在 3 分左右（最高分 5 分，3 分即"一般"）。而在居（村）委会工作者考虑离职的原因中，最主要的也是待遇差，尤其是居委会工作者，选择待遇差的比例高达 67.2%。

（三）基层组织队伍普遍认为工作任务越来越多，工作压力越来越大

第一，书记队伍普遍认为工作任务越来越多，工作压力越来越大。所有的书记都认为，2015 年以来所面临的工作任务越来越多（100%），工作压力也越来越大（100%）。

第二，居委会工作者的压力大于村委会工作者。87.4% 的居委会工作

---

① 即使将 60 岁以上或每天工作时间小于 5 小时的工作者排除，计算出的居（村）委会工作者平均工资与上面的数值也相差不大。一般的问卷调查涉及收入时，部分被调查对象会给出比实际收入更低的数字。如果考虑到这一因素，将居委会工作者的个人年平均收入调高到 5 万元，仍比 2015 年上海市职工平均工资低了 2 万元左右。

者认为工作任务越来越多，84.4%认为工作压力越来越大，村委会工作者的相应比例分别是60.5%、67.8%。

第三，与村书记相比，居民区书记的加班时间更多。居民区书记的每天工作时间平均为8.52个小时，多于村书记（8.27个小时）。居民区书记的每周加班时间平均为8.93个小时，比村书记多出3个小时，比居（村）委会工作者平均多出4.4个小时，最多的一周加班50个小时。

第四，工作太累是书记考虑离职的主要原因。统计结果显示，17.2%的居民区书记曾考虑过离职，最主要的原因就是"工作太累"，选择比例高达75%。

（四）基层组织队伍的行政负担较重，电子台账带来了新的负担

第一，"完成上级任务"约占基层组织队伍的四成工作时间。据统计，书记三到四成的时间花在"完成上级任务"上，居（村）委会工作者则花了四成以上时间。

第二，书记去上级部门开会的时间多于在社区开会的时间，尤其是村书记。

第三，居委会工作十分之一以上的时间花在填写报表上。填写报表的时间大约占居民区书记工作时间的13.6%，分别占居委会工作者、村委会工作者工作时间的16.0%、14.3%。

第四，电子台账减轻了行政负担，但同时带来了新的负担。对于基层社区正在推行的电子台账工作，47.5%的书记、45.5%的居（村）委会工作者认为其减轻了行政负担，但同时有32.5%的书记、30.4%的居（村）委会工作者认为其带来了新的负担，甚至有7.5%的书记、10.3%的居（村）委会工作者认为行政负担反而加重了。

（五）基层组织队伍的专业化程度不高，专业知识技能比较欠缺

第一，持有社会工作者职业资格证的比例较低。居民区书记中，仅16.1%持有社会工作者职业资格证。居（村）委会工作者中，持有社会工作者职业资格证的比例只有6.7%。不过，有接近一半（48.3%）的居民区书记和六成以上（64.2%）的居委会工作者打算考证。

第二，基层组织队伍最为欠缺的是某些专业技能。无论是书记还是志愿者，自评得分最高的都是"热情服务，乐于奉献""兢兢业业，踏实工

作"等，而自评得分最低的包括电脑网络操作能力、学历、专业知识技能、知法用法能力等。此外，无论是书记对社区工作者的评价，还是社区工作者的自评，工作创新能力较为欠缺都是一个比较大的问题。

第三，与居委会工作队伍相比，村委会工作队伍的受教育水平较低。拥有本科学历的居民区书记占比 58.1%，而村书记的这一比例是 9.1%。对于居（村）委会工作者队伍来说，26.4% 的村委会工作者是初中及以下学历，居委会工作者的这一比例则仅有 3.5%，居委会工作者的高中/中专、大专、本科比例都高于村委会工作者。

（六）居（村）民参与社区会议的比例很低，网络沟通有待加强

第一，议事会和"三会"召开较少，居（村）民经常参与的比例仅占两成左右。统计结果显示，议事会固定召开的比例是 18.2%，按需召开的比例为 81.8%。听证会、协调会、评议会按需召开的比例分别是 88.2%、93.7%、67.6%。对于议事会，居民、村民经常参加的比例分别是 20.0%、8.9%。居民经常参加听证会、协调会、评议会的比例分别是 17.8%、16.1%、20.8%。参与率都比较低。

第二，网络沟通有所不足。54.8% 的居民区书记通过网络平台与居民经常交流，村书记的这一比例为 40.0%，居委会工作者、村委会工作者的这一比例则分别是 40.0%、25.6%。统计结果显示，仅 7.1% 的居（村）民经常通过网络平台向居（村）委会反映问题，37.1% 的人偶尔反映。

第三，网络沟通平台（如"居委通"）的效果不能被高估。29.6% 的居民区书记、35.2% 的居委会工作者认为"居委通"的效果很好，极大增进了他们与居民的沟通，但近一半被调查对象认为效果一般，书记、居（村）委会工作者选择效果一般的比例分别是 48.1%、46.8%。此外，还有两成左右认为其带来了新的负担。

三 加强基层组织队伍建设的政策建议

（一）动态调整基层组织队伍薪资水平，持续提高居委会工作者收入

一是对居委会工作队伍的工资收入进行动态调整。2016 年居民区书记的年工资收入平均为 7.64 万元，高于 2015 年上海市职工平均工资（71269元），但低于 2016 年全市职工平均工资（78045 元），需要按照相关文件要

求，根据每年职工平均工资水平的标准进行动态调整。

二是持续提高居委会工作者薪酬待遇。一号课题文件要求，"按照人均收入高于上年全市职工平均工资水平的标准"保障社区工作者待遇，"并根据全市职工平均工资增长情况进行动态调整"。按照这一要求，居委会工作者的薪酬待遇需要持续大幅度提高，以更好地满足居委会工作者队伍的家庭需要，稳定军心，提高基层组织队伍对社区工作的职业认同度。

三是适度缩小居（村）委会工作者队伍内部的收入差距。文件要求建立社区工作者岗位等级序列，并建立与岗位等级和绩效考核相衔接的薪酬体系。但在座谈和调查中发现，居委会工作者更多地希望同工同酬，认为大家分工不分家，事情都是一起做，收入不能差距太大。建议在建立岗位等级序列的过程中，充分顾及社区工作者长期作为亲密团队成员追求收入平均的心理感受，按照明确的、大多数人认可的标准（如受教育水平、工作年限），渐进式地、小幅度地拉开收入差距。

（二）进一步完善居（村）工作事务准入机制，切实给基层组织队伍减负

一是严格贯彻居（村）委会依法协助行政事项清单制度。清单制度有效发挥作用的关键在于上级街镇，只有街镇各部门充分重视并严格按照清单行事，居（村）委会的行政事务才能逐步减少。建议在居（村）委会对街镇各部门进行定期评议时，添加"上级部门有没有严格执行清单制度"的相关内容，并增加其权重，作为对街镇各部门考核的依据之一。

二是改革完善对基层组织队伍的考核制度，重点考核居（村）委会在社区内开展的自治工作。考核内容以基层组织队伍推动社区参与、开展社区服务、组织社区活动、协调社区矛盾为主，具体可包括走访居（村）民户数、会议组织的规范程度、活动开展的人次、通过自治共治有效解决问题的案例等。对于将更多精力投入在社区自治事务上的书记和居（村）委会工作者，给予实际的、物质和精神两方面的表彰奖励。

三是加大对电子台账运用的培训力度。相关文件要求加快居（村）委会电子台账建设，但调查发现，相当一部分书记和居（村）委会工作者认为电子台账反而带来了新的负担。建议加大对基层组织队伍熟练运用电子台账的培训力度，增强其运用能力，减少工作负担。

四是加强对居委会工作队伍的心理辅导和安全保障。基层组织队伍，尤其是居委会工作队伍的工作任务较重，竞争性的工作压力越来越大，同

时待遇比较低，存在一定的离职倾向，非常有必要加强心理辅导和培训工作，并完善包括定期体检、意外险等在内的安全保障措施。建议引入专业的心理咨询类社会组织或力量，定期开展心理辅导，舒缓基层组织队伍的不良情绪，减轻其心理压力。

（三）重点加强专业技能培训，积极推进基层组织队伍的专业化建设

一是加大力度鼓励支持基层组织队伍提高学历、考取社会工作者职业资格证。将岗位等级、薪酬体系与学历和职业资格证相挂钩，对考取更高学历和获得职业资格证书的工作者给予一定资助（如报销报名费、教材费）或奖励，对有意向提高学历和考证的工作者提供辅导帮助。

二是加强网络运用、知法用法、心理疏导等方面的专业技能培训。调查显示，无论是书记还是居（村）委会工作者，在网络运用、知法用法方面都比较欠缺，建议开展有针对性的培训，提高相关技能。同时，除了开展外在的心理辅导外，也需要提高工作者自身的心理疏导能力，建议开展相关培训。

三是加强社会工作、社区工作的专业知识培训。相关文件要求，要提高居委会动员社区力量、协调社区资源、组织居民自治、服务社区群众的能力。个案、小组和社区工作是专业社会工作的三大模式，尤其是社区工作，旨在发动社区内部的资源、力量，在外部力量的支持下，组织、教育社区居民共同参与公共事务、解决公共问题，与基层社区建设直接相关。建议进一步加大社会工作、社区工作的培训力度，邀请高校、社会组织专家定期开展培训。

（四）推进基层社区自治制度的规范化，创新居（村）民参与机制

一是持续推进基层社区自治制度的规范化建设。除了传统的居（村）选举、居（村）民（代表）会议、居（村）务公开等自治制度之外，需要进一步规范居（村）议事会和“三会”制度，规定其召开的最低频率、参与人员、内容、流程和考核方式，切实发挥议事会、听证会、协调会、评议会的作用，健全自下而上的自治议题和自治项目形成机制。

二是不断创新居（村）民参与社区治理的新机制。鼓励在居（村）内部更低层次、更小范围内开展自治，支持村民小组、楼组等开展包括议事

协商、矛盾协调、自我服务、活动开展等各类内容的自治，支持老年人、青年人等不同人群的自治活动。

三是积极借助新的网络通信技术和网络平台推动居民参与。加大对新的网络技术平台、工具的宣传力度，增强应用的便利性，不断完善其功能，最为重要的是积极与居（村）民进行互动交流，以吸引更多的居（村）民通过网络渠道参与到社区公共事务之中。

（五）加强立法与监督工作，推动相关法规体系的完善和有效落实

一是积极推动上海基层建设相关法规体系的贯彻落实。上海市有关基层建设的制度文件主要包括：《上海市街道办事处条例》（2016）、《上海市居民委员会工作条例》（2017）、《上海市实施〈中华人民共和国村民委员会组织法〉办法》（2017修订）。需要积极推动既有法规体系的有效贯彻落实。

二是不断完善上海基层组织队伍建设的相关法规体系。现有的"两条例一办法"涉及基层组织队伍建设的内容较少，需要进一步加强专门针对上海基层组织队伍建设的立法工作，以适当的形式对基层组织队伍的招聘退聘、薪酬待遇、考核激励、能力提升等内容进行统一规范，为上海基层组织队伍建设提供有力的法律保障。

第三节　普陀区万里街道业主自治与业委会建设发展研究

党中央提出要加强社区治理体系建设，居委会、物业和业委会的良性协调运作是城市基层社会治理的重要保障。本节基于2020年在普陀区万里街道的实地调查，探讨了业主自治和业委会建设发展方面的状况与问题，进而从完善制度、健全机制的角度提出了相关对策建议。

一　研究背景与意义

全面依法治国，是坚持和发展中国特色社会主义的本质要求和重要保障，是实现国家治理体系和治理能力现代化的必然要求，事关执政兴国，事关人民幸福安康，事关党和国家长治久安。党的十九届四中全会提出，必须加强和创新社会治理，完善党委领导、政府负责、民主协商、社会协同、公众参与、法治保障、科技支撑的社会治理体系，建设人人有责、人

人尽责、人人享有的社会治理共同体。作为我国人口规模巨大的超大城市，上海城市社会治理的重心在基层，重点也在基层。近年来，上海以党建引领自治共治为主线，在街镇、居民区两个层面积极构建以党组织为核心的基层社会治理体系，业主自治与物业服务是其中重要的组成部分。

改革开放催生了业主自治现象，业委会的建设与发展问题一直备受关注。从 1978 年开始，我国准许私人住房自由交易，城镇的住房制度不断改革，到 1994 年，住房自有交易的政策正式取代了福利分房政策。此后，城镇住房的统一建设、统一分配、统一管理转变为由市场需求决定住房的建设和走向，房地产开发商、物业服务公司等住房服务行业崛起。物业所有权所衍生出的业主自治权日益受到重视，业主自治观念逐渐深入人心，业委会越来越受到关注。1991 年 9 月，全国第一个业委会在深圳市诞生，随后国家颁布了《物业管理条例》《中华人民共和国物权法》《业主大会和业主委员会指导规则》等法律法规，对业委会的相关事宜做出规定。业委会同居委会、物业服务公司一同构成社区治理的"三驾马车"，协同参与社区治理，破解社区治理难题，提高社区治理效能。物业服务公司为小区业主提供市场化服务，业委会则代表业主对物业服务公司的服务进行监督，尤其是严格监管物业维修基金的使用。业委会的选举、运作需要遵循基层民主自治原则，业主自治的有效运作、业委会职责的充分履行直接影响广大业主合法权益的维护，一定程度上也与社区的和谐稳定密切相关。

普陀区万里街道属于商品房集中建成区域，辖区内中高档商品房较多，业主自治工作的重要性较为突出。近年来，街道高度重视此项工作，着力推进业委会的有序组建和规范运行，取得了积极成效，但依然存在业委会规范化水平不高、业主参与不足、业委会与其他社区组织关系不够协调等问题，由此产生了一些矛盾纠纷，影响了基层社会治理的效果。以万里街道为案例，围绕业委会建设发展开展全面调研、分析，不仅对于推进街道自身相关工作具有积极意义，而且对于其他地区商品房社区的业主自治和基层治理具有重要参考价值。

二　业委会工作与队伍建设状况

（一）街道简介与业委会工作概况

万里街道位于上海市普陀区东北部，2014 年 12 月，经上海市政府批准，由上海市普陀区长征镇析出万里街道。街道的行政区域范围东至岚皋路，南至交通路，西至桃浦西路、真南路，北部与宝山区大场镇交界。街道辖区面积为 3.05 平方公里，所辖居民委员会 15 个，户籍人口 3.91 万人，常住人口 6.2 万人。万里街道是一个商品房集中建成区域，主要居住区有万里城示范居住区、颐和华城等。其中，万里城示范居住区是上海市政府确立的四大住宅建设跨世纪居住区之一，绿化率达 47%，是一个环境宜人的花园式新型社区。万里街道有 1 所首批上海市实验示范性高中——晋元高级中学，2 所九年一贯制学校，1 所民办中学，3 所 5 处幼儿园。

万里街道积极推进以基层党建为引领的社区自治共治，推进党组织引领下的住宅小区综合治理，在基层治理方面取得了一定成效。街道积极推进居委会标准化建设，完成香港 OSM 现场管理系统标准化建设，形成精细化管理的万里标准和万里品牌。楼组建设示范效应不断显现，建成"常青楼""环保创意楼"等自治示范样板楼 118 个。完善社区委员会、社区代表大会等社区共治平台。发挥社区基金会平台作用，运作"美丽万里行、楼组我先行"等公益项目 9 个。推进社会组织服务中心规范化运作，孵化 10 家社会组织，支持专业化的社会组织参与社区治理。在推进商品房小区"三驾马车"协同治理方面，街道已有 22 个小区实现居委会、业委会交叉任职；居委会试点下设物业和环境管理委员会；设立物业纠纷调解委员会并依托专业力量，加强颐和华城等重点小区的矛盾调处；愉景华庭等 6 个小区试点实行代理记账制度；加强对物业服务公司的考核，提高物业服务公司的服务水平。

在业委会建设方面，万里街道共有 33 个小区，其中 31 个小区已经成立业委会。街道层面成立了业委会工作协会，并于 2019 年完成换届，切实把业委会工作协会打造成业委会成员学习培训、交流议事、协商合作的平台。万里街道业委会工作协会被评为普陀区"零距离、益加盟"重点培育孵化机构。同时，万里街道对各个社区的业委会工作积极进行个性化指导，建立业委会委员初任培训机制，引进第三方代理记账机制、工程审价机制以及对业委会的考核机制，开展示范型业委会评选活动，加强对业委会运作的监督，业委会成员的履职能力不断提升，业委会工作运转日益规范。

问卷调查结果显示，在万里街道的各个小区中，大部分业委会能够正常运行，但也有部分小区的业委会存在主任"一言堂"的现象，甚至处于瘫痪状态。有 80.0% 的被调查对象认为业委会目前能够定期开会、集体决策；9.0%的人认为主要是业委会主任决策和负责；9.7%的人认为小区业委会目前处于瘫痪状态（见图7-12）。

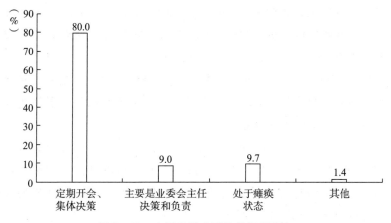

图7-12 小区业委会目前的运行状态

同时，小区治理状况也能在一定程度上反映出业委会的工作成效。调查显示，几乎所有小区或多或少都存在某些治理难题，比如基础设施不完善、环境较差、存在安全隐患等。在被问及"您认为所在小区目前存在哪些问题"时，有37.9%的人认为社区中存在环境卫生类问题，如环境卫生条件较差、维护不到位等；66.9%的人认为社区中存在基础设施类问题，例如停车位不足、垃圾设施不便利等；37.9%的人认为社区中存在安全防护类问题，比如消防通道、设施设备、出入管理存在安全隐患，以及高空抛物等；还有17.2%的人认为社区中存在邻里纠纷类问题（见图7-13）。诸多治理难题的存在既凸显了业主自治的重要性，也使业委会规范化建设工作更为迫切。

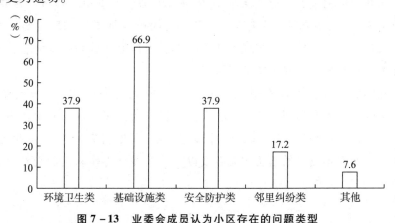

图7-13 业委会成员认为小区存在的问题类型

（二）业委会成员基本特征

被调查对象中，男性占比 64.7%，女性占比 35.3%；上海户籍占比 93.6%，非上海户籍占比 6.4%。在接受调查的业委会成员中，有 13.5% 的人为党组织书记、委员或者小组长，9.5% 为居委会主任或者委员，0.6% 为两代表一委员，19.6% 为楼组长，3.8% 为团队负责人，34.8% 为志愿者。从业委会成员的兼职身份来看，万里街道推动党建引领业委会建设、开展交叉任职的工作成效显著。

从年龄来看，有 39.1% 的业委会成员年龄在 61～70 岁，23.7% 的年龄在 51～60 岁，13.4% 在 40 岁及以下，12.7% 在 41～50 岁，另外有 10.7% 的成员年龄超过 70 岁。总体上，60 岁及以下和超过 60 岁的业委会成员各约占一半（见图 7－14）。

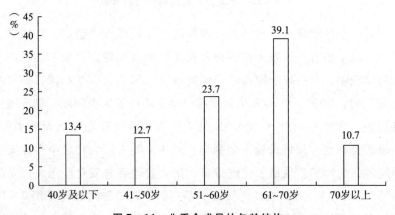

图 7－14　业委会成员的年龄结构

从政治面貌来看，业委会成员中 48.7% 为中共党员，49.4% 为群众，另有 1.9% 为民主党派、无党派人士和共青团员（见图 7－15）。近一半业委会成员为中共党员，既体现了党建引领业主自治的效果，也为进一步推动业委会规范化建设提供了组织保障。

在学历方面，被调查对象中有 34.8% 的人为高中/中专/技校学历，28.4% 的人为大专学历，25.8% 的人为本科学历，10.3% 的人为初中及以下学历，还有 0.6% 的人为研究生及以上学历（见图 7－16）。由此可见，一半以上业委会成员的学历在大专及以上，业委会工作队伍的受教育水平较高。

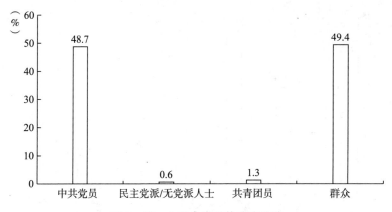

图7-15　业委会成员的政治面貌

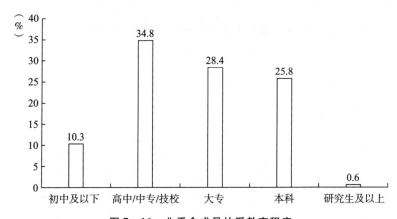

图7-16　业委会成员的受教育程度

从职业背景来看，业委会成员目前①或退休前是办事人员的比例相对最高（31.9%），之后依次是专业技术人员（20.0%）、机关或单位负责人（18.5%）、商业服务业人员（12.6%）、工人（6.7%）、自由职业者（5.2%）及其他（5.2%）（见图7-17）。总体上，业委会成员的职业地位以中上层的白领为主。

调查显示，25.0%的业委会成员在业委会工作了不到一年，18.4%的成员工作了一到两年，17.1%工作了两到三年，在业委会工作三到四年以及四年及以上的人分别占比17.1%、22.4%（见图7-18）。大部分业委会成员工作不满一届，近四成业委会成员拥有较为丰富的工作经验。

---

① 指2020年，下同。

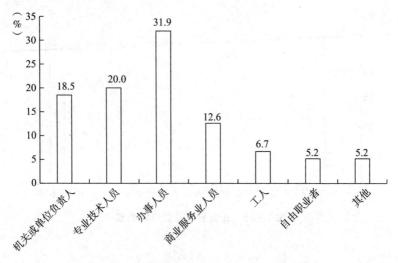

图 7 - 17   业委会成员目前或退休前的职业类型

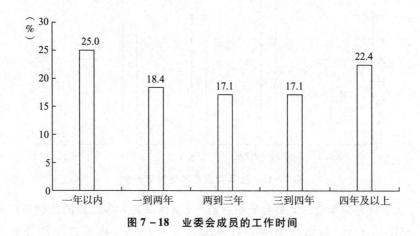

图 7 - 18   业委会成员的工作时间

从业委会成员平均每周花在小区事务上的时间来看，有 46.4% 的人为 0 ~ 10 个小时，32.0% 的人为 10 ~ 20 个小时，平均每周花在小区事务上的时间为 20 ~ 30 个小时、30 ~ 40 个小时、40 个小时以上的比例均为 7.2%（见图 7 - 19）。

业委会成员中，大部分均在社区内居住多年，对社区情况比较熟悉。其中，有 4.8% 的人在社区中居住了 1 ~ 5 年，25.2% 的人居住了 6 ~ 10 年，30.7% 的人居住了 11 ~ 15 年，28.6% 的人居住了 16 ~ 20 年，10.9% 的人居住了超过 20 年（见图 7 - 20）。

概括而言，万里街道业委会成员中，男性居多，绝大多数是上海户籍，年龄多集中于 50 ~ 70 岁，大部分在社区居住多年，近一半是党员，受

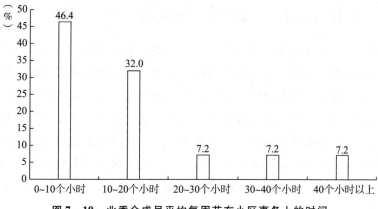

图 7 – 19 业委会成员平均每周花在小区事务上的时间

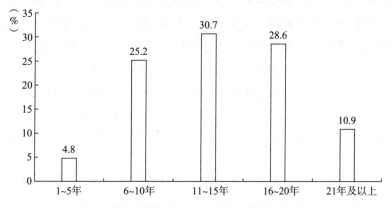

图 7 – 20 业委会成员在本小区的居住年限

教育水平较高，职业地位以中上层为主，拥有一定的业委会工作经验，总体上是一支素质较高、适合参与业委会工作的队伍。

三 业委会建设与发展中存在的问题与原因分析

业委会是维护其所代表的小区全体业主权益的组织，与业主构成一种"委托 – 代理"关系。然而在现实实践中，业委会的建设与发展仍面临诸多问题。调研发现，万里街道部分小区的业委会在运行过程中遇到了一些问题和困难，比如业委会履职不规范、不透明，缺乏对业委会进行指导和监督的有效机制，业委会与其他社区组织权责关系不清晰，业主自治意识不足、自治参与水平较低等。以下主要从组织困境、制度困境、理念困境三个角度进行分析论述。

（一）组织困境——业委会运作受限

居委会、业委会和物业服务公司并称为社区治理的"三驾马车"，是城市社区中最主要的服务供给者与治理主体。在社区之外，基层党组织与政府机构以行政组织的身份参与到社区治理的过程中。社区内外的制度与结构共同构成了业委会存在和发展的组织场域。因此，业委会能否有效运作受到多个内外部条件的制约，如属地政府、物业服务公司或开发商、内部资源情况以及组织内部成员的团结等。从筹备成立到有效发挥作用，业委会需要与这些不同主体间达成协调合作的关系，如此才能实现顺利运作。

调研发现，一些业委会从筹备、选举到换届经历了一个长期又曲折的过程，且暴露出很多问题。社区党组织对业委会工作的支持不到位、物业服务公司与业委会的矛盾等都在一定程度上限制了业委会的发展。

社区党组织主要通过党建引领的方式，通过把关业委会委员的人选、设置党员比例等形成对业委会的制约。但在实际运行过程中，社区党组织或居委会对于其所推荐的业委会委员人选有所顾忌，仅有 17.6% 的人是通过社区党组织或居委会推荐进入业委会的（见图 7-21）。某居民区书记这样说：

> 其实业委会有两种选举方式：一种是海选，另一种就是我们座谈会推荐。一般来说现在都不敢通过座谈会推荐，谁推荐谁就是操作了。（FP 居民区书记）

反过来说，业委会工作的有效开展离不开社区党组织、居委会的积极支持。有业委会主任在访谈中谈到，社区党组织支持与否是其工作设想能否实现的关键。

> 我想搞一个标准管理，我进来（业委会）以后，我先把自己的主要标准给写出来，主要负责什么事情，平常的时候做些什么事情，什么时候接待居民的来信来访。下面的话哪一个是负责绿化的，哪一个是负责工程的，哪一个是负责环境卫生的，等等，给他们全部都分出来。但是开始的时候党总支是支持的，到了后来的话三个月以后就不支持了，后来就没搞成。这个就是居委会的关系，你没办法，就是现在的党总支换了人。（XQ 业委会主任）

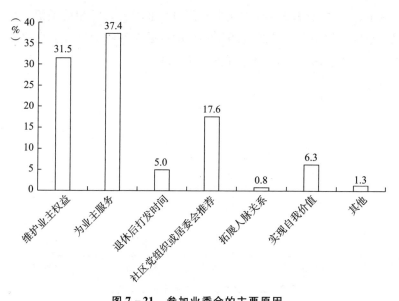

图7－21　参加业委会的主要原因

业委会能否获得社区党组织或居委会的支持，一个基础条件是双方是否有密切沟通。调研发现，业委会成员在工作过程中与居委会工作人员的沟通情况一般，仅有不到10%的人差不多每天和居委会工作人员沟通，有23.6%的成员保持每周两到三次与居委会工作人员沟通，26.4%的人每周沟通一次，其余的人与居委会工作人员的沟通频率较低（见图7－22）。

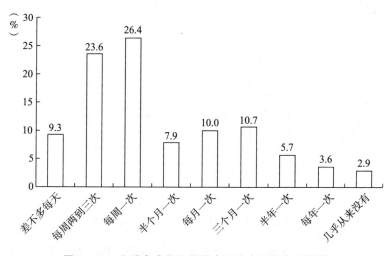

图7－22　业委会成员和居委会工作人员的沟通频率

物业服务公司和业委会的关系也是影响业委会有效运行的重要因素。

数据显示，多数（61.3%）物业服务公司和业委会之间相处融洽，可以共同服务小区，但仍有近三成（29.6%）的业委会和物业服务公司之间关系一般，乃至矛盾较多（7.7%）（见图 7 – 23）。

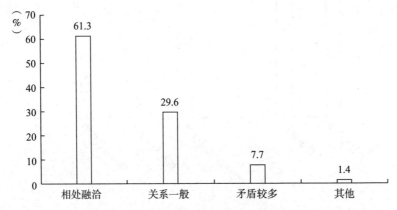

图 7 – 23　业委会和物业服务公司的关系

从沟通频率来看，略高于四分之一（26.2%）的业委会成员能保持差不多每天与物业工作人员进行沟通，31.9% 的人每周两到三次与物业工作人员沟通，16.3% 的人每周沟通一次，其余与物业工作人员的沟通频率较低（见图 7 – 24）。

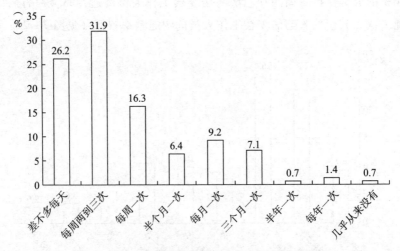

图 7 – 24　业委会成员和物业工作人员的沟通情况

在一定程度上，双方沟通较少与双方关系的不和谐密切相关。访谈资料显示，某些物业服务公司或开发商为了排除盈利的干扰因素，会通过各种手段打压业委会以约束其维权能力，从而限制业委会的活动范围与运作空间。这反映了利益冲突背景下业委会这一组织的弱势地位。

> 因为我们小区的物业是开发商的物业，现在开发商还没有把我们小区的空间配套归还给我（业委会），到现在还没有归还，我们已经聘请了律师（准备要回来）。每个单元下面一楼都是架空的，没有住人，这个架空后来应该给我们业主大会，然后我们业主大会拿过来服务小区。我们业委会没什么权力，只能执行业主大会的通过（决议），然后我们去做这个事情。包括我们上面的广告，都是开发商去拿的，公共收益这些都在开发商手里。包括小区里的一些事情，我叫物业找开发商的人来沟通，我说有什么事情，我们约个时间谈一谈，他也不肯。很多小区的事情也没解决。（ZHKX 业委会主任）

除了与社区党组织、居委会、物业服务公司之间的关系协调问题外，业委会成员内部之间的关系对于组织有效运作也至关重要。调研发现，业委会成员之间的沟通频率差异较大，不到两成（18.1%）的成员能够差不多每天保持沟通，31.9%的人一周沟通两到三次，19.6%的人一周一次沟通，另外的人沟通频率较低（见图7–25）。

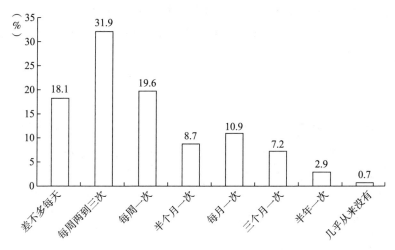

图 7–25 业委会成员彼此间的沟通频率

成员间的良好沟通既有助于和谐关系的构建，也是和谐关系的自然反映。反之，业委会成员内部沟通不畅既可能意味着成员间存在分歧、矛盾，也不利于化解分歧矛盾进而构建良好的关系。不止一位居民区书记谈到业委会成员内部的矛盾，有的甚至发展到了派系斗争的程度。

原先就是（业委会）主任和其中的一位成员有矛盾，导致 2016 年这一年当中，每次的征询都是斗争，都是抢票箱，没有一次是成功的。经过一年的斗争，原业委会主任受不了压力，他主动辞职。从 2017 年开始，原先的副主任就自然地晋升为主任。经过三年的这样一个磨合，目前还是比较平稳的。（ZHJY 居民区书记）

现在就是新一届业委会成立之后，也是不断地有纷争，然后就是业委会主任辞职，副主任原来就是代理工作，然后剩下三位现在又增补了两位。上个礼拜我刚刚给他们开了一个调解会，会上都打架了，真的打起来了。平时打就是拎个桌子还没打上去，这次是打起来了，（业委会）内部人员打起来。然后现在说是要辞职，×××弄的副主任，每次都跟我说辞职。索性我也想你们辞了，就重新弄，对吧？然后就是现在也不辞职。（YHHC 居民区书记）

业委会成员之间的分歧乃至内斗不仅耗费工作精力，而且难以达成共识，直接影响业委会的有效运作。不管是出于私人之间的矛盾，还是对事件的意见不一致，都会影响甚至搁置小区问题的解决。一旦业委会受制于此，其组织目标与职能的发挥必定受阻，解决办法是要么解散并成立新的业委会，要么矛盾一方退出或双方握手言和，但不管何种方式都不容易实现。

（二）制度困境——业委会缺乏有效的指导和监管

业委会的有效运转与其所处的制度环境密不可分。所谓制度环境，既包括各级政府制定和推行的正式制度，如法律制度，也包括组织自身依法设定的一些成文规则，如社区管理规约、业主大会议事规则等。不同制度从宏观和微观层面对业委会组织运行规范提出了要求，但在治理实践中，由于现实情况的复杂性以及组织中人的因素，制度并不能保证各行为主体能够依规行事。

1. 监督机制不健全

调研发现，由于制度本身的设计问题，尤其是监督机制的不健全，业委会缺乏有效的指导和监督，导致出现运作不规范或虚置的状况。《上海市居民委员会工作条例》强调居委会对业委会的指导与监督，但对于"如何监督"和"监督什么"并没有明确界定。有居民区书记这样说：

居委会指导文件都没用的，居委会也是自治组织，你凭什么一个自治组织去管另一个自治组织？这个没有用的，派出所不支持，法律也不支持。说党建引领我们参与进去，他们（业委会成员）没有意见的，党我们可以参与。居委会参与是不合适的，居委会本来就是一个自治组织。（KXGY 居民区书记）

事实上，由于缺乏来自业主、政府部门、居委会等不同主体的必要、有效监督，部分业委会在运作过程中出现了某些不合规的现象，尤其是在经费审计方面。访谈中，有居民区书记谈到有业委会为规避征求业主意见的麻烦，授意物业服务公司把工程项目拆分，以使项目经费低于议事规则所要求的限额。同时还有预算管理、换届审计、年度审计等方面的一系列问题。

有的时候是存在一些问题的，3000 块钱的项目，他们可以将预算做到 3 万块钱，然后他们说业委会每一次都有银行审计的，我说这个审计是空的，审不出任何问题的。包括记账，我曾经跟记账的人沟通过，我说你到现场实地去查看过吗？记账的时候他就是按照物业报表来，按照物业的单子，按照发票记账。但关键是什么问题，物业的报表交过来你去审一下，合不合规？他交上去的东西肯定没问题，这种审计是审不出什么的。（P 居民区书记）

原来的换届审计，因为我们业委会的时间是 3 年到 5 年，一般是5 年时间，由银行提供了一个换届审计，但这个换届审计说到底并不是一个彻底的换届审计。因为 5 年之间的审计，然后银行只是提供了相关审计单位比较少的钱，去审 5 年的账，而且你这个 5 年里面的账，你这么长一段时间去审这个账的话，你再退回去，其实只会把矛盾弄出来，而不会去推动整个小区的一个进程。现在年度审计好像也没有做起来。想用什么钱去做，原来的市房管局感觉好像讲的是有什么讲法，到现在也没什么讲法，不像换届审计是由银行去提供这个事情，现在这笔钱也没有讲法，所以说这项工作好像也没有怎么推下去。（FB 业委会主任）

2. 业委会自身法律地位不明确

在目前的制度框架下，业委会自身法律地位尚不明确。业委会是业主大会的执行机构，但不具备法人主体地位，不能以其名义开设银行账户管理日常收支。有的业委会成员甚至以个人名义开设业委会账户，这不仅使业委会缺乏独立民事行为能力，也给日常的组织工作带来麻烦。甚至当业委会出现问题需要诉诸法律渠道的时候，业主也无法通过诉讼的方式维护自身权益。

业委会实际上是不好告的。业委会是民间组织，它不具有法人地位的。被告的主体就是业主大会。我在过去最早的时候房管局培训的是，个人的问题，可以公安局来搞定，包括你受贿也好。但是业委会这种情况，法院不受理这个事情，检察院也不受理这个事。他要告业委会实际上是不好告的，业委会本来就没有法人地位的，告就等于告业主大会了。（H 业委会主任）

3. 应急制度不完善

此外，面对业委会失效或无效运转以及换届改选期间出现的特殊问题，现有的制度设计缺乏指导性应急意见。尽管《业主大会和业主委员会指导规则》规定，"因客观原因未能选举产生业主委员会或者业主委员会委员人数不足总数的二分之一的，新一届业主委员会产生之前，可以由物业所在地的居民委员会在街道办事处、乡镇人民政府的指导和监督下，代行业主委员会的职责"，但在实际运行中，由于缺乏具体有效的抓手，居委会便无法代行业委会的职责。尤其是换届选举过程中，"三驾马车"之间的协调、合作存在障碍，每个环节的推进都可能面临困难，整个过程往往要拖很久。在此期间，由于业委会的空缺，小区公共事务停滞，物业服务也受到影响。

经过了这一次换届，实际上换届过程 8 个月，我们也真的是经历了风风雨雨，就像刚才我们 G 书记说的一样，白热化，这个我们是经历过的，我们就有体会。所以说业委会，每个居民区都一样，只要你换届了，我们真的感觉工作量太大，压力也太大。如何把业委会选好，就像刚才大家说的党建引领，是的，我们可以说，但是我们如何来选人呢？（YJHT 居民区书记）

（三）理念困境——业主自治意识和经验缺乏

组织的有效运转除了受到外部结构与制度环境的影响，更与组织中人的因素息息相关。业委会成员的个人目标与组织目标的一致、个人技能符合组织运转的需要也是影响业委会建设与发展的重要因素。

1. 部分业委会成员追求个人利益

业委会通过业主大会选举产生，其性质定位是维护其所代表的全体业主的权益。由于业委会作为自治组织、公益组织的属性，其成员并没有工资报酬，需要完全出于维护公众利益的"公心"而为社区居民服务。但现实情况中存在部分业委会成员追求个人利益的问题。有居民区书记谈到，有些人为谋私利而参加业委会成员竞选。

> 那肯定是个人自己的驱使，他无非就两种需要，一个是物质上面，另一个是精神上面，如果这两种都没有，他就没有理由去竞选什么业委会主任，谁会去竞选（业委会）？竞选的那些人，平时都是贪小便宜的。比如说我们居委会发遮阳伞、发肥皂、发牙膏了，他就来了。他说他是小区的志愿者，要拿一份礼品，他就到主任这里拿了一次，又到民政主任那边去申请了一次，再到那个主任那里拿一次。竞选当中有一个人就是这样的。（G居民区书记）

当个人目标与组织目标不一致时，必然会影响组织目标的实现，破坏组织文化，导致业主对业委会的不信任等问题。

2. 业委会成员缺乏相应的专业知识

业委会工作对人员素质有一定要求，业委会成员需要了解小区共有部位的产权归属、业主大会与业委会的权责界定等基本情况。调研显示，无论是售后公房小区、动迁安置房小区还是商品房小区，业委会成员大多由老年退休人员组成，比例在70%左右（见图7-26）。由于年龄、职业背景等原因，不少成员并不具备相应的知识技能，大多是边做边学。两位物业经理在访谈中表示：

> 业委会的人是要培训的，不同的人了解的东西不一样，你进去之后发现你不懂你就做不好决策。（XQ物业经理）
> 我们小区9个业委会成员，最多有一个稍微懂点（相关的知识技

能），其他的都不行。然后有一个蛮认真的，会咨询房办的。大多数都不知道。（ZHY 物业经理）

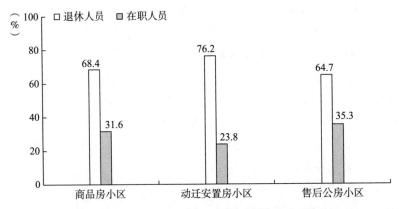

图 7-26 不同小区业委会成员的在职与退休情况

如图 7-27 所示，业委会成员中拥有法律知识、财务知识的比例仅为 4.8%、8.7%，选择"与政府沟通"的比例只有 8.7%，掌握较多的知识技能主要体现在组织协调工作（45.2%）、后勤工作（34.9%）、宣传工作（29.4%）和文字材料工作（23.8%）方面。这些知识、技能可以满足活动开展的需要，但对于业委会的规范运作，包括维修基金的使用、工程招投标等却有所不足。

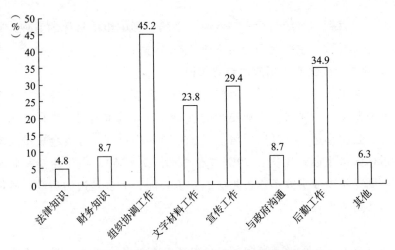

图 7-27 业委会成员的专业知识与技能情况

图 7-28 同样反映了业委会成员缺乏专业知识与技能的问题，选择比

例为31.7%。其他选择较多的问题如居民不理解（49.6%）、业主意见难统一（41.7%），也与沟通能力不足有关。由于成员缺乏相应的专业知识与技能，业委会有可能出现违规操作的现象。如图7-28所示，8.6%的被调查对象选择了业委会存在"资金使用不规范"问题，某物业经理的谈话可作为佐证。

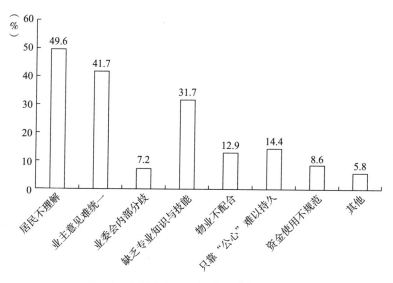

图7-28 业委会开展工作过程中所遇到的困难

　　我们小区原来第一届业委会，小区有公共收益的，包括小区道路设摊的费用、一些小区的房子租赁费用。第一届业委会好心，把这些钱自己管，完了之后，比方说要做个工程，就拿出去用。他们为什么要自己管，不交给我们物业公司，因为如果交给我们，我们公司服务合同明确有规定，公共收益的25%属于我们物业公司。比方说他有10万块钱的收益，那25000元就没了。他们也是好心办坏事情，10万块钱拿给自己管理，导致第二届业委会就认为前一届有"小金库"违规违法，造成了一些不必要的矛盾。（ZHY物业经理）

3. 普通业主对自治事务积极性不足，对业委会缺乏信任

　　调研发现，广大普通业主对小区自治事务关注度不高，并未形成利益共同体，且与业委会之间关系疏远、不信任，导致业委会换届改选难、公共事务征询工作难度大等问题。这与不同类型社区的居民特征相关。"从对整个小区的一个关注度来说，整个业主群里面也是的，我们商品房小区的关注度就会比较高。然后非商品房小区业主几乎对业委会并不关心。"（FB业委会主任）

业主不仅对业委会工作缺乏关注，部分业主甚至直接投诉业委会。数据显示，在业委会成立和运作过程中，曾被投诉的比例超过了三分之一（34.3%）。具体来说，与小区环境、设施等问题相关的投诉最多（63.0%），其次是房屋质量问题（35.3%），之后则是质疑选举过程和结果（12.6%）以及质疑业委会运作不规范（10.1%）（见图7-29）。在一些业主看来，一方面，业委会本身存在选举、运作不规范的问题；另一方面，环境、设施与房屋方面存在的问题也与业委会不作为或工作不到位有关。

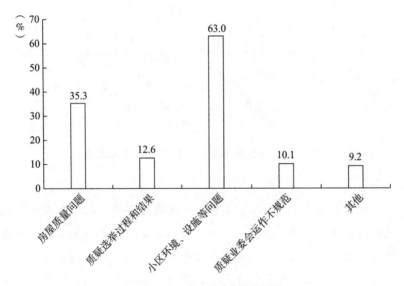

图7-29　小区业主投诉原因

总的来说，业委会建设与发展过程中受到组织结构层面的限制、制度设计不健全的影响以及理念层面认识不足的阻碍，这一点与期望所获支持的调查结果相对应。如图7-30所示，业委会成员在工作过程中需要的支持包括法律地位进一步明确（48.2%）、房办等部门的行政支持（47.4%）、居民的理解和支持（46.7%）、加强专业知识与技能培训（43.8%）、物业服务公司的配合（36.5%）、居委会的协调帮助（35.8%），以及第三方机构的专业指导（24.8%）。

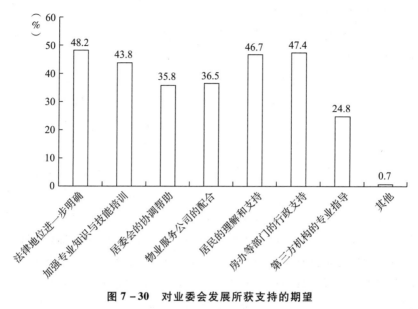

图 7－30　对业委会发展所获支持的期望

四　政策思路与建议

基于对普陀区万里街道业委会建设与发展状况的实证调查，参照香港商品房小区自治管理经验，针对业主自治与业委会规范化建设方面存在的三方面困境，着眼于进一步推动上海业委会建设与发展、促进城市基层社会治理创新，本研究提出以下政策思路与建议。

（一）明确组织地位，完善监督机制

1. 明确业委会法律地位

明确业委会的法律地位实际上是为了更好地实现维护全体业主合法利益这一目标。首先，明确业委会的独立法人地位，以解决诉讼主体资格问题。作为一个业主自治机构，业委会拥有法人地位，便可代表业主参与诉讼，更好地维护其主张与诉求。其次，可通过立法明确业委会的权利与义务边界，以更好地规范业委会，使其在法律制度的框架内运行。如在一个小区内对业委会制度进行试点，倘若业委会拥有独立的财产，则可作为社会团体进行法人登记，进而取得法人资格，可以独立提起诉讼、应诉和进行民事活动。如果没有独立财产，可以在法律上将业委会规定为非法人组织，赋予其诉讼主体资格，使其能够独立进行民事诉讼。

2. 建立对业委会的监督机制

业主自治组织的高效运行离不开有效的监督机制、规范的监督体系，对业委会及其组成人员的管理行为进行监督和评价，有利于促进业委会的规范运作。首先，要充分发挥业主大会的作用，对于业委会的财务预算和开支报销报经业主大会批准；对于维修基金使用程序过于烦琐和复杂的，可以创新上述程序，针对不同事务和资金用量分类设置程序，强化业主决议的权限而简化办事程序，同时还要注重群众征询、统一公布，保障小区居民的知情权和参与权，使其拥有主体感和参与感。其次，可引入第三方，聘请外部人员（如律师事务所或会计师事务所的人员）依照物业管理法律法规及业委会的职责权限进行监督和评价，这可以对业委会工作起到强有力的监督作用，同时增强工作规范性。最后，拓展申诉渠道，针对小区业主开设意见建议收集信箱，由党组织牵头，派专人管理，让业主通过合法渠道进行申诉，行使自己的权利。另外，地方政府部门应当帮助业委会制定自我约束、便于监督、善于沟通的工作制度。

（二）建立健全制度体系，规范业委会运作

社会治理体系和治理能力的现代化、专业化与社会化，需要积极发挥各主体的自治能力，引导多元主体协调共治。健全的制度体系是理顺主体间关系，保障各主体有序参与、实现共治共建的重要保障。

1. 探索建立业委会成员准入和培训制度

业委会是及时了解居民需求、监督和协助物业进行管理，以维护全体业主利益的自治组织。围绕业主需求与社区公共建设而展开的业委会工作，需要一定的物权法规、财务、管理、工程建设等方面的基本知识，以及为社区业主服务的志愿精神。因此，业委会对成员的知识与技能、品德素质等是有一定要求的，成员的高素质是业委会顺利运作的基础。

探索建立业委会成员的准入与培训制度，可根据业委会的实际工作需要考察相应的岗位技能，设置一定的准入条件，如无违法记录，具备财务、法规、管理等某项知识与技能，身体健康，有较多的自由时间等。通过符合者自荐和业主大会选举产生业委会成员，并建立与此相配套的岗前培训机制，由房管部门组织专业力量对业委会成员开展法律法规、财务知识与技能，以及工程管理、物业管理、社区自治等方面的培训，帮助成员们提高履职能力。如每周开展一次全体学习活动，由业委会主任牵头，集中学习某一方面的知识，总结工作问题，对不足之处加以改进。

2. 建立业委会成员的考核与退出机制

业委会的规范运行离不开制度支撑，业委会本身也需要制定自身的工作条例和要求，建立一个系统化、完备的业委会管理制度。根据业委会工作范围制定常规工作要求，明确和细化工作职责；制定突发应急工作机制，如紧急情况下的维修资金使用规范、事后审查规范；建立公开透明的工作信息机制，尤其是对公共维修基金的使用及公示。

根据业委会工作情况，建立考核与退出机制，由业主对业委会成员的工作情况进行评价打分，对于无法履责，存在徇私、违规操作的成员实行退出制。适当设立报酬机制，对业委会成员给予津贴补助，使责任与利益相一致。如设立季度奖金，由社区居民参与评比，对工作突出、居民满意的业委会成员进行褒奖。如此可增强业委会成员工作积极性，在一定程度上也能避免业委会成员谋取私利，使业委会在日常运作和社区治理中走得更长远。同时，这一建议也符合居民们对于"希望街道给予优秀业委会精神和物质的鼓励"的期盼。

（三）强化支撑体系

1. 街道提供专业资源支持

规范运作的业委会不仅是社区自治的需要，更是基层治理不可或缺的重要力量。作为以社会关系为基础的自治组织，业委会建设与发展需要良好的组织环境和外部条件的支持。街道作为基层社会治理的重要主体，有必要发挥好引导和支持作用。

业委会从成立到规范运作要经历长期的过程。业委会是一个自治性质的组织，缺乏相应的专业资源。因此，可从街道层面提供专业力量的支持。如对业委会筹备和选举的相关程序的指导，引入第三方专业组织统一开展业委会成员的知识与技能培训、政策普及。引入专业法律力量，为业委会提供法律咨询等服务。

2. 强化自治意识

业委会是全体业主选出来代表他们利益、参与管理社区公共事务的自治组织，应当行使好业主们赋予其的权利，认真履行职责。首先，要增强业委会成员做好社区治理的使命感，以全体业主的利益为出发点，经常听取居民的意见和建议，提升社区居民的获得感、安全感和幸福感。其次，党员成员要发挥先锋模范作用，在社区治理中率先垂范、主动作为，准确及时地了解居民们的诉求，以解决实际问题为己任，改变以往居民心中对业委会的固化印象。如居民区党组织可举行"先锋模范学习活动",对尽心尽力服务全体居民的业委会成员进行表彰,号召其他工作人员向其学习。这样既有助于增强成员们对自身工作的认同感和使命感,又能增强其工作积极性。

3. 建立社区规范与信任机制

社区治理的实质仍然是实现社区居民的自我建设与发展,对此,要形成社区支持的环境。一是要构建社区居民之间守望相助的关系网络,这就要求社区搭建居民之间面对面交往的平台,以各种形式的活动增加居民之间的交往和联系。二是强化社区认同感,包括居民与居民之间、居民与各自治主体之间,要增强凝聚力,强化自治能力。通过搭建社区平台,积极引导居民参与社区治理,如设置线上小程序,让居民参与治理、表决公共事务、发表意见等。针对业主提出的建议和要求,进行梳理和回应并积极地处理,这样既能增强居民参与意愿,又能提高业委会工作效率。还可以定期举行文艺活动,以社区文化为居民之间的纽带,打破居民与居民间的隔阂,拉近其与组织的距离。同时,定期召开(一个月两次)社区治理会议,主动宣传自身作用,向社区居民普及公共权益知识,主动上门询问居民意见,拉动居民踊跃参加社区治理事务等。如此,既可以培育业主参与社区公共事务的意识,增强他们的集体荣誉感和认同感,也可以引导更多业主参与公共事务咨询和管理,逐步强化业主的利益共同体意识。

第八章　居民参与：楼组自治、社区营造与志愿参与

社区治理创新需遵循"共建共治共享"的原则，构建"人人有责、人人负责、人人共享"的社区治理共同体。在社区情境下，居民参与既是治理创新的要求，也是创新效果的直接体现。居民参与是社区社会参与的重要组成部分。与社会参与相似，居民参与的范畴同样宽泛，本章仅围绕楼组自治参与、社区营造分别进行专题分析。

第一节　闵行区虹桥镇楼组自治参与实践分析①

楼组自治是居民区治理体系的基本组成部分，是居民自治向基层深入拓展的体现，是居委会工作有效开展的重要支撑。群众参与是基层民主自治的核心要义，是衡量自治效果的基本指标，构建群众有效参与机制是促进居民自治工作的关键。"1 + 6"系列文件提出要"健全自下而上的自治议题和自治项目形成机制"，"开展丰富多彩、喜闻乐见的自治活动"，"大力培育以社区骨干为带头人的群众性组织和议事协商载体"，并对相关工作提出了指导要求。本节内容主要基于2019年在上海市闵行区虹桥镇的问卷调查与走访交流，了解党建引领下群众参与的范围、动力及效果，分析其所面临的问题，提炼促进群众参与的有效机制，推进居民有序、有效参与。

一　虹桥镇楼组自治的工作成效

虹桥镇政府高度重视楼组自治工作，2011年试点特色楼组建设工作，

---

① 本节主要内容以《上海基层社区楼组自治与居民参与——以闵行区虹桥镇为例的调研分析》为题，收录于谭日辉主编《中国社区发展报告（2019～2020）》，社会科学文献出版社，2020。

2016 年对虹桥镇"三长"队伍（党小组长、居民小组长、楼组长和社区群众团队负责人）建设状况与问题进行调研，2017 年组织编写具有实务操作性的《楼组自治指导手册》。2018 年，镇社区办制定《关于"美丽楼道"建设实施方案》，要求分三年在全镇居民区全面覆盖"美丽楼道"创建工作，所有楼道根据条件分基础类、提升类、特色类进行创建，其中提升类至少达到楼道总数的 30%，特色类至少达到楼道总数的 10%。基于走访调研和问卷调研资料，本研究对虹桥镇楼组自治工作状况有了较为全面的认识，其主要成效表现在三个方面。

（一）党建引领作用明显

一是居民区党组织普遍重视"美丽楼道"建设。如红春居委会成立了由居民区党支部书记、副书记分别担任组长、副组长的"美丽楼道"工作领导小组，并制定《2018～2020 年"美丽楼道"建设方案》与年度推进实施计划，按照计划推进相关工作。

二是"三长"中的党员比例较高。2016 年的相关调查显示，虹桥镇"三长"中的党员比例为 21.4%。研究团队对金斯居委会"三长"队伍的统计显示，党员占比 47.4%，接近一半。问卷数据显示，具有楼组长身份的调查对象中，党员比例为 31.2%。

三是大部分楼组党员积极发挥先锋模范作用。研究团队重点调研的 12 个楼组中有 5 个为党员先锋类特色楼组，有的生活服务类楼组也有党员发挥骨干作用，虹桥花苑小区 43 号楼组的季阿姨、红春二公寓 21 号楼组的高师傅、吴中路 870 弄坚持扫楼 20 多年的王阿姨以及上虹居委会 79 岁的楼组长丁阿姨都是其中的优秀代表。问卷调研显示，近六成（58.9%）调查对象认为楼组党员的先锋模范作用发挥得比较好或非常出色，仅有6.2% 认为党员先锋模范作用发挥较差（见图 8－1）。

（二）队伍建设成效显著

一是楼组长队伍健全。根据 2016 年的统计结果，虹桥镇共有楼组长2434 人，对应居民 6.2 万户、16.8 万人，平均每位楼组长约对应居民 26户、69 人。研究团队走访发现，6 个居委会均有规模健全的楼组长队伍，每位楼组长对应的居民户数从十几户到几十户不等。

二是楼组长普遍具有奉献精神，居民满意度较高。调研显示，具有爱心和奉献精神不仅是居委会挖掘楼组长资源的基本标准，也确实是参与座

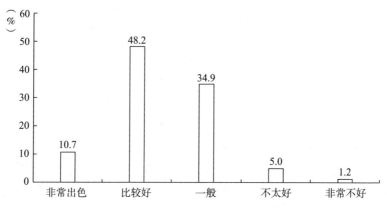

图 8 – 1　楼组党员先锋模范作用的发挥情况评价

谈访谈的楼组长群体的明显特征。统计显示，被调查对象对楼组长工作的
总体满意率为 68.4%，其中两成左右居民表示非常满意（见图 8 – 2）。

　　三是积极参与社区事务。楼组长不仅关注楼组内部事务，开展楼组自
治工作，同时也积极参与社区公共事务，或者作为志愿者参加活动，或者
作为居民代表参与协商议事，形成了对居民自治的有力支撑。统计显示，
具有楼组长身份的被调查对象中，积极参与社区活动的比例高达 78.3%，
远高于 55% 的平均水平。

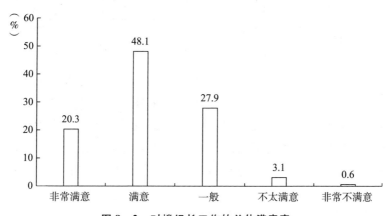

图 8 – 2　对楼组长工作的总体满意率

　　四是开展队伍管理的制度化建设。除了镇社区办对"三长"队伍的普
遍要求之外，部分居委会也因地制宜推进楼组长管理的制度化建设，如龙
柏六村居委会设立相应的考核、奖惩制度，对不合格楼组长进行劝退，对
优秀楼组长进行表彰。

（三）楼组自治作用积极

问卷调查结果显示，通过"美丽楼道"建设，72.7%的居民认为楼道状况比之前更好了，主要表现在以下几个方面。

一是促进邻里交往。不少楼组以楼组长和居民骨干为核心，开展聚会、节庆活动，促进居民交流，构建熟人社区。更为典型的是"睦邻屋"建设，如虹桥花苑居委会的"睦邻屋"为楼组居民提供了新的交流空间，营造出友好、文明、和谐相处的楼组氛围。统计显示，楼组长与本楼道居民的熟悉度远超其他居民（见图8-3），绝大多数居民（95.1%）同意楼道里大部分人愿意相互帮助。

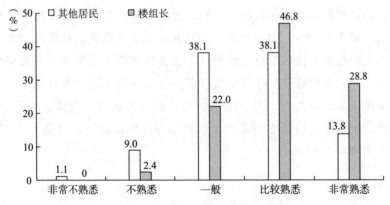

图8-3 楼组长/其他居民和本楼道居民的熟悉情况比较

二是开展楼组服务。在睦邻交往的基础上，一些楼组积极开展关爱服务或公共服务活动，如虹田苑1号楼组制作睡裤送给独居老人、吴中路870弄6号楼组自愿打扫楼道卫生、苹果园58号楼组以油画作品美化楼道环境等。统计显示，楼组居民之间有互相帮助行为的比例为59.7%。同时，在有居民自发组织的部分楼道内，所成立组织35.2%是互助服务型的，比例相对最高。

三是治理楼道难题。部分楼组围绕楼道治安隐患、公共设施运行障碍等难题自发组织起来，以协商自治的方式解决问题，典型如金俊苑3号楼居民通过自筹资金，成功更换电梯的案例。数据显示，在有居民自发组织的部分楼道内，协商议事型组织占比为32.1%，是第二大类的自发组织。

四是发挥带动作用。部分特色楼组的成功创建，在小区内发挥了积极的带动作用，如龙柏易居3号楼组积极活跃的自治氛围和大为改观的楼道环境，带动了小区其他 4 个楼幢的创建工作；而金俊苑 3 号楼组成功更换电梯后，同样带动了其他楼组的自治发展。

二　楼组自治的主要问题及其原因

（一）存在的主要问题

1. 各类小区问题表现不同

虹桥镇大调研发现，部分楼组在楼道安全、环境卫生、生活方便等方面存在一些问题，较为普遍的问题包括：违法搭建、楼道堆物、楼门不关、设施损坏、电线杂乱、住户群租、乱扔垃圾、乱贴广告、保洁不力、墙面剥落、上下楼不方便、缺少无障碍通道等。数据分析显示，楼道管理方面的主要问题既有普遍性，在不同类型社区中又有所差别。

一是群租问题最为突出，尤其是保障房和市区动迁房小区。问卷调查显示，群租问题是全镇 33 个居委会普遍存在的严重问题，在所有各类问题中比例最高。总体上，45.5% 的被调查对象认为群租是当前楼道管理中最为严重的问题。比较而言，保障房小区和市区动迁房小区的群租现象更加严重。其他社区类型（以保障房为主）的选择比例高达 66.7%，市区动迁房小区的选择比例则是 51.2%。参见表 8－1。

二是本地动迁房小区不文明饲养宠物现象更为突出。统计显示，不文明饲养宠物及家禽是被调查对象所选择的第二个严重问题。其中，本地动迁房小区的这一现象尤为突出，约四分之一（25.7%）的居民选择这一选项，高于其他小区类型。

三是市区动迁房小区黑广告现象更为严重。走访调研中反映较多的是黑广告，乱张贴的问题，在动迁房小区尤为严重。统计显示，15.9% 的市区动迁房小区居民选择黑广告/乱张贴，高于 12.1% 的平均水平。

表 8－1　不同类型社区楼道管理最严重问题的比较

单位：%

小区类型	群租	违法搭建及无证/非法营业	不文明饲养宠物及家禽	黑广告/乱张贴	占用公共空间堆放杂物	N
市区动迁房	51.2	4.9	15.9	15.9	4.9	82
本地动迁房	43.9	6.4	25.7	12.9	4.7	171

小区类型	群租	违法搭建及 无证/非法营业	不文明饲养 宠物及家禽	黑广告/ 乱张贴	占用公共空间 堆放杂物	N
商品房	42.8	5.1	19.8	11.7	7.5	334
其他	66.7	6.1	18.2	3.0	3.0	33
平均	45.5	5.5	20.8	12.1	6.1	620

四是生活垃圾分类工作有待推进。大调研发现，相对于居民对垃圾分类的呼吁，部分小区对此项工作的推进力度仍有不足，包括垃圾桶未配置、宣传动员不到位等。此外，垃圾分类时间段设置不合理，仅上下午各一小时，不能满足居民需求。

2. 楼组自治成效存在差异

研究团队走访发现，12 个楼组总体情况良好，但在环境外观、邻里交往、协商议事等方面的自治成效存在较大差异。根据 2018 年虹桥镇"美丽楼道"创建标准，所调研楼组的基本差别主要如下。

一是老小区楼道整洁程度相对较差。老小区设施老化、线路零乱，既有的违章建筑较多，物业服务公司的服务水平相对较低，楼道整洁程度也因此相对较差。

二是商品房小区在美化楼道方面更为出色。商品房小区的楼组多运用书画艺术作品装点楼道，如金俊苑 3 号楼组、苹果园 58 号楼组、虹桥花苑 43 号楼组都在美化楼道方面表现出色。

3. 特色类楼组建设水平有待提升

如表 8-2 所示，在特色类楼组建设方面，大部分楼组仍有较大的努力空间。

一是楼组公约的制定没有充分体现居民参与。走访调研发现，尽管所有楼组都公示有楼组公约，但内容差别不大，在公约制定过程中并没有充分体现楼组居民人人参与的原则。统计显示，仅 26.9% 的居民非常熟悉本楼组的楼组公约，59.3% 的居民了解一些，还有 13.9% 的居民不了解楼组公约（见图 8-4）。同时，仅 5.3% 的居民对楼组公约的制定或修改提过很多建议，41.4% 的居民提过一些，其余 53.3% 没有对本楼组的楼组公约的制定或修改提过建议。

表8－2　对调研楼组创建成效的评价

创建类别	序号	评价标准	总体评价	备注
基础类	1	楼道内无建筑材料、桌椅、家具、纸板箱等闲置物品的堆放	所有可达标	—
	2	楼道内无非机动车停放	所有可达标	—
	3	楼道卫生管理制度健全，每日定时打扫，楼道整洁干净，楼道扶手、窗台、墙面、顶面、地面无积尘，无卫生死角	少部分需加强	老小区问题较突出
	4	楼道内无乱张贴、乱涂画等	少部分需加强	动迁房问题较突出
	5	楼内共用设施设备，如消防设施、电梯、监控设备等，运行良好，使用及维护符合相关法规要求，无安全隐患	不清楚	—
	6	楼道内无新增违法搭建、无群租、无改变房屋结构和用途等情况	少部分需加强	老小区问题较突出
	7	楼内居民治安防范意识较强，群防群治有效落实	不清楚	—
提升类	8	楼内宣传版面更新及时，楼组公约等制度统一上墙	所有可达标	—
	9	楼内经合法途径设置的广告牌等统一美观，无黑广告	少部分需加强	动迁房问题较突出
	10	主题性自治楼组围绕主题特色适当装点楼道，使主题更加鲜明，提高居民感受度	大部分需加强	商品房较优秀
特色类	11	楼内居民遵纪守法，邻里关系融洽，无不可调和的利害冲突	不清楚	—
	12	楼道内有一定数量的居民骨干，且为人正直公道、热心公益、在楼内有公信力、有一定组织协调能力，能积极配合居委会工作	大部分需加强	骨干数量有限
	13	形成楼内事务议事平台或自治小组，第一时间了解信息，解决矛盾	少部分需加强	网络平台较多
	14	基本形成楼组自治有骨干、有章程、有主题、有活动、有实效的楼组自治常态机制	大部分需加强	常态机制较难形成

　　二是楼道内的居民骨干数量有限。高层商品房的居民骨干数量略多，但在6层公寓的楼组内，往往只有楼组长一位骨干，有时甚至是两三个楼组对应一位楼组长。实际上，在居民户数较少的楼组内，能够按照公道、热心等标准找到几位居民骨干，并不容易。

　　三是楼组内的协商议事平台仍不健全。在居民区层面，存在居民代表会议、"三会"等较多的协商议事平台。但在楼组内部，与骨干数量有限、

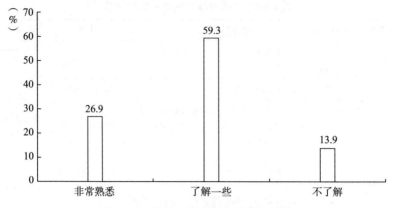

图 8 - 4　居民对楼组公约的熟悉情况

居民参与不充分相关，相对正式的协商议事平台仍较为少见。统计显示，22.1%的居民认为所在楼道有居民自发成立的组织，仅8.3%的居民经常使用网络向楼组长反映问题。

四是楼组自治常态机制有待完善。在主要依靠楼组长个人作用的情况下，楼组自治具有较强的不确定性，其常态运行机制需要健全。

4. 党建引领作用仍需加强

一是部分居民区党组织体系需要优化。有的居民区党组织党员有一两百人，仍是支部；有的居民区党支部下面没有设党小组。

二是楼组党小组未成立。走访调研的楼组均暂未成立党小组，楼组内也没有多名党员之间的其他组织方式。

三是在职党员参与不充分。在部分居民区，在职党员的报到制度落实不力，其参与楼组自治的积极性不强。

5. 楼组队伍建设存在隐忧

一是楼组长队伍年龄较大。2016 年的数据显示，虹桥镇楼组长的平均年龄是65 岁，60 岁以下667 人，仅占总数的27.4%。问卷调查显示，楼组长平均年龄约64 岁。走访调研发现，随着年龄的增长，一部分优秀的楼组长逐渐退出，对后继者的挖掘、动员需要给予充分重视。

二是楼组长的积极性有待进一步激发。统计显示，楼组长中仍有四分之一以上（26.6%）对于"美丽楼道"建设了解一般或较少，近一成（9.5%）对"美丽楼道"建设参与不多或完全没有参与，一成以上（11.5%）不会在"美丽楼道"建设过程中主动向社区反映意见、建议或没有意见、建议。楼组长队伍仍以动员式参与为主，或是借助党组织体系的组织动员，或是激发奉献精神的精神动员，而物质性激励机制比较欠缺，对楼组长的参与积极性有一定的影响。

6. 居民参与自治范围有限

一是在职居民参与不足。参与楼组自治的居民骨干主要是退休人员，在职居民的参与积极性较弱。交互分析显示，经常参加楼道活动的居民中，60～69岁所占比例最高，为40.5%；60岁以下的劳动年龄人口参与较少；35岁以下的居民选择"经常参与"的比例只有3.4%。

二是租住居民参与较少。拥有住房产权的本地户籍居民是参与楼组自治的主要人群，以外来人口为主的租住居民参与较少。统计显示，经常参与楼道活动的人群中，上海户籍居民的比例为18.9%，非上海户籍居民的比例为12.2%，体现出外来人口更低的活动参与率。

（二）原因分析

从理论上说，前述各类问题之间存在密切联系。在分析问题产生的原因之前，有必要对这种联系进行简要说明。首先，不同楼组的自治成效有差异，不仅与居委会或楼组长的主观努力有关，更与社区特征及其所带来的自治基础条件有关。其次，特色类楼组建设效果有限，一方面是因为启动的时间不长，另一方面是因为包括楼组长在内的居民骨干数量有限。而居民骨干数量有限，既与楼组长队伍的群体特征有关，也与居民参与不足的普遍现象有关。再次，楼组党小组能够成立的基本条件是存在一定数量的党员，对楼组内的党员资源需要充分挖掘，而在职党员参与不充分的原因与在职居民参与不足相似。复次，楼组长的年龄等特征会影响其在促进邻里交往方面的作用发挥，有效的激励机制则有助于调动楼组长队伍的积极性并吸引新的后备力量。最后，年龄、性别、退休与否、有无房产、有无户籍等特征都是影响居民彼此交流和自治参与的可能因素。在此基础上，以下仅从三个方面分别展开分析。

第一，不同社区特征提供了不同的自治基础条件，进而影响自治效果。

本次走访调研主要涉及两种社区类型，即本地动迁房和商品房。本地动迁房居民大多由村民转变而来，彼此间本来就比较熟悉，因而邻里间会更为信任，交往会更加频繁，邻里互助和自治参与就更加容易。同时，动迁房往往是6层公寓，楼组内居民户数较少，这也为邻里交往、楼组自治创造了有利条件。但是，本地动迁房居民的文化水平可能较低，职业层级可能不高。再加上本地动迁房的房型紧凑、总价较低、租金便宜，其出售、出租的流动性更强，带来人口结构的快速变化，尤其是外来人口比例的增加。这些都可能带来社区治理的难题，成为楼组自治的阻碍。商品房则与之不同。一方面，商品房居民经济地位、文化水平、文明素质可能更高，同时更关心自身权益，因而有助于楼组自治的开展。另一方面，高层电梯居民也更注重个人隐私，与邻居之间的交流反而可能更少，进而不利于楼组自治。这种两面性并存于同一社区楼组，开展楼组自治需要在不同情境下仔细鉴别和分析。此外，市区动迁房和保障房也具有独特的社区特征，并对基层自治产生不同的影响。

第二，楼组长群体的特征会影响其促进邻里交往和开展楼组自治的效果。

楼组长以退休老年人为主，女性居多，学历略低，党员比例较高，几乎都是本地户籍。这些特征对于邻里交往和楼组自治而言，既有优势，也有劣势。优势在于楼组长的阅历与经验丰富，其老年人身份容易获得尊重，能与党组织、居委会保持密切联系。劣势则在于老年人观念更加固定，某些能力或有不足，更重要的是其身份特征在一定程度上可能成为其与其他身份居民（在职人群、男性、年轻人、高学历者、外来人口等）交流的障碍，进而影响楼组长的代表性，从而对楼组自治工作带来不利影响。

第三，不同类型居民的利益诉求和参与意愿差别较大，也会影响自治效果。

在职人群的生活重心在家庭与事业，社区事务在很多时候不受其重视。以外来人口为主的租客不仅是在职人群，而且由于房产、户籍、语言等障碍的存在，限制了其与本地人的交流，对社区缺少认同感和归属感，结果有时可能成为社区问题的制造者。但这两类人群依然有对美好社区生活的基本需求，这是促进更多居民参与楼组自治的基础。此外，对不同类型居民个性化的利益诉求加以关注，且在必要时向上反映，这既是楼组自治工作的内容，也是促进楼组自治的方法。

三 进一步推进楼组自治与居民参与的建议

结合上述分析，从推进楼组自治、建立健全群众有效参与机制的角度，提出以下建议。

一是完善差异化的制度设计。针对不同类型小区、楼组，由镇社区办指导各居民区制定差异化的"美丽楼道"建设方案，提出差异化的评估标准，给出差异化的支持政策。总的原则是根据楼道硬件条件、居民特征等对市区动迁房、本地动迁房、商品房等提出不同要求。

二是积极支持"美丽楼道"建设。积极推进虹桥镇"美丽楼道"建设专项资金的项目化运作，对楼组自治事务给予积极支持，倡导居民充分参与原则。统筹资源，为"美丽楼道"建设提供技术支持。

三是围绕顽症开展自治。统计显示，被调查对象认为有利于楼组自治参与的最重要的三个条件依次是：通过参与确实能够解决问题（24.8%）、对自己有实际帮助（16.3%）、活动内容有意义（16.1%）。这体现了居民以切实解决问题为导向的参与动机。目前，许多楼组仍面临群租、不文明饲养宠物、黑广告等管理顽症，楼组自治工作可以积极围绕各类顽症的解决开展，化危机为契机，通过集思广益、群策群力，实现解决问题与推进自治的良性互动。

四是推进黑广告的源头治理。对小区楼道内各类广告所涉公司，一旦查实举报，建议由上级相关部门对其进行相应处理，从源头上制止乱张贴、乱涂画的不良行为。

五是加快垃圾分类工作。垃圾桶等设施尽快到位，延长分类垃圾回收时间，加大宣传力度，借助楼组自治平台鼓励动员居民积极参与，加快推进垃圾分类工作。

六是完善党的基层组织体系。健全居民区党组织体系，根据小区、楼组合理设立党支部、党小组。结合在职党员在社区报到的要求，在党员先锋类特色楼组率先设立党小组，原则上2名党员即可设立，推动退休党员和在职党员联合设立党小组，共同参与楼组自治、居民自治工作。

七是壮大优化楼组骨干队伍。以楼组党小组、党员、楼组长、居民代表为基础，挖掘更多楼组居民骨干参与社区治理，构成楼组自治、协商议事的核心力量。原则上，6层公寓每个楼组不少于2名骨干。同时，积极动员、支持不同身份居民担任楼组长，包括在职党员、在职居民、年轻人、外来人口、租客在内的常住居民都可以担任，逐步增强楼组长队伍的代表性。

八是健全楼组骨干激励机制。楼组长的主要职责是真实了解、反映居民需求和诉求，同时作为志愿者传达有关信息。将楼组长合理酬劳与志愿者补贴相结合，为楼组长、楼组骨干提供合理的物质、精神奖励和保险保障。

九是开展楼组公约修缮活动。做到居民户户知情，征询居民意见需求，了解居民基本信息，在修订完善楼组公约的过程中促进邻里交流、凝聚楼组共识。如虹桥东苑38号楼组的居民公约内容通俗易懂，朗朗上口，值得借鉴。

十是鼓励设立楼组自治基金。遵循居民自愿原则，鼓励条件成熟的楼组以自筹的方式设立自治基金。基金由党小组或骨干小组负责管理，实行账目公开，资金主要用于志愿服务、公益慈善等楼组公共事务。如龙柏易居3号楼组设立楼组自治基金，其做法值得鼓励和宣传。

十一是构建网络协商议事平台。统计显示，"没有时间"是阻碍居民参加楼组活动的首要原因（34.7%），排在第二位和第三位的原因分别是"不清楚活动信息"（15.5%）和"自己参不参加都没有影响"（12.3%）。网络具有即时通信、信息共享、传播广泛的优势，可以充分发挥网络优势克服居民个人的参与障碍。通过建立楼组居民交流群，搭建协商议事平台，保证每户居民都能参与其中，挖掘资源，传递信息，互帮互助，表达诉求，反映问题，并以楼组为单位参加社区事务。经常召开协商议事会，以网络技术降低居民的参与成本。

第二节　浦东新区东明路街道居民参与社区花园建设实践分析[①]

2019年11月，习近平总书记在上海杨浦区滨江公共空间考察时，提出了"人民城市人民建、人民城市为人民"重要理念。[②] 2020年6月，中国共产党上海市第十一届委员会第九次全体会议提出要把握人民城市的主体力量，促进人人有序参与治理，既要畅通渠道平台、完善协商民主、加强基层治理，更好保障人民群众有序参与，又要坚持党建引领，更好发挥基层党组织在推动自治共治中的组织领导作用，更好强化街镇、社区在基层治理中的基础性作用，共同推进社区"微治理"，激活城市治理的"神经末梢"。2020年11月，上海市民政局出台《关于落实"人民城市"理

---

① 本节内容以《公共空间营造与社区治理创新》为题，收录于谭日辉主编《中国社区发展报告（2021~2022）》，社会科学文献出版社，2022。
② 《习近平在上海考察时强调 深入学习贯彻党的十九届四中全会精神 提高社会主义现代化国际大都市治理能力和水平》，http://www.ce.cn/xwzx/gnsz/szyw/201911/03/t20191103_33507748.shtml，最后访问日期：2024年1月20日。

念加强参与式社区规划的指导意见》，要求以共同参与、共同治理社区美好家园为引领，以"参与式社区规划"为着力点，统筹社区规划师专业力量和社区自治共治力量，推进社区空间治理，打造共建共治共享的社区生活共同体。由此，上海城市社区空间更新实践所蕴含的治理创新意涵在政策话语中得到更大程度的重视和挖掘。本节基于 2021 年对浦东新区东明路街道社区花园建设实践的实地调研，分析不同行动主体的角色与作为，概括其特点与经验，反思所存在的问题，并结合相关政策讨论此种公共空间营造对于社区治理创新和促进居民参与的意义。

一　社区花园建设背景与动力

东明路街道位于上海市浦东新区，成立于 1999 年 12 月，为浦东新区最年轻的街道，在上海城市发展过程中承担了大量动迁安置任务。街道辖区面积 5.95 平方公里，由凌兆新村和三林城两大区域组成，辖 38 个居民区、73 个住宅小区。街道实有人口总数 12.74 万，其中户籍人口 7.4 万、外来人口 3.2 万。作为上海市首个中心城区园林街道，东明路街道积极贯彻"人民城市"重要理念，紧紧围绕"宜居东明、人民社区"建设目标，以社区花园建设为抓手，有效融合社区规划与社区自治共治，努力提升居民群众的获得感、幸福感。

东明路街道具有植绿护绿传统，近年来的社区花园建设实践是这一传统的体现与延续。2016 年，东明路街道被评为"上海市园林街镇"，这是上海第一个位于中心城区的园林街镇，园林绿化由此成为街道的一项特色优势工作。此后，结合浦东新区于 2018 年启动的"缤纷社区建设三年行动计划"，街道引入社区花园理念，推动社区花园建设实践，不断巩固园林街镇创建成果。2019 年，"心怡乐园""幸福园"两个口袋公园分别被评为新区缤纷社区优秀小微项目一等奖、优秀自治项目一等奖。2020 年，在不同居民区推动建成 10 个迷你社区花园。2021 年，街道一方面把新建和改造 15 个居民区社区花园列入实事项目，另一方面引入专业社会组织推动参与式社区规划，致力于把"宜居东明、人民社区"三年社区更新行动规划落到实处。目前，街道有 2 个单位创建成为市级以上绿化单位，13 个小区建成上海市园林式小区，16 个小区创建成为浦东新区绿色社区。

更为重要的是，社区花园建设历程体现了街道在园林绿化工作方面从"管理"到"治理"的理念转变。此前，巩固园林街镇创建成果主要是街道管理办与市容绿化部门的职责，为此在居民区开展了大量的补绿工作，但由于居民爱绿护绿意识薄弱和老旧小区物业对绿化养护管理不到位，经常导致补了又毁，补绿成效大打折扣。而社区花园建设的核心理念是自治参与，将花园视为社区公共空间，吸引各种社会力量共同参与建设，尤其致力于促进居民自组织的培育和发展，体现了自治共治的建设思路。从2019年开始，街道将社区花园项目与自治办的"特治金"项目相结合，在各居民区普遍推行护绿项目。2021年，街道在社区党群服务中心创建"居民区治理创新实验室"，设立了"微治理""微智慧""微基建"3大类20多个项目，其中包含10多个小区的社区花园建设项目，通过社区花园建设积极推进党组织领导下的居民区治理机制创新成为街道的主动追求。

二　社区花园建设实践：党政主导下的自治共治

（一）街道：引领与支持

在街道层面，街道党委、办事处多年来对于社区花园建设一直比较重视，结合上海市、浦东新区要求持续推进相关工作，将之作为居民区治理创新的重要抓手。2019年以来，街道将社区花园建设列为年度重点工作或实事项目，引入专业社会组织，党建办协调不同部门形成合力，管理办提供专业绿化建设团队和绿化管养相关技术指导，自治办以"特治金"项目给予资助，宣传部门强化舆论宣传，构成了对社区花园建设的强有力支持。

以社区花园的专业队伍建设为例，街道持续打造多样化、协同化、专业化的社区规划师队伍，切实为推动社区花园建设和参与式社区规划工作提供专业支撑。在街道层面，将来自街道管理办、自治办、团工委等与社区规划有着密切联系的内设机构中的青年干部组织起来，建立青年社区规划和社区花园小组。在居民区层面，深度挖掘具有专业背景的本土青年社区规划师，建立社区规划师先锋队。同时，通过居委会推荐、居民主动申请双向结合的方式，建立居民区内部的社区规划小队和儿童参与的小小规划师队伍。通过层层发动，形成从街道到居民区再到具体小区的社区规划师人员梯队，并明确社区规划师队伍体系内的各自职责。青年社区规划和社区花园小组发挥指导推动作用，采取"手把手""点对点"方式精准指导各自联系居民区的社区规划工作。社区规划师先锋队发挥核心带动作用，作为街道与社区居民之间的沟通媒介，确保社区规划工作既深入贯彻街道意图，又真实反映居民意愿，同时对居民社区规划小队开展日常培训辅导。居民社区规划小队发挥广泛发动作用，进一步向周围其他居民传递参与式理念，形成人人广泛参与社区规划的氛围。

（二）组织：指导与培育

社区花园建设具有专业性、社会性的双重特点，保障其效果既需要专业社会组织的有力指导，也需要社区自组织的良好运行。在街道支持下，来自同济大学和专业社会组织（四叶草堂）的专家团队在指导社区花园建设、培训本土社区规划师、培育社区营造氛围等方面发挥了积极作用。上海四叶草堂青少年自然体验服务中心多年来致力于社区花园建设实践，倡导公众参与的自治理念，在东明路街道主要通过团队培训赋能来推动社区自主设计、营造、维护社区花园。街道联合同济大学在街道办挂牌成立社区花园与社区营造实验中心实训基地，并与四叶草堂合作，2020年培训了15位志愿者，2021年进一步设计定制版"参与式社区规划"系列课程，采取专题讲授、小组研讨、案例设计等多种方式，全面提升街道干部、本土规划师和普通居民的规划能力水平，助力社区花园建设。

尽管有街道和社会组织的积极支持，但社区花园项目的实施主体仍是居民及其自组织。首先是具有专业知识的规划或设计达人、有一技之长的志愿者骨干等社区能人。一方面，多个居民区重视挖掘自身的能人资源，设计专业出身的居民董小姐、李女士成为各自小区社区花园建设的核心，凌十二居民区的多位老年志愿者均在花园景观营造中各展所长。另一方面，街道通过系列培训活动，积极培养专业人才，推动本土社区规划师全覆盖。以花园维护、绿化养护为职责的常态化志愿者团队是各居民区社区花园建设能够成功与持续的关键。街道自2019年开始的社区花园建设实践带动了一批居民区自治团队的成立，各支团队在党组织的引领下，整合规划能人、志愿者骨干和居民的力量，使其成为社区花园建设与维护的主力军。金色雅筑小区以亲子家庭为纽带组建了年轻的护绿队，凌十二居民区已组建起20多人的能人队伍和80多人的志愿者队伍，构建起了花园维护的长效机制。

（三）社区：整合与参与

在基层社区层面，街道多个居民区党组织围绕社区花园建设，积极发挥对多方主体的整合、协调作用，构建起纵向联动、横向联合的治理框架,为社区花园项目的有序推进提供了组织保障。在新月一、凌十二、金色雅苑等居民区,党组织协调居委会、物业服务公司、业委会多次召开联席会议,发挥"三驾马车"作用,向上联系街道管理办、自治办等部门,向下联系业务骨干、志愿者和普通居民,整合资源,形成合力,有效推动了社区花园建设。

社区花园建设的初心是满足居民的美好生活需求,其成效需要由居民来检验,更重要的是通过建设过程带动广大居民对社区公共事务的关注与参与。东明路街道在推进社区花园建设的过程中,努力使社区自治共治更有秩序、更具活力。一是坚持全过程参与。如社区花园项目工程涉及前期的设计论证,建设过程中的垃圾清运、景观布置,后期的日常养护等诸多事项。街道联合居委会以及专业团队利用"三会"等居民议事机制,围绕社区花园为什么建、怎么建、建完以后如何维护等问题,全过程广泛听取社区意见与建议,确保更好满足居民多样化需求。二是坚持全年龄段参与。社区花园建设实践带动了一批居民区自治团队的成立,各支团队在党组织的引领下,整合规划能人、志愿者骨干和居民的力量,使其成为社区花园建设与维护的主力军。街道结合儿童友好社区建设,创建"明日之城"小小社区规划师工作坊,推动社区儿童深度参与社区规划和社区花园建设,同时也有效带动了更多的家庭投入社区花园的建设中来,广泛覆盖不同年龄段,共同打造社区公共空间。

三 社区花园建设的成效与经验

(一) 社区花园建设的积极效果

东明路街道的社区花园建设实践取得了显著成效,主要体现在四个方面。

一是变"荒地"为"花园",更好满足居民美好生活需求。社区花园建设最直观的效果是美化了社区环境,更好地满足了居民对于美好生活环境的普遍需求。进入新时代,随着全面建成小康社会和人民生活水平的不断提高,居民对于美好生活的需求也日益增长,社区花园项目很好地迎合了居民在居住环境改善方面的需求,因而广受欢迎,具有推广的意义。东明路街道是一个以居民区为主的街道,老旧小区的绿地面积小,本地动迁小区存在毁绿种菜现象,商品房小区的绿化维护则缺少居民的关注。通过社区花园建设,街道已有 10 多个小区将原来的"荒地"或"菜地"开发为绿色景观，办起了家门口的"花博会"，为社区增光添彩，有效改善了社区环境，提高了居民的获得感、幸福感。

二是由"旁观"到"参与"，进一步激发居民社区自治活力。社区花园建设更重要的效果是激发了自治活力，在党建引领、政府支持的条件下，更多的社区能人、志愿者和居民参与到建设过程中，更多的自治团队得以建立，并成为花园后期维护的主力军。人民城市建设离不开人民群众的广泛参与，人民社区建设同样要求居民积极关注、参与社区事务。东明路街道的社区花园建设与"自治金"项目相结合，项目实施主体是居民及其自组织团队，从规划、设计到施工、管理的整个实施过程均坚持自下而上的自治原则和开放包容的协商原则，社区花园建设由此成为具有公共性的社区事务。建成后的花园并非"禁地"，而是可进入、可漫步的公共空间，这进一步增强了居民的参与积极性。

三是从"单干"到"共建"，有助于完善党组织领导下的社区治理体系。社区花园建设更深层次的效果是在党建引领下推动了社会多元力量对于社区建设的参与，有助于完善党组织领导下政府、市场、社会、居民等各方主体协商合作的社区治理体系。中央文件多次强调社会治理要坚持"共建共治共享"的原则，提出建设人人有责、人人尽责、人人享有的基层治理共同体。东明路街道在街道、居民区两个层面的党组织引领下，整合了街道不同部门机构（党建办、管理办、自治办、绿容所等）、居民区"三驾马车"（居委会、业委会、物业服务公司）、社会组织（四叶草堂）以及居民志愿组织等各方资源力量，围绕社区花园建设构建起党建引领、多元参与的社区治理架构，为社区共治提供了组织保障。

四是化"陌生"为"熟悉"，通过营造地域生活共同体夯实社区治理基础。社区花园建设最为根本的效果是促进邻里交往，增进社区团结，积累社区社会资本，打造更为熟悉的社区共同体，不仅为社区有效治理打下了坚实基础，而且有效降低了政府管理成本。社区花园建设绝非单一的更新改造项目，更重要的是在建设实施过程中通过居民的参与、各方的互动不断增进信任、凝聚共识、形成合力，最终提升居民的集体效能感与社区凝聚力，使互不来往的陌生空间变成其乐融融的和谐社区。在此基础上，无论是居民自治，还是社区共治，都将事半功倍、如鱼得水，从而极大提升社区治理效能。从凌十二居民区的"彩之韵"志愿者团队到金色雅筑的妈妈群，都很好地体现了支持治理的良好效果。

（二）社区花园建设的实践经验

东明路街道之所以能够在推动社区花园建设方面取得积极成效，主要有赖于以下四方面的原则与做法，即其可资借鉴的实践经验。

一是以需求凝聚共识。东明路街道的社区花园建设之所以能够持续推进并取得良好效果，不仅仅是因为政府的推动，还在于不同层面的不同主体围绕社区花园建设寻找到了共同的需求结合点，从而凝聚共识，形成了同心同行的局面。街道有创新社会治理、改进公共服务的总体目标，有巩固园林街镇成果、推动居民自治的具体任务需求；社区党组织、居委会需要履行上传下达的基本职责，围绕街道中心工作和居民普遍需求，找到"上下同欲"的结合点，促进上下联动；居民则有对追求美好生活、改善居住环境的基本需要。社区花园项目具有成本低、易操作、成效直观的特点，可以将不同层级的各类需求勾连起来，构成项目实施的内在动力。

二是以党建整合力量。社区花园建设是以党建引领自治共治的实践过程，诸多主体参与其中，党组织则是整合各类主体力量的领导核心。在东明路街道，党组织的领导作用主要包括：（1）街道、居民区两级党组织对辖区内政府机构、企事业单位、社会组织、社区组织的资源力量进行整合，积极构建居民区党组织领导的"1+2+3+N"社区治理体系，形成推动社区花园建设的合力；（2）居民区党组织有意识地挖掘对于规划设计有一定专长的能人，以骨干带动团队，促进居民自治；（3）发挥社区党员的先锋模范作用，推动其积极参与志愿服务、诉求表达、协商合作。党组织对各类主体力量的有效整合为社区花园建设项目的实施提供了组织保障。

三是以项目保障成效。东明路街道的社区花园建设都是以项目的方式加以推进，项目化运作是保障社区花园建设效果的重要机制。无论是缤纷社区建设项目、"特治金"项目还是"三微"项目，都需要按照项目化运作的要求执行从申请、设计到实施、评估的一系列流程，以契约和程序的方式对项目各方行为进行监督，从而为项目取得预期成效提供制度保障。社区花园项目的实施主体是本土社区规划师与志愿者团队，项目实施的一个关键是周边居民的全过程关注与参与，包括对设计方案出谋划策、为志愿者的劳动喝彩点赞、对社区花园建设过程的围观和"挑刺"等，事实上构成了对项目的外围支持和全面监督，以充分的自治参与保障项目效果。

四是以特色推动创新。社区花园建设项目虽小，其中却蕴含了巨大的创意空间，可以结合社区特征因地制宜地进行创作，不仅最终呈现的花园景观各具特色，而且社区花园建设路径及其所依赖的自治共治方式也可以实现创新。在街道建成的社区花园中，新月一居民区的"心怡乐园"强调多功能融合，凌五居民区的心境花园突出"可漫步"理念，而金色雅筑、红枫苑、翠竹苑、安居苑、盛源、凌三、凌八、凌十一、凌十二等居民区的 mini 花园都能结合社区自身资源、人口特征和居民需求进行设计。在项目实施方式上，老小区着重发挥老年志愿者团队的作用，商品房小区则通过"小手拉大手"吸引亲子家庭积极参与，体现出居民区治理创新的不同路径。

四　总结与反思

前述内容从背景、做法、效果、经验等方面介绍了上海市浦东新区东明路街道近年来推动社区花园建设的实践状况，以下将结合习近平总书记讲话和中央有关文件精神，对以社区花园建设为代表的公共空间营造实践中所蕴含的社会治理创新意涵进行分析，并针对实践中依然存在的某些问题提出进一步的完善思路。

（一）公共空间营造实践中的治理创新意涵

一是在治理理念上，公共空间营造倡导人人有序参与治理，体现了"共建共治共享"与"人民城市人民建、人民城市为人民"理念。东明路街道依托社区花园建设和社区空间改造，有效激发了人民群众的主人翁精神和居民自治活力，使人民群众成为社区建设发展的积极参与者、最大受益者、最终评判者。在党建引领、政府支持的条件下，越来越多的居民从"旁观"到"参与"，诸多社区能人、志愿者和居民参与到建设过程中，更多的自治团队得以建立，并成为花园后期维护的主力军。人民城市建设离不开人民群众的广泛参与，人民社区建设同样要求居民积极关注、参与社区事务。东明路街道的社区花园建设等"微更新"项目与"自治金"相结合，项目实施主体是居民及其自组织团队，从规划、设计到施工、管理的整个实施过程均坚持自下而上的自治原则和开放包容的协商原则，社区空间改造由此成为具有公共性的社区事务。建成后的社区花园并非"禁地"，而是可进入、可漫步的公共空间，这进一步增强了居民的参与积极性。

二是从治理主体的角度，公共空间营造实践提供了多元主体参与的社会空间，有助于构建基层社会治理共同体。从治理主体的角度，东明路街道推动社区花园建设的实践也是积极构建基层社会治理共同体的过程。中央提出要坚持"共建共治共享"原则，加强社区治理体系建设，发挥社会组织作用，实现政府治理和社会调节、居民自治良性互动，构建人人有责、人人尽责、人人享有的基层治理共同体。推动参与式社区规划有助于在党建引领下推动社会多元力量对于社区建设的参与，有助于完善党组织领导下政府、市场、社会、居民等各方主体协商合作的社区治理体系。东明路街道在街道、居民区两个层面的党组织引领下，整合了街道不同部门机构（党建办、管理办、自治办、绿容所等）、居民区"三驾马车"（居委会、业委会、物业公司）、社会组织（四叶草堂）、居民志愿组织以及共建单位等各方资源力量，积极构建居民区党组织领导的自治共治相结合的社区治理体系，围绕社区花园建设和公共空间改造等项目构建起党建引领、多元参与的社区治理架构，为社区协商共治提供了组织保障。

三是就治理实践而言，公共空间营造过程蕴含了民意听取、民主协商、公民参与等要素，体现了全过程人民民主原则。从治理实践的角度，社区花园建设过程还是民主协商、民主决策、民主管理、民主监督等全过程人民民主各个环节的生动体现，居民区"三会"、议事会、党建联席会议等各种制度平台在其中发挥了积极作用。在民主决策环节，无论是社区花园建设还是架空层等公共空间改造，都经过了民主酝酿、协商、决策等一系列程序，切实反映了人民意愿、维护了人民权益、增进了人民福祉。在民主管理环节，从 2019 年的缤纷社区建设项目到 2021 年的"三微"建设项目，都需要按照项目化运作的要求执行从申请、设计到实施、评估的一系列流程，以契约和程序的方式对项目各方行为进行监督，从而为项目取得预期成效提供了制度保障。在民主监督环节，各类建设项目实施的一个关键是周边居民的全过程关注与参与，包括对设计方案出谋划策、为志愿者的劳动喝彩点赞、对社区花园建设过程的围观和"挑刺"等，事实上构成了对项目的外围支持和全面监督，以充分的自治参与保障项目效果。

（二）对问题的反思与进一步的努力方向

针对东明路街道社区花园建设案例的调研发现了一些问题，比如街道较为依赖行政力量推动社区花园建设、不同居民区党组织的整合协调能力差别较大、不同社区花园项目运作的制度化规范化程度存在差异、老小区志愿者队伍年纪偏大、更多依靠熟人关系组织团队和推进项目等。此类问题不仅直接影响公共空间营造的实际效果，而且将使其对于社区治理创新的积极意义大打折扣。就此而言，有必要从以下三方面持续努力，以进一步提升公共空间营造的直接成效，并通过公共空间营造持续推动城市社区治理创新。

一是进一步强化党组织领导作用。健全基层治理中党的领导体制，强化街道党组织对辖区内政府机构、企事业单位、社会组织、社区组织的政治领导、统筹协调、资源整合与组织动员能力，持续完善居民区党组织领导的自治共治相结合的社区治理体系。做实街居不同层面的区域化党建工作，充分发挥党建联席会议、党员代表会议、社区代表会议、社区委员会等共治平台作用，协调各方力量，凝聚区域共识，形成发展合力。进一步发挥社区党员、在职党员的先锋模范作用，以党员带群众，推动其积极参与到公益志愿服务、居民诉求表达、社区协商合作、建设项目实施之中。

二是进一步完善规范化操作流程。在居民区层面，通过召开楼组会议、党员议事会、居民区联席会议等，在充分吸取居民意见的基础上形成初步的社区空间更新改造项目，由社区规划师给予专业指导，修改完善后的规划项目经业主代表会议、居民代表会议表决通过。每年年底前各居民区形成相对完备的项目清单，并在次年年初的社区代表会议上进行讨论，由街道党组织统筹决定给予何种形式的支持。按照项目化运作的要求对社区空间改造项目加强全过程管理，保障项目建设质量，在项目结束后对实施效果进行评议，对经费使用进行审计，以居民为主体建立项目运维长效机制。

三是进一步提高居民参与水平。以居委会为主体，构建线上线下相结合、"楼组－块区－小区－社区"不同层级联动的群众需求收集机制，动态收集整理居民需求意见，及时把握社区共同需求。在社区空间更新改造项目的立项、实施、评估各环节，通过各类平台及时发布相关信息，保证全体居民方便知晓，切实保障居民的知情权。在社区空间改造项目实施过程中，通过议事会广泛听取居民需求意见，通过听证会及时关注利益相关者的不同诉求，运用协调会积极协调各类主体之间的矛盾，通过评议会全面评估项目实施效果，努力做到利益相关者充分关注、积极分子骨干参与。

第九章 结论概括与未来研究方向

围绕"新时代上海社区治理创新"这一主题，按照研究目标与思路框架，前文从党建引领、体制改革、法治保障、社会协同、社区自治、居民参与六个方面分别对上海社区治理创新实践进行了介绍与分析。本章一方面进一步概括本研究的主要结论与观点，另一方面从学理角度提出未来超大城市社区研究的一个新的发展方向。

第一节 主要研究结论

概括而言，本研究主要基于问卷调查、个案调研方法，辅以制度文本分析、多案例比较等方法，在对新时代以来上海经济社会发展形势、国家对于上海社会治理创新的新要求、上海社会治理相关制度变革以及既有国内外研究文献进行梳理、分析的基础上，参考中国特色社会治理格局，重点对党建引领、体制改革、法治保障、社会协同、社区自治、居民参与六个领域进行专题分析，分别总结相应实践经验，剖析所面临的困境问题，并提出有助于上海社区治理体制机制创新的具体政策建议。

在"党建引领"部分，本研究认为，上海的区域化党建实践具有社会治理创新的重要意义，既有利于增强特定区域内各类群体、组织参与社会建设的"主体意识"，也有利于提高特定区域内群体、组织及个体的社会参与水平，还有利于发展特定区域内以公共事务为核心的协商民主。本研究对闵行区以区域化党建创新基层治理和宝山区顾村镇菊泉基本管理单元党建引领自治共治的实践探索做了详细介绍，认为闵行区区域化党建成效显著，但在组织架构、运作机制、功能发挥等方面尚待优化；菊泉基本管理单元的经验体现为有效加强党的领导、回应民生需求和动员社会参与，但其效果有赖于某些独特条件。

在"体制改革"部分，本研究认为，上海 2014 年以来街道体制改革取得了成效，下一步的推进思路应是长期坚持党建引领、以人为本、重心下移、依法治理、协同共治的原则，以党政群社组织体系为依托，通过体制机制创新来整合条块行政力量、体制内外组织力量和利益分散的社会力量，以更好地聚焦公众需求、履行"三公"职能。镇管社区体制改革具有上海特色，本研究比较了不同地区镇管社区体制机制的异同，重点分析了镇管社区体制架构、运作机制方面存在的问题，从明确基本定位、健全体制架构、优化运作机制三个方面提出了具体的对策建议。

在"法治保障"部分，本研究首先探讨了社会治理法治化的理论内涵，将其内容区分为三个层次：一是在社会治理领域构建和完善以法律为基础的规则体系，涉及自治、德治、法治的融合；二是推动各类治理主体严格依法行事，即依法治理；三是强化所有治理主体的法治思维。同时，在梳理浦东新区推进社会治理法治化相关实践经验的基础上，指出目前存在的问题主要是系统化的法治规则体系仍有待完善、执政决策与行政执法仍需进一步规范、多元化纠纷解决机制尚未有效形成、基层法治文化氛围仍有待进一步提升等，进而有针对性地提出相应建议。

在"社会协同"部分，本研究总体上介绍了上海推动社会组织参与社区治理的实践做法和主要成效，并从党建引领、政府支持、扎根社区、自身发展四个方面概括了其经验。本研究还介绍了浦东新区以项目化推动社会治理社会化的实践做法，认为其经验可概括为：以党组织体系为纽带，整合镇域各类组织，构建社会治理社会化的组织主体框架；以互利共赢为依托，追求项目长效合作，筑牢社会治理社会化的组织关系基础；以资源共享为抓手，满足民生服务需求，夯实社会治理社会化的深层民意基础；以协商共治为手段，打造和谐社会关系，完善社会治理社会化的主要实现方式。同时，针对现存问题提出了对策建议。

在"社区自治"部分，本研究基于问卷调查，发现基层社区自治制度的建设水平与规范化程度在村居之间、各类工作者之间存在差异，居民区"三会"的固定召开比例和居民的参与比例都不高，行政任务依然较多，电子台账或网络参与新机制的效果有限，需要构建完整统一、相辅相成的"一体化"自治制度体系。同时，基层组织队伍存在任务重、压力大、收入低、差距大、行政化严重、技能素质不高等问题，需要有针对性地加以改善。在业主自治方面，普陀区万里街道的案例显示，业委会建设面临组织、制度、理念三方面困境，需要明确其地位、完善监督机制、健全制度体系和相应支撑体系。

在"居民参与"部分，针对闵行区虹桥镇楼组自治实践，本研究提出影响自治参与效果的因素主要包括：不同社区特征提供了不同的自治基础条件、楼组长群体的结构性特征、不同类型居民的利益诉求和参与意愿差别较大等。基于浦东新区东明路街道社区花园营造实践，本研究认为此类公共空间营造实践不仅体现了"共建共治共享"与"人民城市人民建、人民城市为人民"理念，而且提供了多元主体参与的社会空间，其过程蕴含了民意听取、民主协商、公民参与等要素，也体现了全过程人民民主原则。

需要指出的是，本研究力图从多角度、运用多种研究方法展示新时代以来上海社区治理与社会参与机制创新的实践经验，但一方面，由于2012年以来上海社区治理领域的创新极为丰富，不同区、街镇、社区的探索不尽相同；另一方面，由于研究团队的能力与条件有限，以及问卷、个案调查等研究方法的局限性，因此很难对上海社区治理机制创新经验给出全面的总结，得到完全准确的认识。

在一定程度上，本研究是对笔者近十年来围绕上海社区治理主题而开展的系列研究的阶段性总结。总体而言，新时代以来的这一阶段，无论是在学术领域还是在实践领域，包括笔者在内的研究者乃至实际工作者都对社区治理的诸种机制情有独钟，旨在以机制的健全或优化来提升治理效果。但所谓机制的探讨主要还是集中在组织、制度层面，尚未进入费孝通先生所讲的"活生生的人"的层面。同时，中央提出要构建"人人有责、人人尽责、人人共享的社会治理共同体"，在社区层面构建"社区治理共同体"。在此背景下，社区治理创新实践中对于"人"的关注将更为凸显。这也是本研究提出下一步深化城市社区研究需要着力探究"心态"问题的主要原因。

第二节　探究"心态"：未来深化城市社区研究的重要方向[①]

"心态"视角的分析直接承继费孝通先生晚年在反思中国社会学研究和自身社区研究历程的基础上所提出的研究倡议，即克服"只见结构不见人"的问题，从"生态研究"到"心态研究"，致力于发掘中国几千年发

[①] 本节主要内容以《回归"心态"：城市社区治理共同体研究的视角转换》为题，发表于《上海大学学报》（社会科学版）2023年第6期。

展起来的关于人、关于中和位育的经验（费孝通，1994：7）。此后他多篇关于城市社区建设的文章均强调地方历史文化传统及其影响下的市民心态对于社区建设、基层民主建设的影响（费孝通，2000：10；2002：15），由此提出了一种具有社会学本土化特性、极具启发意义的关于城市社区治理研究的"心态"视角。

尽管受到其师帕克有关利害关系和道义关系之分的启发，并译自其师史禄国所提概念"psycho-mental complex"（费孝通，1999：8），但费孝通先生所谓"心态"更受潘光旦先生"中和位育"思想影响，更多地具有中国历史文化传统特色，既与西方研究脉络中"社区意识"等心理要素不同，亦和社会心理学界的重要概念"社会心态"不同。社区意识、社区依恋等概念局限于社区本身，为社区特性之一，而"心态"则超越社区边界，为一地乃至一国之民情。社会心态是一段时间内弥散在整个社会或社会群体类别中的宏观社会心境状态（杨宜音，2006：117），或社会成员在社会生活中共同的体验与感受（成伯清，2016：130），可细分为社会需要、社会情绪、社会认知、社会价值观、社会行为意向等多个层次或维度（马广海，2008：66；王俊秀，2014：104），具有宏观性、动态性、突生性特征（周晓虹，2014：1）；而"心态"概念更为强调心理和精神层面的群体传承（赵旭东，2010：138），且与量化分析的思路不同，更为强调个体或群体心态的整合性、不可分割性。"心态"是一种文化的心态，不仅包括了一个人的行动，更重要的是背后的思想意识、感情、爱好、意义与志向（费孝通，2001a：5），是人与人相处如何理解对方、如何看待对方的"道义关系"（费孝通，1999：8），是对人的精神世界即意识能力的探索（费孝通，2003：1），其根植于中国几千年发展起来的关于人、关于"中和位育"的经验（费孝通，1994：7），而"心"即中国人认识"自我"和人际关系的一个核心基础概念，其构成人民的思想观念基础，又反过来不断构建和塑造着人们的态度与行为（费孝通，2003：5）。这与钱穆先生论中国社会学须重"人之相知，贵相知心"思想（钱穆，2001：203）有异曲同工之妙。

"心态"概念的提出既是基于中国自身的社会学研究传统，也体现了更为悠久的中国文化与思维不同于西方科学理性的特性，是社会学本土化的重要成果。这一概念强调整体性的研究立场，强调对历史文化的根植性与传承性，在内涵上具有很强的弹性与包容性。但事实上其也可能带来含义的模糊，甚至有形而上、神秘化的风险，因此，将"心态"具体化并使之拥有更大的分析价值极为必要。这方面的努力既体现在部分学者对中国本土核心理念、底蕴或"隐喻"的理论探讨中，也体现在围绕"公共性"与"差序格局"之关系的学理讨论中。一定意义上，基于长期农村调查所提出的"社会底蕴"概念与"心态"有相通之处，其意指在历史变迁中，中国社会自发保存的那些具备相对稳定特征的"恒常"，表现为意识层面的结构性观念、非正式制度或与道德伦理相联系的行为规范，如生活智慧、家本位文化、道德伦理、人缘口碑等（杨善华、孙飞宇，2015：74）。延续费孝通先生的思考，周飞舟（2018：41）将个人的精神世界分为欲望的、情感的、思想的三个层次，后两者即"心态"层次，进而提出"关系伦理"概念，认为以"关系"形态为主的日常生活构成了中国社会基本的民情和行为方式，成为国家和正式制度的社会基础，而西方理论视野下被视为私德的"孝"可在中国的关系社会里以"感通""感动"的方式实现其普遍性和公共性。肖瑛（2020：172）通过系统梳理不同社会对"家"的理解与阐释，认为"家"始终以实体或隐喻形式深藏于现代性内部，作为社会、经济和政治的载体之一，构成人们理解个人主义和现代性具体制度的"方法"，尤其对中国而言是一种总体性的、"根基性的隐喻"，可成为实现"文化自觉"的关键途径。在脱贫攻坚实践中，"家"提供了国家与农民对接的通道，展现出"家国一体"的国家与农民关系（周飞舟，2021a：1）。"差序格局"是费孝通先生提出的用以描述传统中国社会关系结构与行为模式的经典概念，他亦曾论及与社区参与密切相关的中西不同的公私观念（费孝通，2000：13）。李友梅等（2012：125）学者提出，公共性是指人们从私人领域中走出来，就共同关注的问题开展讨论和行动，由此实现私人向公众的转化，而"差序格局"在一定程度上阻碍了公共性的发展。亦有学者借助其所构建的一本与一体的理论概念，认为在差序格局中，到底是推己及人还是损人利己，取决于一本与一体的伦理是否昌明，因而公或私都是相对的，关键在于行为背后的伦理观念（周飞舟，2021b：1）。在最新的思考中，李友梅（2022：5）提出了以"人民性"为内在特质的"新公共性"概念，认为与西方社会基于个人主义的权利共同体不同，中国共产党以社会治理共同体形成有组织的、人民利益优先的人民共同体，并由此实现了人民性与公共性的统一。

　　将"心态"视角用于城市社区研究亦始于费孝通先生。在对上海城市社区建设的讨论中，费孝通先生认为上海的社区建设需要从历史的角度考虑上海居民社会生活所特有的经验结构（费孝通，2001b：5），需结合居民的生活开展道德建设，培养其在社区中自主安排共同事务的观念、能力和习惯（费孝通，2002：15），尤其是有预见性地提出需要把社区建设与党的建设密切联系起来，使我国城市的社区发展呈现真正的中国特色（费孝通，2000：13）。在后续研究中，有学者认为上海市民具有强烈的市场经济和民主平等以及规则意识，且这种"市民性"即使在再分配经济下也得以延续，成为上海社会治理的基础条件（张虎祥、仇立平，2018：183；仇立平，2020：49）。而即使是在国际化商品房小区，社区工作者与中外居民的交往过程依然体现出某种人情逻辑（金桥，2010：44）。

值得关注的是，近期部分学者再次明确尝试将"心态"视角运用于城市社区治理研究领域。有学者提出，社区治理共同体需要从生态层面进一步上升至心态秩序的构建层面，而社区心态秩序的建设应以党的领导为核心，以科技理性和情感调解为原则，以政府、市场、社会、群众为主体，以"人"为目标，厘清利益趋向、价值关系、情感导向等多方面因素的关系（田振江、王泽雨，2021：47），但其所谓心态与费孝通先生的"心态"含义并不完全一致。基于社区个案调查，刘亚秋（2021：94）认为在城市社区治理中，构建有机的社会性联结是一个重要内容，表现为基层政府通过自上而下的方式对基层社会力量进行激发和引导，二者形成合力，呈现一种共治的特征。这一过程中，家庭、习俗等在地文化发挥了重要的联结作用，是社会有机性的底蕴。进而，作为社会底蕴的核心，家庭伦理可以生产公共性，是自下而上的社会力的生长点，以家庭伦理为根基的社会性和基于党建引领的社会治理的国家性之间形成了一种互构关系，成为平衡秩序与活力的社会机制（刘亚秋，2022：84）。

依照"心态"视角，可以将"心态"视为社区乃至更大地域范围内民情的核心内容加以探究，可以在研究基础上探索如何构建党建引领、政府管理与居民自治、协商共治的文化、精神或理念基础，可以结合对历史文化传统及其变迁的分析，将之作为考察中国式现代化独有经验、探讨传统性与现代性如何在城市情境中有机融合的切入点。借助深入田野调查的"心态"研究亦可在一定程度上弥补量化研究将整体生活分割、细析之不足，并借助整体思维对诸多量化研究发现重新考察。目前"心态"视角的研究对于城市社区的关注相比于农村有所不足，运用这一视角分析城市社区治理共同体建设的研究也只是刚刚起步，有待更多学者的积极参与。概括而言，有如下几点。

第一，当前城市社区治理实践的发展进一步凸显了"心态"视角研究的必要性，需要探讨不同城市情境下社区"心态"所蕴含的民情、底蕴或伦理观念。我国的城市社区建设实践一直以构建生活共同体为目标之一，但长期以来存在公共性不足问题（李友梅等，2012：125），表现为"搭便车"行为或"看客"心态的社区参与困境（何雪松、侯秋宇，2019：33）。新时代以来，随着中央对于基层治理的日益重视，城市社会治理体现出资源力量持续下沉、日益精细化的特点（燕继荣、张志原，2022：54），社会治理越来越深入基层社区、家庭生活之中，影响居民个体与群体心态的分化、纠结与复杂化，无论是强化党建引领，还是促进居民自治，都需要直面"心态"问题，探讨在何种观念与共识基础上推动社区治理共同体的构建进程。已有少数研究尝试将"心态"视角引入城市社区治理研究领域，但这种探索只能说是刚刚起步。费孝通先生提出的"差序格局"概念与对"心"的探讨可成为将"心态"意涵具体化的思考起点。部分学者基于田野调查或文本分析，概括出与生活智慧、家本位文化、道德伦理、人缘口碑等相关的社会底蕴，提炼出"关系伦理""家""一本与一体"等观念与"市民性""新公共性"等适用范围不同的社会文化特征。但城市居民是否拥有与农村居民不同的社会底蕴，源于儒家思想的关系伦理、家庭伦理等概念在多大程度上适合于现代化浪潮中的城市情境，"市民性"等特征是否在不同城市中有所差别，对此类问题仍需要开展扎实的田野调查加以考察。

第二，从方法论的角度，"心态"视角的研究秉持一种社区、生活与个体的整体性立场，需要延续中国本土的社区研究传统，积极推进深度田野调查。中国的社区研究传统一向强调社区文化的"整体性"（吴文藻，1990：150），认为各要素之间密切联系、相互依赖。费孝通先生的"心态"概念延续这一传统，可视为文化背景下精神、理念、心理、意识的复合体系，具有不可分割的内在逻辑。而既有的关注社区心理要素的大量国内外研究几乎都采取一种解剖式的分析逻辑，多运用定量方法考察不同变量之间的相关性，社会心态研究亦多借助量化方法，将不同维度的社会心态指标化、量表化。即使是质性研究，也多针对来自西方的某一理论概念（如社区社会资本）进行专门分析。此类研究得到了诸多相对确定的理论认识，反映了社会学"科学性"的一面，但是，社区意识、社区认同、社区凝聚等诸多概念的内涵往往相互交叉、重叠（高鉴国，2005：129），可能使所研究的整体社区生活变得支离破碎，美国学界对此亦有反思（Abbott，1997：1149）。与量化研究思路不同，"心态"研究更多地体现了社会学的"人文性"，延续韦伯的理解传统与源于人类学的实地研究，需以迈向社会全体的社区个案研究（渠敬东，2019：36）为主要方法，在田野调查中运用"将心比心"的思维方法对研究对象进行同情的理解（周飞舟，2021c：41）。基于深度田野调查的"心态"研究可弥补量化研究之不足，可依照整体性视角重新审视、深化研究发现，以收质性研究与量化研究相互支持、相得益彰之效。

第三，"超大城市"的社区治理共同体构建在学理与实践意义上均具有特殊之处，需要考察超大城市基于历史文化传统的"心态"特性与治理之间的关联。超大城市在我国特指常住人口在 1000 万以上的城市，目前共有 7 座。从学术研究的角度，超大城市人口规模巨大，人口密度高、异质性强，体现出更加明显的"城市性"（urbanism）特征，劳动分工复杂，社会分化显著，人和人的关系更趋理性，也更为疏离（Wirth，1938：1），城市社区研究传统中"社区消亡论"和"社区继存论"的张力在超大城市中表现得最为典型。同时，超大城市的现代化、国际化水平国内领先，体现在市民"心态"之中的传统文化因素也更为隐秘和复杂，在超大城市情境下探讨社区治理共同体构建问题具有不同于农村和中小城市的特殊意义，并有助于促进传统性与现代性的有机结合，成为中国式现代化之镜鉴。目前有关城市社区治理共同体的研究中，虽有研究关注北京、上海等超大城市，但并未对其特性加以特别关注与强调。费孝通先生晚年在对上海社区建设的研究中提醒要关注上海的历史文化传统，但仅有少数研究对城市文化特性与社会治理之间的关系有所探讨（张虎祥、仇立平，2018：183；仇立平，2020：49），而不同超大城市文化中的"心态"要素仍有待细致探究。

第四，着眼于推动城市社区治理的实践发展，需要探讨何种"心态"有助于构建城市社区治理共同体，并以"干预"的方式引导健康"心态"的培育。基于对不同城市情境下居民"心态""实然"状态的认识，进而考察"心态"特征与社区治理之间的关系，分析何种"心态"有助于社区治理共同体建设，哪些"心态"又可能对此造成阻碍。就目前的研究而言，居民对社区治理的关注与参与即公共性的养成是构建社区治理共同体的要义之一，那些有助于公共性发展的各类实践，无论是党建引领还是居民自组织，均需肯定与支持。而塑造或阻碍公共性的"心态"（如"差序格局"式的认知与行为倾向、一本与一体的家庭伦理等），以及与党建引领等实践机制直接相关的治理"心态"（如对党组织或政府的信任、"官本位""父母官"之类的传统理念等），都需要在基层治理现代化的背景下加以甄别、评析。需要强调的是，除了秉持"价值中立"立场的学术研究之外，研究者亦可延续"行动社会学""解放社会学"的传统，以"强干预"或"弱干预"的方式（沈原，2006：243）参与到城市社区治理实践中，引导居民健康"心态"的培育。所谓健康"心态"的内涵仍待探索，但其必定兼具传统性与现代性，是二者的有机融合。其将既涉及国家所倡导的"自尊自信、理性平和、积极向上"的社会心态，又有在具有强烈异质性的城市情境下尊重个性、包容差异、所有人都能"遂生乐业"（阎云翔，2022：5）的一面。

基于以上认识，本研究提出在当前城市治理日益精细化的背景下，极有必要借助具有中国特色的"心态"视角展开细致调研分析。下一步的研究需要探讨城市社区治理共同体的"心态"基础，分析作为整体的"心态"要素在城市社区中的遗存及其对社区治理共同体构建的影响，尤其需要关注尝试提炼、阐释与西方理论不同的中国经验。同时，需要对各种城市类型，尤其是超大城市的社区治理共同体建设开展专门研究，在不同超大城市、不同类型城市乃至与农村的比较中，探讨作为中国传统文化一部分的普遍"心态"与作为地方文化一部分的特殊"心态"之间的微妙关联，考察居民"心态"在现代化、城市化、全球化、信息化背景下的变迁与继存，从而因地制宜，在不同形式的党建引领与社区参与之间，构建起与地方居民"心态"相匹配的城市社区治理共同体。

参考文献

〔加〕阿兰纳·伯兰德、朱健刚，2007，《公众参与与社区公共空间的生产——对绿色社区建设的个案研究》，《社会学研究》第 4 期。

〔美〕埃莉诺·奥斯特罗姆，2012，《公共事物的治理之道》，余逊达等译，上海译文出版社。

〔美〕艾伯特·O. 赫希曼，2018，《转变参与：私人利益与公共行动》，李增刚译，上海人民出版社。

曹飞廉、万怡、曾凡木，2019，《社区自组织嵌入社区治理的协商机制研究——以两个社区营造实验为例》，《西北大学学报》（哲学社会科学版）第 2 期。

曹海军、曹志立，2020，《新时代村级党建引领乡村治理的实践逻辑》，《探索》第 1 期。

〔美〕查尔斯·蒂利，2008，《身份、边界与社会联系》，谢岳译，上海世纪出版集团。

陈华珊，2015，《虚拟社区是否增进社区在线参与？一个基于日常观测数据的社会网络分析案例》，《社会》第 5 期。

陈家建、赵阳，2019，《"低治理权"与基层购买公共服务困境研究》，《社会学研究》第 1 期。

陈捷、呼和·那日松、卢春龙，2011，《社会信任与基层社区治理效应的因果机制》，《社会》第 6 期。

陈进华、余栋，2022，《城市社区治理共同体的系统审视与实践路径》，《东南大学学报》（哲学社会科学版）第 1 期。

陈静，2023，《上海步入重度老龄化阶段：户籍老年人占比 36.8%》，中新网 10 月 23 日，https://www.163.com/dy/article/IHOR9EI30514R9L4.html。

陈满琪，2020，《基于社会心态的城市治理途径与方法》，《武汉理工大学学报》（社会科学版）第 4 期。

陈鹏，2016，《城市社区治理：基本模式及其治理绩效——以四个商品房社区为例》，《社会学研究》第 3 期。

陈荣卓、李梦兰，2017，《政社互动视角下城市社区协商实践创新的差异性和趋势性研究——基于 2013—2015 年度"中国社区治理十大创新成果"的案例分析》，《中共中央党校学报》第 3 期。

陈天祥、杨婷，2011，《城市社区治理：角色迷失及其根源——以 H 市为例》，《中国人民大学学报》第 3 期。

陈伟东，2018，《社区行动者逻辑：破解社区治理难题》，《政治学研究》第 1 期。

陈伟东、吴岚波，2018，《困境与治理：社区志愿服务持续化运作机制研究》，《河南大学学报（社会科学版）》第 5 期。

陈晓运、黄丽婷，2021，《"双向嵌入"：社会组织与社会治理共同体建构》，《新视野》第 2 期。

陈秀红，2020，《城市社区治理共同体的建构逻辑》，《山东社会科学》第 6 期。

陈毅、阚淑锦，2019，《党建引领社区治理：三种类型的分析及其优化——基于上海市的调查》，《探索》第 6 期。

陈映芳，2010，《行动者的道德资源动员与中国社会兴起的逻辑》，《社会学研究》第 4 期。

成伯清，2016，《心态秩序危机与结构正义：一种社会学的探索》，《福建论坛》（人文社会科学版）第 11 期。

仇立平，2020，《城市文化：特大城市社会治理的基础》，《青年学报》第 1 期。

崔月琴、张译文，2022，《双重赋能：社区居委会治理转型路径研究——基于 X 社区社会组织服务中心实践的分析》，《清华大学学报》（哲学社会科学版）第 2 期。

董海军，2010，《依势博弈：基层社会维权行为的新解释框架》，《社会》第 5 期。

杜春林、黄涛珍，2019，《从政府主导到多元共治：城市生活垃圾分类的治理困境与创新路径》，《行政论坛》第 4 期。

杜鹏、安瑞霞，2019，《政府治理与村民自治下的中国农村互助养老》，《中国农业大学学报》（社会科学版）第 3 期。

范逢春、贺佳斯，2016，《法治视域下社会治理的三维分析与路径创新》，《湖南社会科学》第 6 期。

方亚琴、申会霞，2019，《社区社会组织在社区治理中的作用》，《城市问题》第 3 期。

方亚琴、夏建中，2019，《社区治理中的社会资本培育》，《中国社会科学》第 7 期。

〔德〕斐迪南·滕尼斯，2019，《共同体与社会》，张巍卓译，商务印书馆。

费孝通，2001a，《我对中国农民生活的认识过程》，《费孝通文集》第 15 卷，北京：群言出版社。

费孝通，2001b，《关于当前城市社区建设的再思考》，《费孝通文集》第 15 卷，北京：群言出版社。

费孝通，1994，《个人·群体·社会——一生学术历程的自我思考》，《北京大学学报》（哲学社会科学版）第 1 期。

费孝通，2002，《居民自治：中国城市社区建设的新目标》，《江海学刊》第 10 期。

费孝通，1999，《略谈中国社会学》，《费孝通文集》第 13 卷，北京：群言出版社。

费孝通，2000，《社会自理开篇》，《社会》第 10 期。

费孝通，2003，《试谈扩展社会学的传统界限》，《北京大学学报》（哲学社会科学版）第 3 期。

冯仕政，2006，《单位分割与集体抗争》，《社会学研究》第 3 期。

高红、杨秀勇，2018，《社会组织融入社区治理：理论、实践与路径》，《新视野》第 1 期。

高鉴国，2005，《社区意识分析的理论建构》，《文史哲》第 5 期。

耿敬、姚华，2011，《行政权力的生产与再生产——以上海市 J 居委会直选过程为个案》，《社会学研究》第 3 期。

顾东辉，2021，《从"区而不社"到共同体：社区治理的多维审视》，《西北师范大学学报》（社会科学版）第 6 期。

桂勇、黄荣贵，2006，《城市社区：共同体还是"互不相关的邻里"》，《华中师范大学学报》（人文社会科学版）第 6 期。

郭斌、李杨、曹新利，2018，《老旧小区的管理困境及其解决途径——以陕西省老旧小区为例》，《城市问题》第 7 期。

郭彩琴、张瑾，2019，《"党建引领"型城市社区志愿服务创新探索：理念、逻辑与路径》，《苏州大学学报》（哲学社会科学版）第 3 期。

韩福国、蔡樱华，2018，《"组织化嵌入"超越"结构化割裂"——现代城市基层开放式治理的结构性要素》，《西安交通大学学报》（社会科学版）第 5 期。

杭勇敏、陶维兵，2014，《社区治理视阈下的区域化党建模式创新》，《学习与实践》第 3 期。

何海兵，2003，《我国城市基层社会管理体制的变迁：从单位制、街居制到社区制》，《管理世界》第 6 期。

何雪松、侯秋宇，2019，《城市社区的居民参与：一个本土的阶梯模型》，《华东师范大学学报》（哲学社会科学版）第 5 期。

何艳玲、蔡禾，2005，《中国城市基层自治组织的"内卷化"及其成因》，《中山大学学报》（社会科学版）第 5 期。

何艳玲，2007，《都市街区中的国家与社会：乐街调查》，社会科学文献出版社。

贺雪峰、范瑜，2002，《村民自治的村庄基础与政策后果——关于村民自治制度安排区域不平衡性的讨论》，《宁波党校学报》第 4 期。

侯俊军、张莉，2020，《标准化治理：推进社会治理能力现代化的制度供给研究》，《湖南大学学报》（社会科学版）第 6 期。

胡荣，2008，《社会资本与城市居民的政治参与》，《社会学研究》第 5 期。

黄冬娅，2013，《人们如何卷入公共参与事件——基于广州市恩宁路改造中公民行动的分析》，《社会》第 3 期。

黄浩明，2018，《建立自治法治德治的基层社会治理模式》，《行政管理改革》第 3 期。

黄建宏，2020，《居民视角下社区治理共同体形成的路径与单元选择》，《岭南学刊》第 6 期。

黄六招、顾丽梅，2019，《超越"科层制"：党建何以促进超大社区的有效治理——基于上海 Z 镇的案例研究》，《经济社会体制比较》第 6 期。

黄荣贵、桂勇，2011，《集体性社会资本对社区参与的影响》，《社会》第 6 期。

黄晓春，2021，《党建引领下的当代中国社会治理创新》，《中国社会科学》第 6 期。

黄晓春，2017，《上海社会治理创新中街道体制改革研究》，《科学发展》第 12 期。

黄晓星，2016，《社区过程与治理困境：南苑的草根自治与转变》，社会科学文献出版社。

黄新华，2004，《制度创新的经济学理论》，《理论学刊》第 1 期。

江小莉、王凌宇、许安心，2021，《社区治理共同体的动力机制构建及路径——破解"奥尔森困境"的视角》，《东南学术》第 3 期。

姜方炳，2015，《共同体化：城市社区治理的功能性转向——走出社区治理困境的一种可能思路》，《中共天津市委党校学报》第 2 期。

姜晓萍、吴宝家，2021，《警惕伪创新：基层治理能力现代化进程中的偏差行为研究》，《中国行政管理》第 10 期。

金桥，2023，《回归"心态"：城市社区治理共同体研究的视角转换》，《上海大学学报》（社会科学版）第 6 期。

金桥，2010，《基层权力运作的逻辑：上海社区实地研究》，《社会》第 3 期。

金桥，2016，《基层权力运作的逻辑》，中国社会科学出版社。

金桥，2019，《青年社区参与：障碍、优势与对策——一种社会学的整体分析》，《青年学报》第 2 期。

金桥，2018，《上海基层社区自治规范化和居民参与社区治理机制创新》，《科学发展》第 8 期。

金桥，2012，《上海居民文化资本与政治参与》，《社会学研究》第 4 期。

金桥，2017，《社会治理创新背景下的上海区域化党建》，《上海党史与党建》第 2 期。

金桥、孙冰，2020，《城市社会冲突的产生逻辑：结构条件、动员机制与互动过程——以 X 市通道纠纷事件为例》，《社会发展研究》第 2 期。

蓝煜昕，2020，《社区韧性：基层治理体系与能力现代化的新命题》，《中国非营利评论》第 1 期。

雷茜、向德平，2022，《党建引领下基层治理共同体的建构机制》，《陕西师范大学学报》（哲学社会科学版）第 3 期。

黎熙元、陈福平，2008，《社区论辩：转型期中国城市社区的形态转变》，《社会学研究》第 2 期。

李骏、张友庭等，2019，《超大城市的社区治理：上海探索与实践》，上海人民出版社。

李骏，2009，《住房产权与政治参与：中国城市的基层社区民主》，《社会学研究》第 5 期。

李培林，2005，《社会冲突与阶级矛盾：当代中国社会矛盾研究》，《社会》第 1 期。

李培林，2014，《社会治理与社会体制改革》，《国家行政学院学报》第 4 期。

李威利，2017，《党建引领的城市社区治理体系：上海经验》，《重庆社会科学》第 10 期。

李晓婷、王冬冬，2022，《社区治理现代化视域下居民自治组织的发生机制研究》，《黑河学刊》第 4 期。

李永娜、袁校卫，2020，《新时代城市社区治理共同体的建构逻辑与实现路径》，《云南社会科学》第 1 期。

李友梅等，2018，《中国社会治理转型（1978 - 2018）》，社会科学文献出版社。

李友梅、黄晓春，2022，《上海城市数字化治理现状及推进思路》，《科学发展》第 12 期。

李友梅，2007，《社区治理：公民社会的微观基础》，《社会》第 2 期。

李友梅，2016，《我国特大城市基层社会治理创新分析》，《中共中央党校学报》第 2 期。

李友梅、相凤，2020，《我国社会治理共同体建设的实践意义与理论思考》，《江苏行政学院学报》第 3 期。

李友梅、肖瑛、黄晓春，2012，《当代中国社会建设的公共性困境及其超越》，《中国社会科学》第 4 期。

李友梅，2022，《中国式现代化视域下的社会新公共性建设》，《社会科学》第 12 期。

刘春荣，2018，《社区治理与中国政治的边际革新》，上海人民出版社。

刘红、张洪雨、王娟，2018，《多中心治理理论视角下的村改居社区治理研究》，《理论与改革》第 5 期。

刘厚金，2020，《基层党建引领社区治理的作用机制——以集体行动的逻辑为分析框架》，《社会科学》第 6 期。

刘建军，2017，《从"工具主义法律观"到"治理主义法律观"：全面推进依法治国进程中的观念革命》，《湖北社会科学》第 2 期。

刘建军、李小雨，2019，《城市的风度：城市生活垃圾分类治理与社区善治——以上海市爱建居民区为例》，《河南社会科学》第 1 期。

刘淑妍、吕俊延，2021，《城市治理新动能：以"微基建"促进社区共同体的成长》，《社会科学》第 3 期。

刘伟、毛寿龙，2014，《地方政府创新与有限政府》，《学术界》第 4 期。

刘亚秋，2022，《"家"何以成为基层社区治理的社会性基础》，《江苏社会科学》第 1 期。

刘亚秋，2021，《特大城市基层社区治理与重建社会性联结——基于成都市社区调查资料的分析》，《社会科学辑刊》第 5 期。

刘悦来、魏闽等，2019，《空间更新与社区营造融合的实践——上海市多元主体参与社区花园建设实验》，《社会治理》第 10 期。

卢爱国、陈洪江，2015，《论城市基层区域化党建的整合功能》，《湖南师范大学社会科学学报》第 1 期。

卢汉龙、李骏，2007，《中国城市居民委员会工作的比较研究：上海与沈阳》，《社会科学战线》第 6 期。

〔美〕罗伯特·帕特南，2001，《使民主运转起来》，王列等译，江西人民出版社。

马广海，2008，《论社会心态：概念辨析及其操作化》，《社会科学》第 10 期。

马跃华，2018，《厦门市统筹推动各领域党建融合》，《光明日报》12 月 22 日。

〔美〕曼瑟尔·奥尔森，1995，《集体行动的逻辑》，陈郁等译，上海人民出版社。

孟伟，2005，《建构公民政治：业主集体行动策略及其逻辑——以深圳市宝安区滢水山庄业主维权行动为例》，《华中师范大学学报》（人文社会科学版）第 3 期。

孟燕、方雷，2022，《动员型治理：党建引领城市社区治理的内在机理与实现机制》，《探索》第 6 期。

苗延义，2020，《能力取向的"行政化"：基层行政性与自治性关系再认识》，《社会主义研究》第 1 期。

闵学勤，2009，《社区自治主体的二元区隔及其演化》，《社会学研究》第 1 期。

彭勃，2006，《国家权力与城市空间：当代中国城市基层社会治理变革》，《社会科学》第 9 期。

钱穆，2001，《略论中国社会学》，《现代中国学术论衡》，生活·读书·新知三联书店。

乔延军、路国华，2015，《城市网格化综合管理机构的职能定位与统筹治理——以上海街镇的组建实践为例》，《上海城市管理》第 4 期。

渠敬东，2019，《迈向社会全体的个案研究》，《社会》第 1 期。

容志、孙蒙，2020，《党建引领社区公共价值生产的机制与路径：基于上海"红色物业"的实证研究》，《理论与改革》第 2 期。

〔美〕塞缪尔·P. 亨廷顿，1996，《变化社会中的政治秩序》，王冠华等译，生活·读书·新知三联书店。

沈原，2006，《"强干预"与"弱干预"：社会学干预方法的两条途径》，《社会学研究》第 5 期。

盛智明，2016，《组织动员、行动策略与机会结构：业主集体行动结果的影响因素分析》，《社会》第 3 期。

石发勇，2005，《关系网络与当代中国基层社会运动——以一个街区环保运动个案为例》，《学海》第 3 期。

司学敏、葛道顺，2022，《让治、信任与整合：治理共同体的路径建构——基于 N 社区的经验研究》，《长白学刊》第 4 期。

宋雄伟，2019，《社会组织参与城市社区治理的制度环境与行动策略》，《江苏社会科学》第 2 期。

孙柏瑛、蔡磊，2014，《十年来基层社会治理中党组织的行动路线——基于多案例的分析》，《中国行政管理》第 8 期。

孙小逸、黄荣贵，2016，《维权情境中的自发性认知解放：以业主积极分子的权利意识的演进为例》，《社会》第 3 期。

孙秀林，2009，《村庄民主、村干部角色及其行为模式》，《社会》第 1 期。

唐文玉，2014，《从单位制党建到区域化党建——区域化党建的生成逻辑与理论内涵》，《浙江社会科学》第 4 期。

唐文玉，2012，《区域化党建与执政党对社会的有机整合》，《中共中央党校学报》第 1 期。

唐有财、胡兵，2016，《社区治理中的公众参与：国家认同与社区认同的双重驱动》，《云南师范大学学报》（哲学社会科学版）第 2 期。

田舒，2016，《"三社联动"：破解社区治理困境的创新机制》，《理论月刊》第 4 期。

田毅鹏，2020，《治理视域下城市社区抗击疫情体系构建》，《社会科学辑刊》第 1 期。

田振江、王泽雨，2021，《社会治理共同体视域下的社区心态秩序建设：困境与路径》，《石河子大学学报》（哲学社会科学版）第 6 期。

涂晓芳、汪双凤，2008，《社会资本视域下的社区居民参与研究》，《政治学研究》第 3 期。

汪仲启、陈奇星，2019，《我国城市社区自治困境的成因和破解之道——以一个居民小区的物业纠纷演化过程为例》，《上海行政学院学报》第 2 期。

王春光，2021，《社会治理"共同体化"的日常生活实践机制和路径》，《社会科学研究》第 4 期。

王德福，2019，《业主自治的困境及其超越》，《求索》第 3 期。

王汉生、吴莹，2011，《基层社会中"看得见"与"看不见"的国家》，《社会学研究》第 1 期。

王俊秀，2014，《社会心态：转型社会的社会心理研究》，《社会学研究》第 1 期。

王轲，2019，《中国城市社区治理创新的特征、动因及趋势》，《城市问题》第 3 期。

王立峰、潘博，2020，《社会整合：新时代推进党建引领城市基层治理的有效路径》，《求实》第 2 期。

王名、张雪，2019，《双向嵌入：社会组织参与社区治理自主性的一个分析框架》，《南通大学学报》（社会科学版）第 2 期。

王汪诚、冯雪等，2018，《业委会发展困境与对策探讨》，《管理科学》第 11 期。

王星，2012，《利益分化与居民参与：转型期中国城市基层社会管理困境及其理论转向》，《社会学研究》第 2 期。

吴理财，2020，《全面小康社会的城乡基层社会治理共同体建设》，《经济社会体制比较》第 5 期。

吴文藻，1990，《现代社区实地研究的意义和功用》，《吴文藻人类学社会学研究文集》，民族出版社。

吴晓林，2020，《党如何链接社会：城市社区党建的主体补位与社会建构》，《学术月刊》第 5 期。

吴晓林、谢伊云，2018，《房权意识何以外溢到城市治理？——中国城市社区业主委员会治理功能的实证分析》，《江汉论坛》第 1 期。

吴晓林，2019，《治权统合、服务下沉与选择性参与：改革开放四十年城市社区治理的"复合结构"》，《中国行政管理》第 7 期。

吴旭红、章昌平、何瑞，2022，《技术治理的技术：实践、类型及其适配逻辑——基于南京市社区治理的多案例研究》，《公共管理学报》第

1 期。

夏巾帼、郭忠华，2019，《城市商品房小区自治困境的根源——基于小区公共事务性质的分析》，《浙江学刊》第 5 期。

向德平，2006，《社区组织行政化：表现、原因及对策分析》，《学海》第 3 期。

项军，2011，《"社区性"：对城市社区"共同体"性量表的构建》，《社会》第 1 期。

肖唐镖，2002，《宗族在村治权力分配与运行中的影响分析》，《北京行政学院学报》第 3 期。

肖瑛，2020，《"家"作为方法：中国社会理论的一种尝试》，《中国社会科学》第 12 期。

谢方意，2011，《区域化党建：内生逻辑、功效与路径》，《探索》第 4 期。

谢宇，2018，《社会工作介入志愿服务：能力与需求的框架》，《学术研究》第 8 期。

辛自强，2018，《社会治理中的心理学问题》，《心理科学进展》第 1 期。

熊万胜、方垚，2019，《体系化：当代乡村治理的新方向》，《浙江社会科学》第 11 期。

熊易寒，2019，《社区共同体何以可能：人格化社会交往的消失与重建》，《南京社会科学》第 8 期。

徐晓明、许小乐，2020，《社会力量参与老旧小区改造的社区治理体系建设》，《城市问题》第 8 期。

徐勇、吴毅，2001，《乡土中国的民主选举：农村村民委员会选举研究文集》，华中师范大学出版社。

徐增阳、张磊，2019，《公共服务精准化：城市社区治理机制创新》，《华中师范大学学报》（人文社会科学版）第 4 期。

薛泽林、宋雪，2022，《超大城市应急管理中的社区参与》，《上海文化》第 8 期。

严俊、林伟挚，2017，《上海社会治理创新中网格化管理跟踪研究》，《科学发展》第 11 期。

阎云翔，2022，《多元化：心态秩序与中国式现代化》，《探索与争鸣》第 5 期。

颜玉凡、叶南客，2019，《认同与参与——城市居民的社区公共文化生活逻辑研究》，《社会学研究》第 2 期。

燕继荣、张志原，2022，《市民诉求驱动的城市社区治理体系创新——以北京市 F 街道"接诉即办"实践为例》，《中国行政管理》第 10 期。

杨发祥、闵兢，2021，《社会理性视角下构建社区治理共同体何以可能?》，《江苏行政学院学报》第 5 期。

杨慧、黄钰婷，2023，《资源互赖视角下的青年社区参与——基于对 X 社区新冠肺炎疫情治理三阶段的调查》，《当代青年研究》第 2 期。

杨君、徐永祥、徐选国，2014，《社区治理共同体的建设何以可能?——迈向经验解释的城市社区治理模式》，《福建论坛》（人文社会科学版）第 10 期。

杨莉，2018，《以需求把居民带回来——促进居民参与社区治理的路径探析》，《社会科学战线》第 9 期。

杨敏，2005，《公民参与、群众参与与社区参与》，《社会》第 5 期。

杨敏，2007，《作为国家治理单元的社区——对城市社区建设运动过程中居民社区参与和社区认知的个案研究》，《社会学研究》第 4 期。

杨善华、孙飞宇，2015，《"社会底蕴"：田野经验与思考》，《社会》第 1 期。

杨妍、王江伟，2019，《基层党建引领城市社区治理：现实困境、实践创新与可行路径》，《理论视野》第 4 期。

杨宜音，2006，《个体与宏观社会的心理关系：社会心态概念的界定》，《社会学研究》第 4 期。

姚华，2010，《社区自治：自主性空间的缺失与居民参与的困境》，《社会科学战线》第 8 期。

应星，2009，《"气场"与群体性事件的发生机制——两个个案的比较》，《社会学研究》第 6 期。

应星，2007，《"气"与中国乡村集体行动的再生产》，《开放时代》第 6 期。

俞可平，2005，《论政府创新的若干基本问题》，《文史哲》第 4 期。

俞可平，2000，《治理与善治》，社会科学文献出版社。

袁方成，2019，《增能居民：社区参与的主体性逻辑与行动路径》，《行政论坛》第 1 期。

原珂、赵建玲，2022，《"五社"联动助力基层社会治理共同体建设》，《河南社会科学》第 4 期。

〔美〕约瑟夫·熊彼特，1999，《经济发展理论》，何畏等译，商务印书馆。

张虎祥、仇立平，2018，《市民社会之延续：基于对新中国成立后上海社会的考察》，《河北学刊》第 3 期。

张虎祥、梁波等，2013，《街居制的制度演化及其实践逻辑》，广西师范大学出版社。

张金娟，2019，《物业管理模式的演变》，《城市问题》第 2 期。

张磊，2005，《业主维权运动：产生原因及动员机制——对北京市几个小区个案的考查》，《社会学研究》第 6 期。

张明皓、豆书龙，2021，《党建引领"三治结合"：机制构建、内在张力与优化向度》，《南京农业大学学报》（社会科学版）第 1 期。

张汝立、刘帅顺，2022，《社区治理共同体建设中的信任机制：类型、特征与再生产》，《求实》第 1 期。

张兴宇、季中扬，2020，《新乡贤：基层协商民主的实践主体与身份界定》，《江苏社会科学》第 2 期。

张翼，2020，《全面建成小康社会视野下的社区转型与社区治理效能改进》，《社会学研究》第 6 期。

赵鼎新，2006，《社会与政治运动讲义》，社会科学文献出版社。

赵旭东，2010，《超越社会学既有传统——对费孝通晚年社会学方法论思考的再思考》，《中国社会科学》第 6 期。

中央组织部组织二局，2016，《从创新社会治理看城市基层党建——上海市委加强城市基层党建工作调研报告》，《人民日报》9 月 9 日。

中央组织部组织二局，2019，《民有所呼 我有所应 在为民办事中提升城市基层党建整体效应——北京市党建引领"街乡吹哨、部门报到"改革情况的调研报告》，《人民日报》1 月 10 日。

周飞舟，2021a，《从脱贫攻坚到乡村振兴：迈向"家国一体"的国家与农民关系》，《社会学研究》第 6 期。

周飞舟，2021b，《一本与一体：中国社会理论的基础》，《社会》第 4 期。

周飞舟，2021c，《将心比心：论中国社会学的田野调查》，《中国社会科学》第 12 期。

周飞舟，2018，《行动伦理与"关系社会"——社会学中国化的路径》，《社会学研究》第 1 期。

周晓虹，2014，《转型时代的社会心态与中国体验——兼与〈社会心态：转型社会的社会心理研究〉一文商榷》，《社会学研究》第 4 期。

周雪光，2015，《无组织的利益与集体行动》，《社会发展研究》第 1 期。

周雪光，2017，《中国国家治理的制度逻辑——一个组织学研究》，生活·读书·新知三联书店。

周亚越、吴凌芳，2019，《诉求激发公共性：居民参与社区治理的内在逻辑——基于 H 市老旧小区电梯加装案例的调查》，《浙江社会科学》第 9 期。

朱健刚，1997，《城市街区的权力变迁：强国家与强社会模式——对一个街区权力结构的分析》，《战略与管理》第 4 期。

朱翊，2010，《以居民区党建推动单位、区域、行业党建互联互动——上海市静安区"同心家园"区域化党建工作》，《上海党史与党建》第 3 期。

朱志萍，2023，《社区参与：风险常态化背景下社区安全治理的分析视角》，《上海城市管理》第 2 期。

庄文嘉，2011，《跨越国家赋予的权利？——对广州市业主抗争的个案研究》，《社会》第 3 期。

Abbott，A. 1997. "Of Time and Space：The Contemporary Relevance of the Chicago School." *Social Forces* 75：1149 – 82.

Elster，Jon. 1998. "A Plea for Mechanisms." In *Social Mechanisms*，edited by P. Hedstrom and R. Swedberg，pp. 45 – 73. Cambridge：Cambridge University Press.

Fischer，Claude. 1982. *To Dwell Among Friends：Personal Networks in Town and City*. Chicago：University of Chicago Press.

Guo，Bin，Runyu Zhou，and Yang Li. 2021. "Systemic Research on Owner Participation in Old Residential Community Management from the Perspective of Identity：A Case Study of a Typical Old Residential Community in Xi'an，China." *Systemic Practice and Action Research* 34：607 – 634.

Hesari，Elham，Seyedeh Masoumeh Moosavy，Amirreza Rohani，Sepideh Besharati Kivi，Mitra Ghafourian，and Bahram Saleh Sedgh Pour. 2020. "Investigation the Relationship Between Place Attachment and Community Participation in Residential Areas：A Structural Equation Modelling Approach." *Social Indicators Research* 151：921 – 941.

Howell，Jude. 2016. "Adaptation under Scrutiny：Peering Through the Lens of Community Governance in China." *Journal of Social Policy* 45 – 3：487 – 506.

Jamshidiha, G. R. , Parvaei Hareh Dasht, S. , Piri, S. , and Adib Haj Bagh-eri, S. 2014. "Analyzing the Role of Sense of Belonging to the Local Neighborhood in Enhancing Social Participation (Case Study: Qezel-Qaleh, Tehran) . " *Urban Sociological Studies* 4 - 12: 1 - 24.

Kasarda, J. D. , and Janowitz, M. 1974. "Community Attachment in Mass So-ciety. " *American Sociological Review* 39 - 3: 328 - 339.

Li, Z. , and Wu, F. 2013. "Residential Satisfaction in China's Informal Settle-ments: A Case Study of Beijing, Shanghai, and Guangzhou. " *Urban Ge-ography* 34 - 7: 923 - 949.

Manzo, L. C. , and Perkins, D. D. 2006. "Finding common ground: The im-portance of place attachment to community participation and planning. " *Journal of Planning Literature* 20 - 4: 335 - 350.

McMillan, D. W. , and Chavis, D. M. 1986. "Sense of community: A definition and theory. " *American Journal of Community Psychology* 14 - 1: 6 - 23.

Ohmer, M. L. 2007. "Citizen Participation in Neighborhood Organizations and Its Relationship to Volunteers' Self-and Collective Efficacy and Sense of Community. " *Journal of Community Psychology* 36 - 7: 851 - 870.

Pan, Tianshu. 2002. *Neighborhood Shanghai: Community Building in Bay Bridge.* Ph. D. Dissertation, Harvard University Department of Anthropolo-gy.

Peng, Yusheng. 2004. "Kinship Networks and Entrepreneurship in China's Transitional Economy. " *American Journal of Sociology* 109 - 5: 1045 - 74.

Sampson, R. 1988. "Local Friendship Ties and Community Attachment in Mass society: A Multilevel Systemic Model. " *American Sociological Review* 53: 766 - 779.

Shi, Fayong, and Cai, Yongshun. 2006. "Disaggregating the State: Networks and Collective Resistance in Shanghai. " *The China Quarterly* 186: 314 - 332.

Talo, C. , Mannarini, T. , and Rochira, A. 2014. "Sense of Community and Community Participation: A Meta-Analytic Review. " *Social Indicators Re-search* 117: 1 - 28.

Talo, Cosimo. 2018. "Community-Based Determinants of Community Engage-ment: A Meta-Analysis Research. " *Social Indicators Research* 140: 571 -

596.

Teets, J. C. 2013. "Let Many Civil Societies Bloom: The Rise of Consultative Authoritarianism in China." *The China Quarterly* 213: 19 – 38.

Tilly, Charles. 1978. *From Mobilization to Revolution.* New York: Random Press.

Tomba, Luigi. 2005. "Residential Space and Collective Interest Formation in Beijing's Housing Disputes." *The China Quarterly* 184: 934 – 951.

Warren, Roland L. 1978. *The Community in America.* Chicago: Rand McNally.

Wirth, L. 1938. "Urbanism as a Way of Life." *American Journal of Sociology* 44: 1 – 24.

Wong, L. , and Poon, B. 2005. "From Serving Neighbors to Recontrolling Urban Society: The Transformation of China's Community Policy." *China Information* 19 – 3: 413 – 442.

Xu, Q. , Perkins, D. D. , and Chow, J. C. – C. 2010. "Sense of Community, Neighboring, and Social Capital as Predictors of Local Political Participation in China." *American Journal of Community Psychology* 45: 259 – 271.

Zhang, Han. 2015. "Party Building in Urban Business Districts: Organizational Adaptions of the Chinese Communist Party." *Journal of Contemporary China* 24: 94: 644 – 664.

附录1：部分调查问卷

村居编号：   问卷编号：

访问时间：   月   日   ： ~   ：

上海市社区基层组织队伍建设状况调查问卷（一）
【本问卷请居民区/村党组织书记填答】

尊敬的居/村党组织书记：

您好！非常感谢您抽出时间来完成这份问卷。这是一项关于上海市社区基层组织队伍建设状况的调查，其数据仅供学术研究。我们将严格遵循保密原则，请您认真阅读问卷，按照最符合的实际情况打"√"或填写。感谢您的参与！

一　基本情况

1. 性别：①男　②女
2. 年龄：＿＿＿岁
3. 婚姻状况：①未婚　②有配偶　③离婚或丧偶
4. 请问您有没有孩子？

①没有　②有，＿＿＿个

5. 受教育程度：①初中及以下　②高中/中专　③大专　④本科　⑤硕士　⑥博士
6. 户籍状况：①上海户籍　②非上海户籍
7. 您是否居住在本村/居民区？①是　②否
8. 现在您家有几口人？　＿＿＿人
9. 您在上海是否拥有自己购买的住房？

①没有　②有一套　③有两套　④有两套以上

10. 您主要的家庭负担是什么？【最多选三项】

①教育支出　　②衣食等日常生活支出　　③住房/租房支出

④医疗支出　　⑤养老支出　　　　　　　⑥其他【请填写】_____

11. 您认为个人的生活水平在上海属于哪个层次？

①上层　②中上层　③中层　④中下层　⑤下层

12. 去年一年以来，您的身体状况是：

①很差　②较差　③一般　④较好　⑤很好

13. 最近一个月，您的精神状况是：

①很差　②较差　③一般　④较好　⑤很好

二　社区概况

14. 【仅居民区书记回答】本居民区一共有几个小区？_____

其中，以下哪种类型的小区户数最多？_____其次是哪种类型？_____

①棚户区/未改造的老城区（街坊）　②售后公房小区

③普通商品房小区　④村改居住宅区　⑤经济适用房小区

⑥动迁安置房小区　⑦廉租房小区　⑧别墅区

⑨其他【请填写】_____

15. 本村/居委会去年年末：

实有户籍人口数_____人；

实有常住人口数_____人。

16. 居民区或村党组织一共有党员_____人。

17. 居民区或村党组织一共有委员_____人。

其中，有_____人在居/村委会任职。有_____人在业委会任职。

18. 居/村委会辖区内有多少党员？_____人

其中，大概有____%到社区党组织报到。

19. 本居/村委会共有_____个楼组/村民小组。

20. 本居/村委会共有_____位居民/村民代表。

21. 本居/村委会共有_____家有合作的驻区单位。

22. 本居/村委会共有_____个参与社区服务与治理的社会组织（正式注册）。

23. 本居/村委会共有_____个群众活动团队。

24. 本居/村委会共有_____位志愿者。

三 工作状况

25. 您从事社区工作多久了？ _____ 年

26. 您在本村或居民区工作多久了？ _____ 年

27. 您现在的职业身份属于：

①事业编制 ②事业岗位、事业待遇 ③社工编制

④街道聘用 ⑤挂职/借调 ⑥退休返聘

28. 您是通过什么渠道成为书记的？

①基层选拔 ②社会招聘 ③组织委派 ④退休聘用

⑤公推直选 ⑥其他【请填写】 _____

29. 您是否具有以下身份？【可多选】

①居/村委会主任 ②居/村委会委员 ③业委会主任或副主任

④业委会委员 ⑤两代表一委员

30. 从事社区工作之前，您的职业是什么？

①机关、企事业单位负责人 ②专业技术人员 ③办事人员

④商业服务业人员 ⑤工人 ⑥农民 ⑦学生

⑧其他【请填写】 _____

31. 从事社区工作之前，您所在单位的性质是：

①党政机关 ②国有企业 ③国有事业 ④集体企事业

⑤个体经营 ⑥私营/民营企业 ⑦三资企业 ⑧社会组织

⑨其他【请填写】 _____

32. 2015 年（市委一号课题文件发布实施）以来，您作为党组织书记的收入（包括工资、奖金等）有多少变化？

①提高了很多 ②提高不多 ③没有变化 ④有所减少

⑤减少了很多

33. 2015 年以来，您觉得自己的工作任务有多少变化？

①越来越多 ②没有变化 ③有所减少

34. 2015 年以来，您觉得自己的工作压力（如评比、考核）有多少变化？

①越来越大 ②没有变化 ③有所减少

35. 2015 年以来，您觉得自己的工作能力有多少变化？

①提高了很多 ②提高不多 ③没有变化 ④有所下降

36. 您平均每天的上班时间约 _____ 小时。

37. 您一周平均加班约_____小时（包括双休日、节假日值班）。

38. 您每天花在上班路上的时间大约是_____小时。

39. 如果您所有的工作时间是100%，您觉得花在完成上级任务上面的时间大概占____%；

去上级部门开会的时间大概占____%；

在社区开会的时间大概占____%；

填各种报表的时间大概占____%；

和社区居民打交道的时间大概占____%；

组织各类社区活动的时间大概占____%；

调解社区纠纷的时间大概占____%；

坐在办公室的时间大概占____%。

40. 2016年，您个人的年收入约为_____万元。

其中，社区工作之外的其他收入约为_____万元。

41. 2016年，您的家庭年收入约为_____万元。

42. 您觉得现有家庭收入能否满足家庭需要？

①远远不能 ②不能 ③差不多 ④足够

43. 您是否持有社会工作者职业资格证？

①有社会工作师助理资格证 ②有社会工作师资格证 ③有高级社会工作师资格证 ④没有

44. 您是否有考取社会工作者职业资格证的打算？ ①是 ②否

45. 您觉得社会工作者职业资格证对自己来说是否有用？

①一点用也没有 ②用处不大 ③一般 ④有点用处 ⑤用处很大

46. 一年以来，您是否接受过与工作岗位相关的正规职业培训？

①从未参加 ②1次 ③2次 ④3次 ⑤4次及以上

47. 您觉得参加培训对自己来说有没有帮助？

①一点用也没有 ②用处不大 ③一般 ④有点用处 ⑤用处很大

48. 一年以来，您是否有过轮岗交流的机会？ ①没有 ②有

49. 一年以来，您是否参加过各种实践锻炼？ ①没有 ②有

50. 如果有机会考取事业单位或公务员编制，您觉得自己是否具备一定的优势？

①有很大优势 ②有些优势 ③没有任何优势

51. 2016年，您的年度考核结果是什么？

①优秀 ②合格 ③基本合格 ④不合格

52. 您对考核结果是否满意？

①非常满意　②比较满意　③一般　④不太满意　⑤非常不满意

53. 一年以来，您有没有获得过表彰奖励？①没有　②有

如果有的话，是哪一级表彰奖励？①街道/镇一级　②区级　③市级及以上

54. 您是否愿意长期从事这份工作？

①非常愿意　②愿意　③一般　④不愿意　⑤非常不愿意

55. 您有没有想过离职？①有　②没有

56. 如果有离职的打算，主要是因为什么？【按序选三项】_____

①待遇差　②工作太累　③发展前景不理想　④工作环境不适合自己

⑤社会认可度低　⑥自身价值难以实现　⑦家人反对

⑧其他【请填写】_____

57. 您对以下各方面的满意度怎样？【请在相应栏里画"√"】

	非常满意	比较满意	一般	不很满意	很不满意
1. 薪酬水平	5	4	3	2	1
2. 福利待遇	5	4	3	2	1
3. 晋升机会	5	4	3	2	1
4. 工作自主性	5	4	3	2	1
5. 工作量	5	4	3	2	1
6. 与同事的关系	5	4	3	2	1
7. 与领导的关系	5	4	3	2	1
8. 与工作对象的关系	5	4	3	2	1
9. 职业的社会声望	5	4	3	2	1

58. 您对以下说法是否同意？【请在相应栏里画"√"】

	非常同意	同意	一般	不同意	很不同意
1. 社区工作的收入仍然太低	5	4	3	2	1
2. 社区工作没有很好的发展前景	5	4	3	2	1
3. 社区工作没有什么自主性	5	4	3	2	1
4. 社区工作太累太苦	5	4	3	2	1
5. 社区工作不受人尊重	5	4	3	2	1
6. 社区工作主要是完成上级任务	5	4	3	2	1

续表

	非常同意	同意	一般	不同意	很不同意
7. 社区工作主要是为居民服务	5	4	3	2	1
8. 社区工作必须依靠居民群众	5	4	3	2	1

四 治理能力

59. 您大约认识____位社区居民。【至少精确到十数位】

60. 您平均每月大约走访____户居民家庭。

61. 如果需要组织某项活动，您最多可以请来____位社区居民参加。

62. 您有没有通过网络平台（网站、论坛、微博、QQ、微信等）与居民交流？

①经常交流　②偶尔交流　③从来没有

63. 您有没有代理过群众事务？①经常代理　②偶尔代理　③没有

64. 您感觉社区居民对居/村委会日常管理工作是否配合？

①非常配合　②比较配合　③一般　④不太配合　⑤很不配合

65. 居/村委会在平时的工作中，如何发现需要解决的社区具体问题？【最多选三项】_____

①居民反映　②楼组长/小组长汇报　③党员反映　④会议
⑤热线电话　⑥网络平台　⑦意见箱　⑧其他【请填写】_____

66. 居/村委会通常通过什么方式公布与社区事务相关的决定或政策？【最多选三项】_____

①社区宣传栏　②在楼道贴通知　③社区网站或虚拟平台（QQ群、微信群）　④社区广播　⑤打电话　⑥上门通知　⑦其他【请填写】____

67. 请您对自己以下各方面的能力素质进行评价。【请在相应栏里画"√"】

	非常好	好	一般	不好	非常不好
1. 兢兢业业，踏实工作	5	4	3	2	1
2. 热情服务，乐于奉献	5	4	3	2	1
3. 善于做群众工作	5	4	3	2	1
4. 组织协调能力	5	4	3	2	1
5. 工作创新能力	5	4	3	2	1

续表

	非常好	好	一般	不好	非常不好
6. 实务操作能力	5	4	3	2	1
7. 学历	5	4	3	2	1
8. 工作经验	5	4	3	2	1
9. 专业知识技能	5	4	3	2	1
10. 语言表达、沟通能力	5	4	3	2	1
11. 知法用法能力	5	4	3	2	1
12. 电脑网络操作能力	5	4	3	2	1

68. 您认为以上能力素质中，本村或居民区工作者最为欠缺的是哪几项？【填写相应的数字序号】第一，____；第二，____；第三，____；第四，____；第五，____。

69. 您有没有工作日志？

①每天都写　②想起来会写　③偶尔写写　④从来不写　⑤不了解

70. 您有没有民情手册？

①每天都写　②想起来会写　③偶尔写写　④从来不写　⑤不了解

71. 在日常工作中，您遇到难以解决的问题，最先想到寻求帮助的是：

①街道/镇　②区及以上的政府部门　③驻区单位　④社区社会组织

⑤同事　⑥居民　⑦其他【请填写】_____

72. 如果大量减少街道/镇指派的行政性事务，您认为居/村委会的作用发挥是否会更好？

①会更好　②会弱化　③说不清楚

73. 您对市委一号课题文件（2014）有多少了解？

①非常了解　②比较了解　③一般　④不太了解　⑤非常不了解

74. 您对近年来与居/村民自治相关的上海市"两条例一办法"有多少了解？

①非常了解　②比较了解　③一般　④不太了解　⑤非常不了解

75. 您对以下居/村委的工作制度（内容、操作流程等）是否熟悉？【请在相应栏里画"√"】

	非常熟悉	熟悉	一般	不熟悉	很不熟悉
1. 居（村）民自治章程	5	4	3	2	1

续表

	非常熟悉	熟悉	一般	不熟悉	很不熟悉
2. 村规民约、居民公约	5	4	3	2	1
3. 居/村民（代表）会议制度	5	4	3	2	1
4. 居委/村委选举制度	5	4	3	2	1
5. 居/村联席会议制度	5	4	3	2	1
6. 居民区"三会一代理"制度	5	4	3	2	1
7. 村"四议两公开"制度	5	4	3	2	1
8. 议事会/理事会制度	5	4	3	2	1
9. 居务/村务公开制度	5	4	3	2	1
10. 居/村委会内部管理制度	5	4	3	2	1
11. 志愿服务和群众团队建设制度	5	4	3	2	1
12. 居民区工作事项准入制度	5	4	3	2	1

76. 2016 年，本村或居民区召开以下会议的情况如何？【请在相应栏里画"√"】

	是否经常召开			是否固定召开	
	经常召开	偶尔召开	没开过	按规定，固定召开	不固定，有需要才开
1. 党组织会议	3	2	1	2	1
2. 两委会议	3	2	1	2	1
3. 居/村联席会议	3	2	1	2	1
4. 居/村民（代表）会议	3	2	1	2	1
5. 听证会	3	2	1	2	1
6. 协调会	3	2	1	2	1
7. 评议会	3	2	1	2	1
8. 议事会	3	2	1	2	1

77.【仅居民区书记回答】您觉得党组织/居委会跟物业公司的关系怎样？

①非常融洽　②比较融洽　③一般　④不太融洽　⑤非常不融洽

78.【仅居民区书记回答】您觉得党组织/居委会跟业委会的关系怎样？

①非常融洽　②比较融洽　③一般　④不太融洽　⑤非常不融洽

79. 【仅居民区书记回答】您认为业委会和物业公司的关系怎样？

①非常融洽　②比较融洽　③一般　④不太融洽　⑤非常不融洽

80. 【仅居民区书记回答】如果业委会和物业公司曾经有过矛盾，您认为哪一方更有道理？

①业委会　②物业公司　③双方都有问题　④说不清　⑤没有矛盾

81. 【仅居民区书记回答】您认为以居民区党组织为领导核心、居委会为主导、居民为主体，各类组织共同参与的居民区治理架构是否已经建立健全？

①非常完善　②比较完善　③一般　④不太健全　⑤非常不健全

82. 您对居/村委会社区工作事项清单是否了解？

①非常了解　②比较了解　③一般　④不太了解　⑤非常不了解

83. 您对居/村委会依法协助行政事务清单是否了解？

①非常了解　②比较了解　③一般　④不太了解　⑤非常不了解

84. 您对居/村委会印章使用清单是否了解？

①非常了解　②比较了解　③一般　④不太了解　⑤非常不了解

85. 您对自己的岗位职责是否清楚？

①非常清楚　②比较清楚　③一般　④不太清楚　⑤非常不清楚

86. 【仅居民区书记回答】您觉得"居委通"的实施效果怎样？

①效果很好，极大增进了与居民的沟通　②效果一般，有一定作用

③没有作用　④造成了新的工作负担

87. 您觉得"电子台账"的实施效果怎样？

①极大减轻了行政负担　②负担有所减轻　③没有变化

④又出现了新的负担　⑤行政负担反而加大了

88. 您对"全岗通"的评价是什么？【可多选】

①更加方便了居民　②增加了自身负担　③没有变化

④对工作能力提出了更高要求　⑤不了解

89. 您对"首问责任制"的评价是什么？【可多选】

①更加方便了居民　②增加了自身负担　③没有变化

④对工作能力提出了更高要求　⑤不了解

90. 您对"约请制"的评价是什么？【可多选】

①更加方便了居民　②能更快解决社区具体问题　③没有变化

④对工作能力提出了更高要求　⑤增加了自身负担　⑥不了解

91. 如果您有自身的某些需求、诉求需要反映，请写在下面。

_____

_____

92. 如果您有任何意见、建议需要反映，也请写在下面。

_____

_____

问卷至此结束，谢谢！

万里街道业委会建设与发展调查问卷

1. 您的性别是：

①□男　　　　　　　　　　②□女

2. 您的年龄是：_____岁。

3. 您的政治面貌是：

①□中共党员　　　　　　　②□民主党派/无党派人士

③□共青团员　　　　　　　④□群众

4. 您的受教育程度是：

①□初中及以下　　　　　　②□高中/中专/技校

③□大专　　　　　　　　　④□本科

⑤□研究生及以上

5. 您的户籍状况是：

①□上海户籍　　　　　　　②□非上海户籍

③□外籍或港澳台身份

6. 您是否具有以下身份？【可多选】

①□党组织书记、委员或小组长　　②□居委会主任或委员

③□业委会主任或副主任　　　　　④□业委会委员

⑤□两代表一委员　　　　　　　　⑥□楼组长

⑦□团队负责人　　　　　　　　　⑧□志愿者

7. 您在业委会工作多长时间了？

①□一年及以内　　　　　　②□两年

③□三年　　　　　　　　　④□四年

⑤□四年及以上

8. 您平均每周花在小区事务上的时间是多少个小时？

①□0～10 个小时 ②□10～20 个小时

③□20～30 个小时 ④□30～40 个小时

⑤□40 个小时以上

9. 您是基于什么原因到业委会工作的？【可多选】

①□维护小区业主权益 ②□为小区业主服务

③□退休后打发空闲时间 ④□党组织或居委会推荐

⑤□为了拓展人脉 ⑥□为了自我实现、获得业主尊重

⑦□其他【请填写】＿＿＿＿＿＿＿

10. 您目前是在职还是退休？

①□在职 ②□退休

11. 您目前或退休前的职业类型是：

①□国家机关、党群组织、企事业单位负责人

②□专业技术人员

③□办事人员和有关人员

④□商业服务业人员

⑤□农林牧副渔水利业生产人员

⑥□生产、运输设备操作人员及有关人员

⑦□自由职业者

⑧□军人

⑨□其他【请填写】＿＿＿＿＿＿＿

12. 您目前或者退休前是否担任领导职务？

①□是 ②□否

13. 您是否有以下特长？【可多选】

①□法律顾问 ②□财务顾问

③□组织协调 ④□文字材料

⑤□宣传工作 ⑥□政府沟通

⑦□后勤工作 ⑧□其他＿＿＿＿＿

14. 您目前居住的社区（名称）是：＿＿＿＿＿＿＿

15. 您在本居民区住了多久？＿＿＿＿年（未满一年以一年计算）

16. 您所在小区的类型是：＿＿＿＿

①□售后公房小区 ②□动迁安置房小区

③□保障房小区　　　　　　　　④□商品房小区

⑤□其他【请填写】_____

17. 您认为所在小区目前存在哪些问题？【可多选】

①□环境卫生类（环境卫生差、维护不到位等）

②□基础设施不完善（停车位不足、垃圾设施不便利等）

③□安全防护类（消防通道、设施配备，出入管理、高空抛物等）

④□邻里矛盾纠纷问题

⑤□其他【请填写】_____

18. 您和其他业委会人员多久沟通一次？

①□差不多每天　　　　　　　　②□每周两到三次

③□每周一次　　　　　　　　　④□每半个月一次

⑤□每月一次　　　　　　　　　⑥□每三个月一次

⑦□每半年一次　　　　　　　　⑧□每年一次

⑨□几乎从来没有

19. 您和居委会工作人员多久沟通一次？

①□差不多每天　　　　　　　　②□每周两到三次

③□每周一次　　　　　　　　　④□每半个月一次

⑤□每月一次　　　　　　　　　⑥□每三个月一次

⑦□每半年一次　　　　　　　　⑧□每年一次

⑨□几乎从来没有

20. 您和物业工作人员多久沟通一次？

①□差不多每天　　　　　　　　②□每周两到三次

③□每周一次　　　　　　　　　④□每半个月一次

⑤□每月一次　　　　　　　　　⑥□每三个月一次

⑦□每半年一次　　　　　　　　⑧□每年一次

⑨□几乎从来没有

21. 小区业委会目前运行的状态是：

①□定期召开会议，集体决策　　②□主要是业委会主任决策和负责

③□处于瘫痪状态　　　　　　　④□其他【请填写】_____

22. 本小区业委会和物业公司的关系怎么样？

①□相处融洽，共同致力于小区各项事务

②□关系一般，能够维持基本和平

③□矛盾比较多，沟通存在困难

④□其他【请填写】＿＿＿＿＿＿＿＿

23. 业委会开展工作过程中遇到什么困难？

①□居民不理解

②□征询工作难度大，业主意见难以统一

③□业委会内部意见分歧大

④□缺乏专业知识和技能

⑤□物业不配合

⑥□只靠公心难以持久运作

⑦□资金使用不规范

⑧□其他【请填写】＿＿＿＿＿＿＿＿

24. 你希望业委会在发展中得到哪些支持？

①□法律地位进一步明确　　　②□专业知识和技能培训

③□居委会协调帮助　　　　　④□物业公司的配合

⑤□居民的理解和支持　　　　⑥□房办等部门的行政支持

⑦□第三方机构的专业指导

⑧□其他【请填写】＿＿＿＿＿＿＿＿

25. 本小区在业委会的成立和运作过程中是否存在居民投诉和上访的情况？

①□有　　　　　　　　　　　②□据我所知没有

26. 本小区业主投诉、上访的主要原因是什么？

①□小区房屋质量问题　　　　②□质疑业委会选举过程和结果

③□涉及小区环保、公共设施等问题　④□质疑业委会运作不规范

⑤□其他【请填写】＿＿＿＿＿＿＿＿

27. 在成立业委会、业委会换届选举，或者更换物业等小区治理事项中是否有爆发言语或者肢体冲突？

①□有　　　　　　　　　　　②□没有

28. 您对业委会下一步的建设和发展有什么样的建议？

＿＿＿＿＿＿＿＿＿＿＿＿＿＿＿＿＿＿＿＿＿＿＿＿＿＿＿＿＿＿＿＿＿

＿＿＿＿＿＿＿＿＿＿＿＿＿＿＿＿＿＿＿＿＿＿＿＿＿＿＿＿＿＿＿＿＿

附录 2：上海社会建设和基层社会治理创新项目存目

第一届（2020 年）

金山区金韵居委会：社区车位巧盘活 "共享停车" 来助力

嘉定区真新街道：社区折叠空间

松江区方松街道湖畔天地社区居委会：亲子邻里坊

宝山区大场镇："环保小先生" 治理大行动

崇明区中兴镇：搭起暖心灶 架起连心桥

黄浦区：社区分类治理 "工作七法"

闵行区："红色物业" 描绘共治共享新格局

奉贤区奉浦街道：共享单车 "定点还车"

上海爱拍社区公益影像发展中心：社区演播室

铂爱公益发展中心："陶益你我，陶健生活" 陶艺工作坊项目

虹口区曲阳路街道：党建引领下的 "全岗通 3.0" 社区治理通

奉贤："三治融合" 打造村规民约升级版

安亭镇：从 "你们" 变成 "我们" ——"百千万" 行动有魔力

长宁区：打造长宁特色的老年认知障碍分级照顾体系

浦东新区：乡村人才公寓解白领难题保农民权益

长宁区：家庭救助顾问

长宁区虹桥街道：以一网统管为抓手助推垃圾分类 2.0

虹口区：市民驿站让群众更有获得感

普陀区甘泉路街道：甘泉路街道推进生活垃圾分类减量

黄浦区五里桥街道：启用行政协商，破解 "高空违建" 难题

杨浦区五角场街道：大学路街区自我管理委员会

静安区临汾路街道：心系悬空老人 助力加装电梯

松江区方西社区：公益一小时

浦东新区：汇公益新生力量　促社会组织成长

青浦区赵巷镇金葫芦社区：共建"自治家园"共享"幸福小区"

杨浦区控江路街道：党建引领五方联动，三有三化带来楼组三变

宝山区："社区通"助力社区打好疫情防控战

黄浦区：小餐饮店标准化管理

浦东新区：党建引领下的"家门口"服务体系建设

静安区彭浦新村街道：居委工作 SOP

第二届（2022 年）

浦东新区高行镇：新一代"两全两通型"智慧社区

浦东新区塘桥街道："三口一视界"

浦东新区东明路街道：参与式社区治理　助推社区治理共同体构建

黄浦区外滩街道：城市更新巡回审判（调解）工作站项目

黄浦区瑞金二路街道：多元共治夯根基　全域联动增活力

静安区临汾路街道：心愿"码"上提，供需马上通

徐汇区枫林街道：以块区治理为抓手，全面推进模范服务型居委会建设

徐汇区华泾镇：群租治理驱动新基建　盛华畅享数智新生活

长宁新华路街道大鱼社区营造发展中心："十五分钟社区生活圈"营造

长宁区仙霞新村街道：推进居民自治数字化转型

长宁区虹桥街道：践行全过程人民民主　共建国际融情街区

普陀区长寿路街道社区治理促进中心：民星"智"理计划

虹口区新家园建设与合作事务所：住宅小区综合治理项目

杨浦区新江湾城街道：每年 300 万元的社区公共收益收支账

杨浦区控江路街道：智慧停车治理平台

宝山区成亿宝盛家苑："小先生"撬动大治理"七彩心"激发大能量

上海馨享社区公益服务中心："超能妈妈"社区女性成长萃取孵化项目

宝山区淞南镇淞南九村："党建引领＋居民自治"破解三小区"开门"难题

闵行区新虹街道："党建领航·红色物业"助力社区治理升级

闵行区古美路街道：打造总部型"CPU"党群服务中心

嘉定区安研社区："四破三立"全过程协商培育产业社区邻里共同体

嘉定区真新街道金鼎社区：鼎邻社－金鼎家园

金山区夹漏村：守正出新三融三共——构筑毗邻地区社会治理新格局

金山区漕泾镇护塘村：最可爱的人在闪光

松江区洞泾镇：社区治理"群建设"

青翼社会工作促进中心："好邻居"祥东社区服务中心采购运营服务项目

奉贤区南桥镇光明村：流动"小红车"

青浦区西部花苑：深化"佐邻友里"基层党建，激活居民社区微治理网络和自治力量

崇明木棉花开手工社：木棉花开文化创意工坊

崇明长兴镇：深化防疫成果选任"第二书记"地企互联互通共建美好长兴

附录3：部分调研案例

闵行区江川路街道区域化党建工作

近年来，江川路街道党工委着眼于提升基层党的建设科学化水平，结合地区大型企业多、高校集中、"两新"组织多的实际，发挥街道党工委的核心作用，积极推进区域党建工作，着力打破"条块分割"壁垒，解决资源配备不平衡、分布不均的问题，使"条"的资源和"块"的资源在区域党建平台上，通过互联互建，实现纵横流动、优势互补、资源整合，以区域党建推进社会治理创新，取得良好效果。

一 工作背景

江川路街道是以机电工业基地为基础发展起来的大型化社区，地处闵行区南大门，30平方公里的辖区内，有20世纪50年代享誉重工业领域的"四大金刚"——上海汽轮机厂、上海电机厂、上海锅炉厂、上海重型机器厂，拥有诸多世界知名企业的闵行经济技术开发区也落户于此，还有上海交通大学、华东师范大学、上海电机学院等多所知名高校，此外江川路街道还分布着大小2000多家"两新"组织。近年来，在闵行区域党建联席会议倡导实现区域内各级党组织"多元、多边、多层次"联动发展的价值引领下，江川路街道党工委以"优势互补、资源共享、合作共赢"为区域党建目标，不断拓展区域党建格局，整合区域党建资源，凝聚各方力量，实现区域合作共赢。

二 主要做法

1. 以"三区联动"为依托，推动区域共联。街道党工委坚持"党建共商、事务共管、资源共享、文明共创、难题共解、活动共办"的共建方针，以"园区、校区、社区"联动为依托，有效利用社区党建资源优势，促进驻区单位融入社区、共建社区。2008年，江川路街道党工委与14家驻区单位党委共同成立了江川区域党建联席会议，搭建与驻区单位联系沟通、交流合作和共建联建的平台，推动区域化党建朝着制度化、规范化、常态化发展。从2010年起，由江川路街道党工委牵头，每年举办"党旗下，我们携手共进""党旗下，我们共建香樟家园""党旗下，江川社区喜迎'十八大'暨庆祝建区20周年党建联建巡礼"等主题活动，促进区域单位深度融合联动。

2. 以项目合作为抓手，推进区域共赢。在江川区域党建联席会议的制度框架下，江川路街道区域党建以需求为导向，以项目化为抓手，灵活实施党建交流互动、干部培训、医疗卫生、文化活动等，通过一个个具体的项目，明确工作目标、项目单位、时间节点等，确保区域党建取得实实在在的成效，实现了区域共赢目标。近年来，江川社区卫生服务中心汽轮服务站、"鲤鱼跳龙门"群众文化节目、"致远游泳馆"、公园绿化、"15分钟服务圈"和"五小"惠民工程认领等一批区域项目相继落地完成，通过区域党建项目合作，有力推动了社区发展，更好地服务社区群众。

3. 以"双报到、双报告"为载体，推动区域共建。江川路街道党工委将驻区单位和党员到社区"双报到、双报告"纳入区域党建的重要内容，激发和动员全社区的力量，形成区域社会力量参与区域共建的有效机制，充分发挥驻区单位党组织的战斗堡垒作用和党员的先锋模范作用，有力促进社区共治格局形成。江川路街道98家驻区单位党组织和区域单位在职党员分别到社区"双报到、双报告"。2012年，到社区报到的3641名在职党员积极认领社区十大公益岗位，有2638名党员主动认领了1个以上公益岗位。2013年，有362名在职党员参与楼组党建，加入楼组党员服务组，开展安全守护、环境卫生等各类为民服务活动，受到群众称赞。

4. 以结对帮扶为手段，推动区域共融。江川路街道党工委以合作共赢为目标，以推动区域发展为目的，传承党建联建的成果，带动更多的企业与组织共同参与区域党建，通过结对帮扶实现区域共融。一方面，街道党工委利用"大走访"机制，对"两新"组织全覆盖走访，与"两新"组织开展结对，及时沟通信息，帮助解决实际问题。另一方面，组织社区"两新"组织与辖区基层党组织、困难党员开展结对、回馈社区、服务群众，如上海敏众管理有限公司党支部在与居民区党组织结对基础上，还与社区老党员、老劳模、三八红旗手结对，帮困人数累计达400人。诚康大药房、爱尔眼科医院等"两新"组织党支部积极开展党员志愿者公益行动，全年滚动式服务群众。

二 成效和启示

1. 发挥街道党工委的核心作用是区域党建的关键所在。在区域党建的建构过程中，要将各方力量整合肯定少不了一个处于核心地位的党组织来牵头。江川路街道党工委即扮演了核心党组织的角色。党工委是区域党建的领导核心，必须在区域党建中敢于担当、主动靠前，但党工委不是区域其他无隶属关系党组织的上级组织，更不是区域事务的包揽者。其功能定位应着眼于区域整体发展、区域资源整合，发挥指导引导服务的功能，协调区域单位之间的利益关系，努力形成在党建引领下多元主体参与合作、充满活力的工作格局，树立核心党组织在区域平台上的主心骨地位，成为把握方向的掌舵者、协调各方的协调者、各方合作协商的促进者。

2. 实现社会整合是区域党建的必然选择。区域党建的工作基础是区域化的工作平台。构建这样的区域化平台，是社会转型时期实现与经济社会发展有机结合的一种积极探索和主动尝试。在深度城市化发展阶段，要实现社会整合、盘活社会资源，就必须以区域为基本空间单位，探索和创新区域党建形式，实现党的建设的资源整合、权利整合和体制整合，消除行政分隔、利益本位和体制断层带来的副作用，实现党对社会的有效整合，达到形成合力、整体联动的效果。

3. 融合发展是区域党建的战略目标。切实改变"就党建抓党建"思维，坚持围绕中心、服务大局，紧扣区域发展来谋划部署和推进区域党建工作。把区域各领域党建融入区域发展的全过程和各环节，围绕区域发展搭建基层党组织班子，配置基层干部人才，培养党员队伍，开展党的工作，把党的基层组织的组织资源转化为发展资源、把组织优势转化为发展优势、把组织活力转化为发展活力，用改革发展改善民生的效果来检验区域党建工作的成效。

闵行区莘庄镇水清一村居民区"商居联盟"建设

莘庄镇水清一村居民区共辖水清一村和雅致公寓两个小区，总户数1521户，常住人口3600人左右，现有党员136名，下设3个分支部、7个党小组，到社区报到的在职党员60人。小区毗邻区政府、法院、房地产交易中心及学校等机关、企事业单位，周边设有30余家商户，社会资源丰富。

众所周知，居民需求多样化、社会资源分散化、管理主体多元化等问题一直以来都是居民区党组织开展管理与带领群众自治的难点。围绕上述困扰，水清一村居民区党总支积极尝试，加强党建引领，探索并创建了由居民代表、周边商户、共建单位等成员组成的社区共治模式——"商居联盟"。作为居民区区域化党建的载体，"商居联盟"由社区党员带头落实，大力引导并发挥小区居民、周边商户、职能部门及驻区单位等多方主体及资源，针对小区周边商户在环境卫生、噪声扰民、跨门营业等方面的问题先行先试，发动多方力量，坚持疏堵结合，有效推动了小区周边商户的文明经商、社区居民的和谐生活，为水清一村居民区党总支深化区域内共建、共商、共享、共融的党建做出了有效的实践。

一　整合资源，为区域党建提供有力支持

商户作为社区居民日常民生的组成部分，在社区区域化党建中扮演着重要角色。为发动周边商户主动参与社区治理，实现区域化党建常态化，水清一村居民区党总支积极加强队伍建设，一是指导并推动"商居联盟"，经民主推选产生了以居民代表与周边商户为主要会员，驻区单位与职能部门共同参与的"商居联盟"理事会，并由居民区党总支书记担任名誉会长，全面统筹工作；二是在"商居联盟"层面下，成立了商户间信息分享、商民间结对互助的喜乐汇团队、解决商户经营困难的帮帮团团队以及营造和谐社区的清雅源团队。三支团队相互配合，分工不分家，与"商居联盟"理事会共同丰富了水清一村区域化党建工作的队伍配置，切实发挥了协助社区治理的效用。如位于小区周边的一户西北牛肉拉面馆因店面较小无法储物而违章扩建一事，商户私自扩建之初在居民中引起了较大的反响，多位热心居民来到居民区党总支反映情况，党总支高度重视，经过实地查看和前期协商，落实由"商居联盟"下属帮帮团具体负责，经过团队成员多次的上门沟通和协调，扩建一事得到妥善解决。随后，水清一村居民区党总支再接再厉，由作为"商居联盟"会员的物业公司负责介入，就拉面馆使用煤球炉煮面炒菜散发异味一事与面馆及房东积极沟通，在向面馆普及相关法律法规的同时了解面馆的实际困难，最终形成了包括安装排气管道及防攀爬围栏等在内的系列配套解决方案，使面馆扰民一事得到彻底解决。

二　建章立制，为区域党建提供机制保障

在水清一村居民区党总支的指导下，"商居联盟"积极建章立制：撰写并通过了联盟《章程》；建立并完善了规范联盟管理和运作，保障联盟功能发挥的"例会"、"联谊"、"沟通"及"报告"四项制度；打造并推广了居民与商户、职能部门的协商共治机制；制定并落实了帮扶三小行业商户的关怀机制，矛盾调解前置的对话机制。诸项制度的完善和规范执行，打破了传统的社区管理格局和观念，积极呼应了新常态下社区治理的实际需求，为社区党组织决策前的互动、工作中的带动和服务上的联动上打下了良好基础，为实现多方主体参与区域化党建的联建、联创、联办提供了操作依据。例如，水清路一条街的店面招牌年久失修而普遍老化脱落一事，"商居联盟"理事会在了解到商户们的困扰后，依据例会制度讨论协商，并根据报告制度将协商结果向水清一村居民区党总支进行反馈，充分表达了商户们希望与相关职能部门取得沟通的建议。通过协商共治机制，水清一村居民区党总支邀请到相关职能部门参与问题协商，并最终使水清路一条街的商户们安装了统一的店面招牌，在美观市容、消除隐患的同时，有效拉近了商户与职能部门的距离，传递了党委政府"以人为本"的执政理念，促进了社区治理的交流融合，为进一步深化区域化党建提供了制度自信。

三　搭建平台，为区域党建提供力量源泉

区域化党建需要社会力量的广泛参与，水清一村居民区党总支积极争取各方资源，在做实居民区"大联动"的前端管理中，通过对话协商的方法，有效化解了商铺与商铺以及商铺与居民之间的矛盾，实现了职能部门服务商户，商户服务居民，居民信赖商户的良性循环，形成了"事情共商，资源共享，难题共解，文明共创，活动共办"的工作格局，较好地发挥了居民区党总支在社区党建和社区建设中的主导作用，成功搭建起党建联建的活动平台。目前，居民区党总支与小区周边的8家单位签订了共建协议；在多次由居民区党总支组织的大型活动中，职能部门及共建单位热情参与，积极为居民和商户提供咨询及服务；每月"为民服务"活动及每年"学雷锋""重阳节"时，怡怡美容美发部工作人员坚持为居民义务理发；法宣进社区、阳光理财、健康义诊、心理疏导、房产咨询等专业领域的联办活动，切实使居民从中受惠；居民区内的困难学生帮扶、就业上岗

等问题也通过社区党建联建平台得到解决。随着平台业务的不断拓展，水清一村居民区党总支始终坚持党建引领，积极发挥党员志愿者在社区党建联建活动平台中的先锋模范作用，切实增强社区党总支与居民、与商户、与共建单位的联系，动员各方力量共同参与社区建设和管理，有力提升了社区党总支的向心力和凝聚力。今天会后，我们将不断深化前期探索，学习借鉴兄弟单位工作经验，使区域化党建在创新社会治理中更好地发挥主导作用，为闵行区全面推进区域化党建工作添砖加瓦。

徐汇区湖南路街道"梧桐·SPACE"楼宇党建服务站

徐汇区湖南街道于 2016 年 4 月在箭牌糖果、和记黄埔地产、三菱化学、华人文化产业投资基金等世界知名企业云集的甲级商务楼宇——世纪商贸广场——建立了"梧桐·SPACE"楼宇党建服务站。此服务站以党建引领下的人文关怀"文化+"为特色，成立以后，结合"两新"党建特色，逐渐成为党员活动的新空间、"白领文化关怀工程"的新载体、楼宇党建的新阵地。

"梧桐·SPACE"总面积约 350 平方米，她不但是一个白领活动的空间，还是徐汇区湖南街道创新社会治理，用市场化、社会化方式运营的首个服务载体。她并不是一个简单的物理空间概念，更是一个开放式的关系空间，由上海三联阅读空间、彩虹服务站、爱心妈咪小屋、活力服务站、白领休闲会务空间等部分构成。"梧桐·SPACE"是徐汇区多元参与社会治理的创新示范点，同时被市委组织部、市社工委命名为楼宇党建工作站示范点。

一　梧桐·SPACE 基层服务站的基本情况

1. 背景与起因

"1+6"体制改革后，街道的工作重心有所转移。新时代和新形势下任务的变化，对"两新"党建工作提出了新的挑战。为了提高党建工作的有效性，使党建工作不断向基层延伸，拓展工作覆盖面，并最大限度地团结、凝聚白领青年，湖南街道党工委组织专题调研，深入了解区域内一半以上白领员工的实际需求，在调研的基础上，结合街道辖区内文化资源丰富的先天优势，街道党工委决定从文化凝聚的角度切入"两新"党建工作。在这一背景下，街道党工委在大力推动创新社会治理的进程中，紧扣党建引领的工作目标，针对辖区内商务楼宇集中、白领青年集聚的特点，使项目在商务楼宇落地，实现实体化、市场化、社会化。

2016 年初，湖南街道通过公开招募的形式，与上海青年社群管理品牌"胡同钥匙"签约，联手运营，打造了梧桐·SPACE 空间，作为商务楼宇里青年（凝聚·成长·服务——在一起）的关系空间。目标是致力于将梧桐·SPACE 打造成一个党建基地，实现与党建服务中心服务项目和社区党校各类课程的资源同步；致力于建设一个服务站点，通过推进"妈咪小屋"和"妇女之家"，把群团组织的服务向楼宇延伸，向基层覆盖；致力于做实一个青年中心，吸引更多的年轻伙伴在这里一起参与活动、结交朋友、获得成长、找到归属。

2. 做法与经过

（1）互动征集，动态完善。湖南街道于 2016 年 1 月通过线上发起的名称征集活动向近千名白领收集名称投票，决选出最终名称"梧桐·SPACE"。同时，街道邀请楼宇白领共同设计、策划、参与、评议"青年中心"的名称、logo 和项目活动，进一步收集、整合白领的意见建议，拓展理性有序的党员和群众参与机制。通过深入调研、汇总分析，确定了梧桐·SPACE 四大常态服务内容：阅读空间、轻体健身空间、白领休闲会务空间及爱心妈咪小屋（母婴哺乳室）。在试运行两个月后，再次对活动人群进行了调查，并根据需求推出办公室太极、心理咨询、话剧沙龙、形象沙龙、寻医问诊等增值服务。

（2）举办活动，构建平台。湖南街道创建了自己的党建 APP，目的是方便统计党员信息，通知各种党群活动，紧密联系楼宇内的党员。从吸引到凝聚，梧桐·SPACE 还创建了微信公众号，通过微信公众号及微信群线上宣传、线下活动的方式，以兴趣细分自发形成了音乐圈、户外圈、健身圈、读书圈、文艺圈、亲子圈、交友圈、创业圈等自治活跃青年社群，形成了圈内"领袖人物"。湖南街道党工委依托这一服务载体举办系列文体活动，构建了一个白领员工交流沟通、放松身心、感受社区文化魅力、融入社区"大家庭"的平台。

梧桐·SPACE 形成了读书、社交、话剧三大活动板块，丰富了白领活动的内容和形式。由刚性到延展，梧桐活动日渐丰富，作为一个"凝聚点"和开放式枢纽平台，它的功能正在不断叠加、延伸，并且水到渠成。

3. 取得的成效

梧桐·SPACE 自试运营以来，初步实现了湖南街道党工委着力打造一个白领青年易于找到、乐于参与的"青年之家"和"党群组织服务站点"的目标，这个空间正在成为实体化的楼宇党建新阵地，还承载了青年中心、"妈咪小屋"和"妇女之家"的群团组织服务功能。

自 2016 年 2 月 29 日梧桐 SPACE 试运营至今，共接待参观及会议 48 场，接待参观人数约 852 人；共组织 144 场白领活动，参与活动人数约为 2275 人。日均白领访问量 30～40 人次，月均白领访问量 770 人次。在 2 月 29 日试运营后累计接待参观、访问及参与活动的人数约 8000 人次。

（1）资源联动，巩固文化共同体。梧桐·SPACE 充分挖掘了辖区内丰富的党建工作资源，牢牢把握"五大院团"文化资源优势，携手合作各类文化艺术活动。结合区域单位的行业特点和工作特性，梧桐·SPACE 和上海交响乐团合作"用音乐圈朋友"活动，定期组织白领参与音乐会观赏；与上海音乐学院携手合作"午间音乐一小时"，邀请到来自音乐学院的学生乐手每周五中午在写字楼大堂现场表演；和中福会儿艺合作"跟着爸爸妈妈去上班"，将亲子暑期托管体验活动带入写字楼；上海话剧艺术中心分别为"梧桐剧社"及"慢品剧社"开展各类话剧排练、朗读会及观看话剧表演等活动。街道党工委依托该阵地为驻区单位、企业提供多元化服务，努力将其建设成为区域化党建工作的资源整合载体、能力提升载体。

（2）聚焦需求，孵化青年自组织。梧桐·SPACE 从白领群体的切实需求出发，为在繁忙都市忙碌的楼宇白领提供兴趣减压、健康生活、线下社交、个人发展等增值服务。已形成读书圈、话剧圈、动力圈、艺术圈、社交圈等活跃的青年社群，并从中挖掘出一些活动参与度高、有创意有想法的积极活动青年分子，以白领服务白领，白领带动白领的社群孵化及发展模式去运营和开展更多、更好的白领活动。

（3）反哺社会，壮大志愿人才库。梧桐·SPACE 在"凝聚·成长·服务——在一起"的主题下，把大量体制外的白领青年凝聚在一起，提高了他们的参与感、存在感、获得感，并引导他们参与社区的"上图书香志愿""向阳花青年公益社"等文化、教育、环保、助老公益志愿活动，为志愿者团队注入新的活力，同时也为白领青年提供了一个"施展才能、服务社会"的平台。2016 年 6 月，来自"梧桐剧社"的白领青年还参与了湖南街道"听老干部讲革命故事"的采访、记录及宣讲活动。

（4）引领党建，丰富党员组织生活。梧桐·SPACE 结合"两新"党建特色，为党员活动创造了新空间、新载体、新阵地。楼宇里的白领党员在午间休息时就可以参加组织生活，组织生活的方式多样，党员们更愿意参加，也更方便参加，使得党建工作能够继续顺利展开。梧桐·SPACE 改变了以往传统的组织生活形式，带动了党员的积极性，让党员更好地学习组织精神，在凝聚党员的同时吸引非党员群众加入党组织，扩大党员队伍。

二 梧桐·SPACE 基层服务站的创新与实践

湖南街道积极探索区域化党建工作与社区共治的融合发展，吸引社会组织力量参与服务甲级商务楼白领青年，推进社区管理、社会治理创新。梧桐·SPACE 的创新与实践表现在三个方面。

1. 基于市场型合作模式，合力创建多元社会管理的楼宇党建示范点

梧桐·SPACE 青年中心暨基层服务站从孕育到出生，得到了市、区各有关部门领导和专家学者的大力帮助和支持。在市场型的合作模式下，湖南街道签约上海青年社群管理品牌"胡同钥匙"，联手运营这一青年易于找到、乐于参与的服务载体，旨在共同构建多元社会管理的楼宇党建示范点，实现对青年群体多元化、常态化的联系、服务和凝聚。

2. 基于"五位一体"模式，激发公共文化服务新活力

一是整合文化提供体，整合区域单位资源，牢牢把握辖区内"五大院团"文化资源优势；二是尊重文化受众体，坚持需求导向，认真梳理区域内不同群体的文化需求，实现文化产品供给和文化受众实际需求之间的双向直通车；三是培育文化中间体，以社会组织为纽带和载体，组织开展各类公共文化活动；四是拓展文化传播体，运用"互联网＋"思维推送优质文化活动，实现文化资源与文化受众的"直通"；五是开放文化展示体，重视挖掘社区内特有的历史文脉，搭建新的平台，完善公共文化服务体系。

3. "文化＋"助力"两学一做"

梧桐·SPACE 引入了英互文化传播（上海）有限公司这一第三方非公企业进行市场化运作，开展了"白领文化关怀工程"和一系列白领文化沙龙，这是在党建引领下的"文化＋"活动，该项目包含了"梧桐剧社""慢品剧社"等。"文化＋"品牌活动的运作实现了组织覆盖，将"两新"党员紧紧凝聚在一起，也为党员教育管理夯实了基础。自"两学一做"学习教育开展以来，湖南街道党工委指导"两新"党组织依托梧桐·SPACE

开展了一系列特色鲜明、扎实有效的学习教育活动。参与者交流学习心得，增强党性修养，使梧桐·SPACE成为"两新"党员开展"两学一做"学习教育的温馨教室。

三 梧桐·SPACE基层服务站存在的问题及建议

虽然徐汇区湖南街道梧桐·SPACE创新试点工作取得了一定的成效，但也存在值得进一步探讨的问题。

一是基层服务站管理体制不健全。在梧桐·SPACE基层服务站建设中，街道行政管理职责应主要体现在社会服务、福利、保障以及社区文化、自治、环境、安全等方面。街道的职能和梧桐·SPACE的职能在一定程度上混淆不清，导致其对梧桐·SPACE的管理缺少相对应的条例，可能会影响工作活动的顺利开展。

二是梧桐·SPACE项目的考核评估标准难以设立。年底的考核是对其一年来的活动进行量化测评，比如满意度调查，但由于梧桐·SPACE项目的形式新颖，还没有一个完整的考核评估标准能够测评项目的成效。难以设立标准，项目是否可以继续发展就无法评估。这是亟待解决的问题。

基于对徐汇区湖南街道梧桐·SPACE项目的分析，围绕基层服务站的孵化发展和促进社会参与，提出以下建议。

1. 建立整体性、系统性的项目审核评估机制

为确保项目的继续发展，首先整合考核力量，加强项目考核工作的组织、指导、协调，然后落实考核责任，明确界定责任范围，加强对相关数据的监控，建立配套机制，进而完善审核评估机制，对项目的成效进行整体的、系统的、完整的评估。

2. 完善项目的建设管理

当前项目的规划缺乏前瞻性，活动开展不久就会面临升级的需求。要保持活动的新鲜度、参与度，项目建设就需要有统筹性，项目管理就需要有科学性，要以务实的态度做好项目前期的需求分析，根据客观需求做好规划设计，在项目实施过程中完善管理，提高组织协同，加强监督，确保活动按计划顺利完成。

3. 完善街道管理服务标准和法规建设

完善街道管理服务标准和法规建设是对项目的监督，也是确保双方合作的必要条件。街道管理服务标准建设内容主要包括街道管理服务信息平台接入标准、街道管理服务信息目录和数据标准等，法规建设包括场地系统使用管理制度、服务规范、审批标准、监督评价等。

北京"街乡吹哨、部门报到"改革

北京市"吹哨报到"改革源于基层。2017 年上半年，平谷区金海湖镇为根治金矿盗采多年屡禁不止难题，探索了乡镇发现盗采线索及时上报，各相关执法部门 30 分钟内赶到现场综合执法的机制，效果很好。北京市委把这一探索总结提升为党建引领"街乡吹哨、部门报到"改革，从 2018 年初开始，在全市 16 个区的 331 个街乡中，选取 169 个街乡试点推广。北京市委抓住机构改革契机，完善基层管理体制，把党建和治理结合起来，在赋权、下沉、增效上下功夫，以"吹哨"反映群众诉求、发出集结令，以"报到"引领各部门响应、解决群众问题，形成了行之有效的做法。其中，涉及体制改革的内容主要有以下三个方面。

一　明责赋权优化职能，增强街乡"吹哨"能力

一是为街乡明责，使其"吹哨"有据。全面取消街道招商引资、协税护税等职能。制定街道职责清单，明确党群工作、平安建设、城市管理、社区建设、民生保障、综合保障等 6 大板块 111 项职责，其中，街道作为主体承担的占 24%，其他均为协助、参与，使街道集中精力抓党建、抓治理、抓服务。

二是给街乡赋权，使其"吹哨"管用。为确保各有关部门闻哨而动，重点落实街乡对辖区需多部门协同解决的综合性事项的协调权和督办权、对有关职能部门派出机构负责人任免调整奖惩的建议权；强化街乡在年度绩效考核中的话语权，规定街乡对有关职能部门及其派出机构的考核结果占被考核部门绩效权重的三分之一。

三是优化街乡内设机构，使其"吹哨"有力。启动街道内设机构改革试点，先行确定 9 个区的 28 个街道，按照"6 办 +1 纪工委 +1 综合执法队 +3 中心"模式①设置机构，变向上对口为向下对应，机构数量减少一半以上，职能更优化，运行更高效。

---

① "6 办"即综合保障、党群工作、社区建设、民生保障、社区平安、城市管理 6 个办公室，"3 中心"指设置 3 个事业单位。

二 建立综合执法平台，推动执法部门到街乡"报到"

"吹哨报到"改革整合执法机构和资源，推动执法力量下沉到街乡，完善综合执法实体化、常态化机制。全面推广石景山区"1+5+N"模式，在290个街乡建立实体化综合执法中心，以街乡城管执法队为主体，公安、消防、交通、工商、食药5个部门分别派驻1~2人，房管、规划国土、园林、文化等部门明确专人随叫随到，人员、责任、办公场地相对固定，便于协同行动。执法中心主任由街乡主要领导担任，派驻人员由街乡负责日常管理。建立执法中心党组织，派驻人员中的党员全部将组织关系转入执法中心，增强组织凝聚力。需要多部门解决的复杂问题或突发事件，相关执法人员必须第一时间赶到现场，按照各自职责开展执法，直接解决问题。

三 拓宽"吹哨报到"参与范围，调动驻区单位和社会力量共建共治

一是搭建共建平台。建立区、街乡、社区三级党建协调委员会，吸纳区域内有代表性的机关企事业单位、新型经济和社会组织党组织负责人参加，定期研究解决共同关心的重要事项。区、街乡党员领导干部担任下一级党建协调委员会主任，强化统筹权威和效能。朝阳区建立"一轴四网"区域党建机制，依托党建协调委员会和社区网格平台，党政群共商共治。

二是创新共建方式。建立资源、需求、项目"三个清单"，实行属地和驻区单位双向需求征集、双向提供服务、双向沟通协调、双向评价通报"四个双向"机制，越来越多的中央和市直机关、企事业单位主动打开"院门"参与治理。

三是推动在职党员"报到"为群众服务。组织71.7万名市直机关和市属企事业单位在职党员到居住地或工作单位所在社区报到，参与各类活动100多万人次，为民办实事6万多件。

四 北京、上海两地实践的比较

与上海的做法相比，北京市在取消街道经济职能、赋权街道、调整街道内设机构、推动执法力量下沉、以区域党建推进共建共治等方面的举措非常相似，只是在某些具体工作细节上有所不同。

在街道职能设定方面，北京市明确了街道的 6 项职能并与内设机构

"6 办"对应，与上海街道的 8 项职能及"6＋2"机构设置略有区别。北京的街道机构整合力度更大，且全市统一执行，但上海各区的自设机构存在一定不一致的情况。

在赋权街道方面，北京赋予街道四项权力，以强化"块"对"条"的整合，包括对综合性事项的协调权和督办权、对职能部门负责人任免调整奖惩的建议权以及对职能部门年度绩效考核中的话语权，尤其规定街道的考核结果占被考核部门绩效权重的三分之一。这四项权力类似于上海街道的人事考核权、征得同意权和综合管理权，但在实施力度上更大，体现为考核权重的大幅度提高。

在推动执法力量下沉方面，北京市在每个街道建立实体化综合执法中心，以城管执法队为主体，公安、消防、交通、工商、食药 5 个部门分别派驻 1～2 人，房管、规划国土、园林、文化等部门明确专人随叫随到，同时建立执法中心党组织，强化力量整合。上海同样有实体化的街道网格化管理中心和综治中心，推动城管、房管、市容绿化、市场监督、公安等力量下沉，但与北京相比，两个中心间的整合难度更大，专业管理、执法力量下沉的广度和深度也不如北京。在推动"融条于块"、综合执法方面，北京已经走在了上海前面。

在区域化党建方面，北京搭建街道党建协调委员会、建立"三个清单"及推动在职党员向社区报到方面的做法与上海类似，但在要求区级党员领导担任街道党建协调委员会主任、强化属地和驻区单位"四个双向"机制方面，也具有一定的创新意义。

浦东新区社会治理法治化系列案例

一 浦东专业人民调解中心

2015 年 12 月，浦东新区成立了全国首家人民调解工作平台——专业人民调解中心（以下简称专调中心）。以专调中心为枢纽，人民调解不仅在预防化解医患、物业管理、交通事故和婚姻家庭等民事纠纷领域发挥了第一道防线的作用，而且不断吸引社会力量加入人民调解，并开始涉足金融、投资贸易等商事纠纷领域。中心常驻医患、物业、道交、国际旅游度假区、民商事、婚姻家庭、消费者 7 个纠纷调委会，同时积极培育上海银行业、证券基金期货业等行业调解组织。专调中心的 78 名调解员，均具有法律、医学、金融等专业背景，本科以上学历占 80%，同时拥有 2000 多名法律、心理学、医学、投资贸易等各领域专业人士组成的专家库。2017 年共受理各类纠纷 19081 件，调解成功 18595 件，成功率达 97%。调解员年人均成功调解纠纷数超 300 件，分别是上海市和全国年人均调解量的 30 倍和 120 倍。平台上的证券基金期货联合调委会仅 2018 年 6 月、7 月就调解了 5 批数量过百人、涉案金额过亿的群体性纠纷。

二　东明路街道"楼组老娘舅"

东明路街道积极构建专业调解、全科调解、楼组调解相结合的基层人民调解架构，通过发展壮大"楼组老娘舅"队伍夯实社会和谐稳定的基础。街道包括 37 个居委会、近 3000 个楼组，目前一共编入了 2905 名楼组老娘舅，基本达到了楼组全覆盖。街道将楼组老娘舅定位为"法治宣传员、民情观察员、纠纷信息员、矛盾协调员"，建立健全选拔、培训、带教、实践的培育模式，提高楼组老娘舅的能力水平。街道构建了楼组老娘舅"发现—处置—报告—反馈"的动态工作机制，努力提高纠纷源头化解率。各居民区每月填写上报《楼组老娘舅工作情况月报表》，记录老娘舅当月工作情况并汇总优秀案例。在基层实践中，楼组老娘舅队伍密切联系居民，积极参与矛盾纠纷的发现和化解，筑牢了基层纠纷调解的第一道防线，提高了居民文明素质，促进了社区和谐稳定，成为社区平安建设的重要前沿力量。

三　高桥镇法律顾问制度

高桥镇高度重视社会治理的法治化建设，在镇、居（村）不同层级较早推行法律顾问制度。在镇层面，建立法律顾问审查制度，在出台重要文件、签署重要合同以及做出重要的城管执法、处罚决定之前都要让律师进行审核，并提出书面法律意见。同时积极推动律师参与信访接待工作、参与重大群体性事件的化解，并参与环境综合整治、河道整治、违规土地拆迁等重大执法行为。在 2017 年初由道路交通事故引发的大规模群体性事件中，律师队伍在提供专业咨询、参与矛盾化解等方面发挥了积极作用。在居（村）层面，推动律师与居（村）结对，面向居民群众开展法治知识讲座，参与法律宣传和咨询，提高了基层治理的法治化水平。

四　高桥镇司法所家事调解工作室

高桥镇司法所设立了家事调解工作室，律师提供法律咨询、援助及民事服务。一般是围绕社区居民关心的遗产继承、房产分割、公证程序、遗嘱、非法集资、信用卡诈骗、非法理财等方面提供法律咨询服务。司法所会在重大节日,例如3·15、六一儿童节、三八妇女节、宪法宣传日等像居民进行法制宣传教育活动。此外,司法所还会组织街头宣传活动、社区报、微信公众号推文等宣传法律知识,向居民普及法律知识和维权援助方法,让社区居民知法、懂法、尊法,利用法律维护自己的合法权益,解决居民实际生活中遇到的法律问题,让大家感受到"法律阳光"的温暖。"送法进社区"活动非常有意义,不但搭建了沟通的桥梁,还让居民极大地提高了对法律的认知度。

徐汇区湖南路街道东湖居委"金相邻"工作站

一 背景目标

根据2016年3月30日上海市民政局、市老龄办、市统计局联合发布的最新《上海市老年人口和老龄事业监测统计调查制度》统计,2015年上海60岁及以上老年人口已经达到435.95万人,占总人口比例首次突破30%的关口,上海人口老龄化趋势已进一步加重。截至2015年12月31日,上海全市户籍人口1442.97万人,其中:60岁及以上老年人口435.95万人,占总人口的30.2%;比上年增加了21.97万人,增长5.3%;占总人口比重增加了1.4个百分点。65岁及以上老年人口283.38万人,占总人口的19.6%;比上年增加了13.32万人,增长4.9%;占总人口比重增加了0.8个百分点。70岁及以上老年人口181.09万人,占总人口的12.5%;比上年增加了4.05万人,增长2.3%;占总人口比重增加了0.2个百分点。80岁及以上高龄老年人口78.05万人,占60岁及以上老年人口的17.9%,占总人口的5.4%;比上年增加2.73万人,增长3.6%;占老年人比重下降了0.3个百分点,总人口比重增加了0.2个百分点。

在老龄化程度如此高的情况下,还有一个特点更是需要引起关注:纯老家庭、独居老年人不断增加。未来一段时期,上海步入老年阶段的人群中80%以上是独生子女父母,随着独生子女父母成为老年人群主体,"纯老家庭"现象愈加明显。就地区来说,老城区、老小区的高度老龄化问题更是凸显,居民的养老问题成为社区治理的重要议题。

位于徐汇区湖南路街道的东湖居委,户籍人口有3675人,60岁及以上的老年人口为 1207 人，占居委总人口的 32.8%，70 岁及以上的老年人口 682 人，占居委总人口的 18.6%，80 岁及以上的老年人口为 335 人，占 60 岁及以上人口的 27.7%，占居委总人口的 9.1%。数据显示，东湖居委的老龄化程度已经高出了上海市的平均水平。而这其中有 230 人是独居老人，占到 60 岁及以上人口的 19.1%。

在一个老龄化程度如此之高的社区，老人如何养老？居住东湖居委的离退休干部多，文化层次比较高，大都不愿搬离这个地区，而年青一代子女成家立业后不愿住在这里，有些则常年居住在国外，这里的老人并没有经济问题，而是精神需求得不到满足。基于此，借着 9073 工程设立帮困扶老工作站试点的契机，于 2011 年 8 月 1 日，成立了东湖居民区帮困扶老工作站，取名"金相邻"，寓意"金相邻，银亲眷，远亲不如近邻"。历时 5 年，"金相邻"已经从最初的帮困扶老到现在小区自治成功的典范。

二　创新亮点

1. 宝塔形的组织架构

历经五年的发展，东湖居委的自治组织已经形成了一个宝塔形的架构，6 位居委会工作人员，分管六块工作，居委会下设金相邻，有 10 位负责人，带领 100 多人的志愿者团队，志愿者团队分两块，其中 7 个弄管会和科普团队。整个志愿者团队犹如一个密集的信息网上的一个个点，把握着居委的动态。

2. 多元参与

"金相邻"居民自治工作站的 10 名志愿者负责人其中 8 位是居住在社区的老人，1 位是菜场经理，另有 1 位是 2016 年 9 月吸纳进来的上实物业的青年志愿者。金相邻在自治的过程中，有效地发挥了社区长处，整合地区资源，不断壮大队伍，发挥优势，提供服务。

3. 组织制度化

"金相邻"居民自治工作站在五年的发展中已经形成了一套管理制度，并使制度公开化、透明化，接受多方监督。五年间先后建立了定期例会制度、帮困救助制度、父老关爱制度、定期学习制度、帮困费用管理制度以及总结考核表彰制度等。

（1）"一人一卡"

成立之初，"金相邻"从服务对象调查摸底入手，做好了建档工作，并为 109 位 80 岁以上高龄老人建立了"一人一卡"档案。

（2）例会制度

工作站每年的 12 月底要组织成员开会制订第二年的工作计划，每月 20 日定期召开会议，收集研讨帮困扶老工作中出现的各种情况，及时调整服务，使需要更有针对性。如遇特殊情况，随时召开紧急会议，制定举措，解决突发问题，做到特事特办，以最快速度把温暖送到他们心里。

（3）帮困费用管理制度

帮困费用来源由两个部分组成，上级政府拨款与社会化缘（志愿者爱心募捐）。钱出得不多，却牵挂千家万户的关注。因此要管好钱，把钱用在刀刃上。党总支监督，居委会把关。设有专人负责。一人管账，另一人管钱。坚持执行公正、公平、公开的原则，定期公布，接受监督，真正做到政策公开、程序规范、制度健全、结果透明，以保证帮困扶老工作正常运转。

三　做法和成效

"金相邻"的工作方法是低龄老人帮助高龄老人，金相邻的志愿者大都是 75 岁以下的老人，他们退休之后，走出家门，走进社区，继续发光发热，参与到社区的治理和管理之中。弄管会的志愿者每晚都会在社区内巡逻，保障社区安全，科普团队定期开展烹饪班、舞蹈班、瑜伽班、远程老年大学班等课程，满足老年人的学习需求。同时吸引了更多老人参与到社区的建设和治理当中，在一系列的活动中，东湖社区由一个陌生社区变成了熟人社区，邻里之间不再是互不认识的陌生人，而成为熟人甚至朋友。对于出行不便的老人，志愿者们上门与老人谈心，不时打电话问候，填补的独居老人的精神空虚，也让老人的晚年不再孤独。

东湖居民区"金相邻"工作站实行"居民区党组织领导、居委会推动、驻区单位共同参与、居民群众受益"的工作原则，充分调动居民区各种力量及积极因素，有效整合居民区内各种社会资源，根据居民群众遇到的困难，以不同形式、不同途径，因地制宜地开展帮扶工作，以解决居民群众的实际困难和试行推进在居民区居家养老的模式。目前覆盖人群包括孤老、独居、空巢老年人、老干部、大重病、残疾、各类低保、救助政策覆盖不到的，及因各种客观原因造成临时性、突发性生活困难的家庭。这家民间性、公益性、以民帮民、以民管民的自治工作机构，在居民区党组织的领导下，居委会积极推动、组织实施扶老关爱工作站建立和运作，真正达到了让东湖居民"困有所助，难有所帮，需有所应"的社会效果。

架空层不"架空"：浦东新区东明路街道三林苑
架空层改造

三林苑小区建造于 20 世纪 90 年代，由同济大学建筑与城市规划学院及新加坡房地产公司携手打造，是建设部全国第三批城市住宅试点小区之一，荣获全国城市住宅试点小区金奖。设计之初三林苑小区在原有商品房结构上做了一些改变，首先在小区绿地设置方式上采用大集中小分散布局，中心花园面积高达 7500 平方米；其次在住宅底层设置架空层，以为未来住户停车、小区内老人、儿童和居民提供半室外公共开放空间。2021 年 7 月三林苑启动的架空层改造项目回应 1995 年落地的划时代住宅规划的理念，也希望继承三林苑规划设计的前瞻性，打造面对未来的社区。

一　三林苑架空层设计理念

三林苑小区设计之初提出的架空层改造灵感来源于 20 世纪 40 年代世界著名建筑大师柯布西埃设计的"马赛公寓"。马赛公寓楼高 50 米且底层全架空，符合柯布西埃推崇的"获得更多空气和阳光"理念。新加坡住宅设计便参考了马赛公寓，也全部采用底层架空做法。新加坡认为土地是国有的，土地不允许为私人占有，且架空层可以让小区居民享受更多的地面权利，特别是躲在地面休息玩乐的老人与儿童。

三林苑小区的底层架空设计在 20 世纪 90 年代的上海甚至是中国都是首屈一指的，设计的指导思想主要基于以下几点。一是最大程度利用土地。上海土地资源紧缺，土地价格在开发成本中占比大，在每幢住宅楼底层设置架空层，取消了底层的私人小院，节省了大量占地率高的围墙，对土地进行垂直开发与利用能够实现土地使用的最大效益。相比于地下层与半地下层空间，架空层的施工费用低、使用更为方便，景观丰富度也更高，为最佳选择。二是提升居民生活质量。上海地区多雨潮湿，设置架空层在很大程度上改善了首层住房及低层住房住户的居住条件，还能提高首层住房房价。架空层一般高度为 3 米，不仅开阔了各楼层住户的视野，还丰富了楼层内部空间景观，空气更加流通，达到围而不隔、隔而不断的效果。架空层还能为住户，特别是老人与儿童提供大量半室外开放空间，使其享有更多土地权利。三是保障可持续发展。为小区内各种市政设施的用房和管线提供部分用房和管线空间，如布置电表箱、电话交接间、袋装化垃圾收集点等，也可设置一些小商店。架空层可为小区居民提供大量各类私人车辆的停车位，解决居住小区内的一大难题。为今后住宅小区的持续发展留有调整和改造的余地。

二 业主被"架空"的架空层

1. 被占用的架空层

三林苑最初作为动迁房小区，居民构成比较复杂，有从浦西动迁过来的居民、有公租房居民，也有后来购买商品房小区的居民。起初架空层能够带来的更多阳光、更多休闲空间的宣传标语对动迁居民具有很强的吸引力。每幢楼房的一楼不设墙壁、四通八达，通风的同时也可以承担一些公共空间功能，比如说停车等。

作为 20 世纪 90 年代尚未开发的地区，三林苑小区的位置在当时看来比较偏僻，周边配套基础设施不完善，居民连日常必需品与食品都无处购买。为解决这一棘手问题，物业起初将几幢楼的架空层打上隔断改造成小商铺，后因为想统一对架空层进行管理便开始通过出租形式让居民使用架空层。此举当然引起居民不满，架空层空间本就属于居民，他们为何还需要付费使用？物业提出的租用业务虽未实现，但将架空层隔断进行租售的行为却埋下了隐患。起初是架空层附近居民利用地理之便率先抢占架空层，随之而来的就是更加复杂的占用：附近小区的居民进入利用强权侵占的、居住在本小区的居民将架空层作为储藏间的、买了本小区房产的有隔代抚养需求的新上海人将架空层作为老人的居住场所的，以及已经将房子卖掉、不在本小区居住的居民将架空层出售或者出租给其他人的等。当时物业无法及时处理架空层侵占问题，因此长久以来架空层侵占已成为三林苑小区严重的历史遗留问题。

2. 清理出的架空层

已经完成清理工作的三幢居民楼下的架空层在清理之前都不是由本幢楼居民所使用，且这三间架空层多被用于使用者的日常生活居住，不仅通上水电，还使用煤气烧菜做饭。恼人的油烟、烦人的噪声以及巨大的安全隐患让楼上住户叫苦不迭，整改意见最为严重。

大部分居民对抢占架空层的行为是不接受的，认为需要进行相对彻底的改造，即统一拆掉恢复原状。首先，在架空层的日常生活打扰了周边居民的正常生活，还存在巨大的安全隐患；其次，最初拟作为停车位的架空层被占用，让小区本就紧缺的停车位资源更难以缓解；再次，占用架空层影响小区环境和架空层本身空间的美观度、阻碍了架空层原来被设计用于公共空间、通风等功能的实现；最后，并不是所有居民都分享了架空层使用带来的效益，可能仅为某些居民独享。

但架空层占用也有不同情况，居民对此的态度也有所不同。居民对于居住在本小区但是存在实际困难，如有隔代抚养、赡养老人等需求的居民，具有一定同情与体谅情绪。但是同情与体谅也不足以改变居民代表们认为必须全部、彻底改造架空层的决心。更不必说对于外小区居民抢占或者已经卖掉房子不在这里居住却利用架空层谋利的抢占情况，居民坚决要清理乱象。趁着 2019 年中央环境督导组在基层巡视时发现三林苑小区存在架空层问题的情况，加之三林苑一开始作为试点小区，设计建造的时候备受关注，新的领导班子上台之后改造意愿强烈。结合三幢居民强烈的改造意愿，街道在 2019 年清理出这三幢楼下的架空层，在拟进行下一步动作时新冠疫情发生，改造项目就此搁置。2021 年结合三林苑水池绿地改造项目，由街道携手同济大学社区花园与社区营造实验中心，逐步推进三林苑架空层改造。

三　改造经验总结

当前三林苑架现有清理出的架空层一面积 250 平方米，架空层二面积 220 平方米。临时住房搬空后已做基本清理，残留部分围墙栏杆以及私加隔断还保留，空间较封闭，需要整理修整。改造这两排架空层目前最棘手的问题就是如何科学地统筹居民的意见，兼得居民满意与科学安全，在后续维护上也需跟上。

1. 保证支援力量专业性

三林苑的架空层改造，成功之处在于由政府主导，更融合多层次主体共同参与，这符合人民城市人民建、人人有序参与治理的重要理念。在街道层面，东明路政府有着社会治理创新，改进公共服务的总体目标，并对三林苑架空层改造有具体的任务要求。在社区层面，三林苑的党组织、居委会一方面积极了解社区民众的呼声，另一方面承接街道的具体任务，上下链接，找到共同点，成为上行下达的"连心桥"。同时其通过业委会改选等方式，提高社区领导班子工作效率，使其能够高效解决问题、服务居民。居民则普遍有着改善小区生活环境的迫切需要，在基层组织的领导下有序参与社区治理。擅长公众号运营的小区业主自发创建爱我三林苑公众号，并在后期作为志愿者运营、管理公众号，负责每日推送、写稿与审稿，还有许多小区内自身具有专业力量的居民在他的带动下纷纷投身架空层改造工作中，贡献自身专业力量。此举不仅为居委会和业委会提供高效的发声渠道，也为社区居民参与治理提供新路径。此外，三林苑社区积极吸纳社会组织参与治理，引入四叶草堂等社会组织为三林苑架空层设计规划，提升社区公共空间的整体利用效能。

2. 保证居民意见代表性

三林苑小区架空层改造，其不仅是解决具体问题的过程，更起到构建基层社会治理共同体的作用。"共建共治共享"是中央提出的社会治理重要原则，其要求建设多元的社区治理体系，发挥社会组织作用，实现政府治理和社会调节、居民自治良性互动，最终构建人人有责、人人尽责、人人享有的基层治理共同体。在摸索最初架空层是用人群功能诉求时，东明街道借助同济大学团队力量对架空层楼上及附近居住人群进行访谈，涉及架空层楼上 80 户，架空层附近 168 户，共 248 户居民意见。经过访谈得知使用人员有社区文化展示、阅读、健身运动、儿童游乐等诉求，街道与社区根据调查结果设计架空层内功能分区。在 2021 年 9 月确认方案后召开一次听证会与协调会，听证会确定改造方案的落实，而协调会就是根据居民意见进行功能区调整。根据业主意见，将便民服务中心设置与主入口区域，布置宣传栏与快递柜提供便民服务；设置老年活动室与阅读室可供居民聚会、讨论，也可用于居民议事、主题活动、讲座等；儿童区域也根据家长意见由最内侧转为靠水池边；厨房不放置大型电器与明火炉，只放置简单的微波炉、烧水壶与杯碟，供居民聊天休憩；健身房内不提供噪声较大的运动器材，只摆放瑜伽垫与玻璃用来练舞。参见表 1。

表 1　便民服务中心的空间功能设计

功能	场所	活动
社区文化展示	社区博物馆	社区导览
图书杂志阅读	阅读室	读书会
健身、运动	迷你健身房	亲子运动会
艺术自然课堂	艺术自然教室	自然课堂
社区便民服务	便民服务中心	社区技能大赛
机动/非机动停车	停车场	社区市集
儿童游乐	儿童游乐	亲子游戏
老年人活动	老年活动室	敬老活动

续表

功能	场所	活动
堆放杂物	杂物间	日常储放杂物
接待亲友	社区会客厅	日常接待
社区规划、党建使用	办公室	办公使用

爱我三林苑公众号的宣传也让三林苑架空层改造在更广的范围上吸引了小区居民的关注，是居民协同参与社区事务的良好实践，不仅规范了居民参与的具体方式，更营造了党建引领、有序参与的治理氛围。

3. 保证全过程参与民主性

全过程民主是基层治理的重要目标和要求。三林苑架空层改造是民主协商、民主决策、民主管理、民主监督等全过程人民民主各个环节的生动体现。在制度流程上，架空层改造经过居民区"三会"，广泛听取居民意见。在决策上，架空层改造经过了民主酝酿、协商、决策的一系列程序，切实反映了人民意愿、维护了人民权益、增进了人民福祉。在民主监督上，项目得到了居民的全过程关注与参与，社区干部不仅听取积极反馈，同时也广泛了解居民的反对声，并妥善处理，使整个项目流程得到全面监督，保证了项目的最终成果。

四 努力方向

1. "党群"：党群中心引导作用

以街道党工委为核心，发挥区域化党建、居民区党建、楼组党建作用，夯实社会治理基石。积极发挥居民区党组织党建引领作用，从党建引领社区治理切入，探索构建社区党组织牵头，居委会、业委会、社区社会组织和驻区单位等共同参与的多方联动机制，有效统筹整合各方力量资源，不断满足群众对美好生活的需要。

小区中志愿者团队为社区居民提供服务，跟居民们维持着相对良好的关系，可以较好地沟通居委会、物业、业委会和居民之间的关系。社区提案达到一定程度后，需要解决更大的问题，就需要街道的掌控能力和配置能力，例如资金问题，微基建项目的政策支持。需建立一套合法化流程让公共性更好的体现。需要公平正义的制度：每个社区需要有社区规划，根据居民参与程度、是不是社区主流民意、要科学理性有代表性、要有艺术创新性、是不是急需解决的问题。街道党工委用自治金项目作为自治活动开展的资金支持，同时撬动社区各方资源，推动多元主体参与社区治理，充分发挥包括物业、社区商户、辖区内社会组织等主体作用，建立多元主体协同治理模式。发挥社区基金会作用，给予项目资助补贴。

2. "老中青"：全年龄段参与

居民中的志愿者团队成员干预居民事务、为居民服务的意识和责任感很强，但是年龄普遍较大。从小区整体上来说老龄化程度也比较高。这倒并不是因为年轻人社区事务参与意识不高，多是因为上班时间冲突。年轻人利用自己的经验、热情和知识为社区事务出力的愿望还是有的。在新一届业委会的选举中，有两位30多岁的候选人积极参与竞选。同时，对于响应较少的中年人，应当排摸情况，积极接触，了解利益诉求，引导其一同参与社区治理之中。

3. "民主"：保证全过程参与民主性

在居民区原有议事平台基础上，继续深化"三会"平台，助力参与式社区规划项目落地。建设"三会"实训室，通过实战梳理一个"三会"召开事项清单，总结一批实战案例；形成一套体现实效的经验做法，打造多方协同，多元参与的共治模式。积极采取凸显"人民群众主体地位"的基层协商民主的形式激发居民参与小区自治激情，提升居民参与社区治理积极性。推动社区宣传工作建设，在传统宣传方式的基础上使用公众号等新媒体宣传渠道，增加社区宣传辐射面，保障各年龄段主体了解、参与社区事务。吸引专业力量进入社区，积极引入专业的法律、物业、调研等团队，增强治理团队专业化程度，提高社区治理专业化水平，推进基层治理体系高效化现代化。

4. "模范效应"：推动工作进度

目前小区内已完成清理，可投入设计与建造的架空层有三座。在此次三林苑改造方案做出来前架空层虽然已被清理但也仅作为机动车停车库使用，有几间因空间过小无法停车只能闲置，并没有对其进行进一步规划。总体来说居民对抢占架空层的行为是不接受的，认为需要进行相对彻底的改造，即一起拆掉恢复原状。首先，在架空层烧菜做饭带来了较大的安全隐患；其次，原来可以作为停车位的架空层被占用，让小区现在的停车位资源十分紧缺；再次，占用架空层影响小区环境和架空层本身空间的美观度、阻碍了架空层原来被设计用于公共空间、通风等功能的实现；最后，并不是所有居民都分享了架空层使用带来的效益。而前期的三座架空层作为项目的龙头和典型，应当妥善处理和改造，争取起到示范效果，激励居民支持项目的后续进程。

5. "后续管理"：保证工作不反弹

在架空层改造的过程中，需要注意防范抢占现象再出现的可能性，架空层改造成的公共空间也需要注意后续的管理问题。应建立常态化维护机制，动员党员、能人、志愿者团队进行定期巡查清理，保障架空层成为全体共享的公共空间。架空层后续使用也可结合楼组党建，将小区党员，特别是可长时间在社区内的退休党员组织起来维护已完成改造的架空层，保证工作不反弹。

"樱为有你，乐在桃宝"：浦东新区东明路街道樱桃苑

一 项目背景

随着社会经济的发展和人们生活水平的提高，城市社区居民的购买力迅速增强，家庭中也随之出现了大量的闲置物品。这些闲置物有的是使用次数较少但依旧比较新的日常生活用品，有的是儿童玩具、书籍、杂志等。"留之无用，弃之可惜"的状况造成了资源的极大浪费。而此时"以物换物"消费模式的出现恰好为社区居民在这两者之间找到了平衡点，其以一种崭新的方式走进居民的生活。而且在社区内建立"跳蚤市场"，为社区居民提供一个闲置物品交换的平台不仅可以调剂居民家庭中的闲置物品，提高资源的再利用率，构建资源节约型社会，居民还可以通过交易平台增进邻里间的交往互动，营造和谐的社区氛围，实现建设和谐社会和资源节约型社会的双赢。

樱桃苑小区位于浦东新区东明路街道环林东路 270 弄 36 号，是一个商品房社区。樱桃苑于 2007 年竣工，社区占地面积 7 万余平方米，总建筑面积 10.6 万平方米，由 16 栋小高层组成，约 800 户，一梯一户，属于封闭式小区。为贯彻落实中央构建"社区治理共同体"和上海创建"人民城市"精神的要求，积极响应东明路街道打造"居民区治理创新实验室"的号召，樱桃苑小区举办了"樱为有你，乐在桃宝"活动。

为保证闲置物品交流会活动的顺利开展，樱桃苑小区在党组织的引领下和居委会的协调安排下，组建了一支十人左右的项目团队。项目团队联合社区志愿者在小区内通过微信群、张贴海报等多种形式宣传动员，及时

收集社区居民的意见和建议，并依据报名情况采购所需物资，协调安排活动场地等。暑假期间居民空闲时间较为集中，交流会在今年暑期开展了两次。交流会上，社区居民将家中闲置的书籍、玩具等物品摆放在自己的摊位上，有意向的居民可以拿自己的物品与物主协商交换，或者低价购买。交流会现场还设有捐赠点位，接受社区居民的募捐，这些募捐款将捐赠到街道年底慈善公益联合捐款中。活动结束后，居委会为每位参与活动的小朋友发放了"环保小摊主"荣誉证书，以提升小朋友的自身荣誉感。

"樱为有你，乐在桃宝"活动以"以物易物"为主题，让社区内闲置物品流动起来，更合理、更低成本地调取资源，实现物尽其用，让"共享、节约、环保"绿色消费理念深入人心，同时该活动也为社区居民、未成年人之间提供了一个良好的互利、互动、互助的分享平台，有利于促进邻里和谐，创造良好的熟人社区氛围，形成社区特色品牌。居民参与不积极，以物易物或低价售卖没有达到理想效果等也是此次活动不够完善的地方，需要后续进一步讨论并改善提高。

二　主要举措

1. 坚持党建引领，全面提升社区基层治理水平

提升社区治理水平，将党的建设贯穿基层治理全过程、各方面，发挥基层党组织战斗堡垒的引领作用，把党的政治优势、组织优势转化为治理优势。首先，招募志愿者，发挥党员在社区治理中的模范带头作用。社区招募活动志愿者，以党员带动社区居民积极参与社区志愿服务。在党员的带动下，"樱为有你，乐在桃宝"活动招募20人左右，分工负责宣传、采购、场地布置、现场签到、维持秩序等，保证了闲置物品交流会活动的成功举办。其次，立足社区党组织，多方协商共治，构建社区治理新格局。党建引领下的社区治理，不仅局限于社区力量的"单打独斗"，樱桃苑还联合共建单位等利益相关方共同参与社区活动，构建联动、融合多方参与机制，尽全力满足居民生活诉求。

2. 发挥政府主导作用，为社区建设提供发展条件和公共资源

为打造共建共治共享的社会治理格局，加强社区治理体系建设，东明路街道在社区党群服务中心设立"居民区治理创新实验室"。"樱为有你，乐在桃宝"作为实验室的推进项目之一，东明路街道以服务群众为目的，通过制度设计为其营造了良好的政策环境，并设立专门的"特治金"保障活动的顺利开展，不断提高社区主体的自我管理、自我教育和自我服务能

力，形成"党委领导、政府负责、民主协商、社会协同、公众参与、法治保障、科技支撑"的社会治理格局。

3. 以居民需求为导向，激发居民参与热情

通过民主议事平台唤醒居民主体意识，搭建社区治理问题的反馈机制，让社区居民从接受者变成主导者，从观望者变成参与者，社区怎么建、工作如何开展由居民说了算。樱桃苑以居民以物易物具体需求为切入点，以"樱为有你，乐在桃宝"闲置物品交流会为载体，项目团队通过微信群、海报等形式搭建居民参与行动平台，征集社区居民意见和建议。除此之外，项目团队还联合社区附近商家、学校等共同参与活动，激发居民的参与热情，积极培育社区居民共同体意识。

三　实施效果

1. 增加了居民之间的互动沟通渠道

"樱为有你，乐在桃宝"活动以家庭为单位，孩子作为活动的主要参与者，在提升亲子家庭社区活动参与度的同时，也为社区居民提供了互动沟通的平台，使社区居民从家庭中走出来，增加了居民之间的互动频率，居民关系从陌生或半陌生状态逐渐向熟悉的邻里关系转变，有利于打造和谐的社区文化氛围。

2. 为后续活动举办积累了经验

樱桃苑闲置物品交流以物品的使用价值替代价值进行交换，不仅为家庭处理闲置物品提供了一种新渠道，优化了社会资源，还营造了社区良好的文化氛围，为后续社区活动的举办提供了经验，为打造社区特色品牌奠定了基础。

四　经验启示

1. 坚持党的领导核心地位

坚持党建核心地位，将党建融入社区治理的全过程，努力构建全方位社区服务体系。同时，充分发挥党组织在社区治理中的战斗堡垒作用和党员的先锋模范作用，创建党建引领服务品牌，凝聚起共建共治共享的合力，较好地实现社区治理目标，提高居民满意度。

2. 有效挖掘社区资源

坚持党的领导核心地位并不意味着党包揽一切，要创新社区治理模式，满足社区居民需求必须要整合不同社会力量，协同治理。樱桃苑在党组织的引领下，以点带面，充分带动居民参与，挖掘资源，带动社区志愿者和周边商家、机构等共同参与到社区建设中，实现了各方力量的良好互动。

3. 聚焦居民需求，提升民生福祉

精准对接居民日常生活需求，改善民生福祉是社区治理的重要目标。樱桃苑社区党组织、居委会从居民最迫切的需求出发，以提高居民生活满意度为落脚点，在社区内积极开展各项工作，体现了以人民为中心的发展思想和建设"人民城市"的精神。

图书在版编目（CIP）数据

新时代上海社区治理创新研究 / 金桥著. -- 北京：
社会科学文献出版社，2024.2
（城市发展与治理创新）
ISBN 978 - 7 - 5228 - 3347 - 7

Ⅰ.①新…　Ⅱ.①金…　Ⅲ.①社区管理 - 研究 - 上海
Ⅳ.①D669.3

中国国家版本馆 CIP 数据核字（2024）第 038704 号

城市发展与治理创新
新时代上海社区治理创新研究

著　　者 / 金　桥

出 版 人 / 冀祥德
责任编辑 / 孙海龙　庄士龙
责任印制 / 王京美

出　　版 / 社会科学文献出版社·群学出版分社 （010）59367002
　　　　　　地址：北京市北三环中路甲 29 号院华龙大厦　邮编：100029
　　　　　　网址：www.ssap.com.cn
发　　行 / 社会科学文献出版社 （010）59367028
印　　装 / 三河市龙林印务有限公司

规　　格 / 开　本：787mm × 1092mm　1/16
　　　　　　印　张：18.5　字　数：319 千字
版　　次 / 2024 年 2 月第 1 版　2024 年 2 月第 1 次印刷
书　　号 / ISBN 978 - 7 - 5228 - 3347 - 7
定　　价 / 128.00 元

读者服务电话：4008918866